JN117162

# 憲法口話

けんぽうこうわ

藤井正希
Masaki Fujii

成文堂

# は し が き

　本書は、私が群馬大学の教養教育科目として担当している「日本国憲法」の講義をテープ起こしした文章に必要最小限度に手を入れた原稿を書籍化したものです。この教養「日本国憲法」は、主に医学部と理工学部という理科系の新入生が履修する科目として設置されています（もちろん私が所属する社会情報学部の新入生の履修者もいます）。それゆえ、内容は90分の講義を15回で憲法の全体が学べるようにカリキュラムされており、まったくの憲法の初学者であっても理解できるレベルとなっています。前期と後期に同一内容の講義をおこなっていますが、もっとも履修者が多い時には前期だけで399人もの学生が集まってくれました。それゆえ、今では前期・後期ともに定員200名の抽選制となっています。自分で言うのもなんですが、群馬大学でもかなり人気のある講義の一つになっています。実に教師冥利につきます（笑）。

　そのようななかで、教養「日本国憲法」の受講生必携の指定教科書として使用することを企図して本書は計画されました。基本的には授業で話した通りに忠実に再現してありますので、口語形式になっており、また、学生に一息ついてもらおうと授業の途中で随所におりまぜている余談やジョークもそのままのせています。たぶん、言い過ぎの箇所や分かりにくい箇所、内容に疑問符がつく説明などもあるだろうとは思います。しかし、憲法の基本事項はほとんど網羅され、重要判例にもできうる限り言及しており、全体的には教養憲法としては十分の内容になっていると自負しています。自画自賛になってしまいますが、本書を通読すれば日本国憲法の基本構造や基本原理を楽しみながら理解し、身につけることができると思います。ぜひ群馬大学の学生のみならず、他大学の学生、大学へ進学しなかった若者、大学を卒業してから何十年もたった社会人や主婦の方、あるいは定年後に憲法に興味をもったご高齢者など、多くの人びとに本書を手に取って頂き、大学の講義をリアルに体験して、"学問の楽しさ"を味わってもらいたいと思います（講義の再現録という性質上、同じ説明が繰り返されることがありますが、その点は御容赦く

ださい）。

　私は日本国憲法が大好きで、"憲法"という言葉を聞いただけで胸が熱くなり、血が騒ぎます（笑）。私の出身は上州・群馬の伊勢崎であり、この群馬という地元の国立大学である群馬大学で学生の若者たちを相手に憲法を語れることに深い喜びと幸福を感じています。私にとって憲法は、尽きることのない学問的興味と知的好奇心を与えてくれる一生の伴侶です。憲法は学べば学ぶほど本当に奥が深いです。また、憲法は国家の根本法であり、国家のしくみを定めた法ですから、法律専門家や法学部生のみならず、教養人たらんとするすべての者にとって、ぜひとも身につけておきたい分野の一つです。これから全15回の講義で長丁場になりますが、私も読者の皆さんと一緒に考え、学び、成長していきたいと思っています。手抜きをせず、一生懸命に講義をしますので、ぜひついてきてください。さあ、始めましょう！


　　2020年3月

　　　　　　　　　　　　　　　　　　藤　井　正　希

# 目　　次

# 第一講　憲法と立憲主義

　今日から全15回で教養・日本国憲法の講義を始めます。憲法は、小学校6年生の社会、中学校3年生の公民、そして高校の現代社会や政治経済でも学びますので、おそらくまったく憲法を学んだことのない人は一人もいないと思います。その点で、皆さんにもっとも身近な法だと思います。そもそも憲法は国家の根本法であり、国家のしくみを定めた法です。それゆえ、法律を専攻する者のみならず、教養人たらんとするすべての者にとって、ぜひとも身につけておきたい分野の一つです。この点、本講義においては、日本国憲法の基本概念、基本構造を概観することにより、日本国憲法の骨格を理解していきます。その際には、議論をより具体的にし、また、憲法に対する親近感を持てるように、典型的な判例の事案を多く取り上げ、受講者とともに検討していきたいと思います。そして、憲法という科目は、公務員試験や行政書士試験等の国家試験において必修の試験科目として課されることが多いので、このような試験を受ける学生にとっても、十分に役立ちうる憲法的素養の習得を目標とします。また、いわゆる憲法的思考力（社会に生起する様ざまな事象を憲法的視点から考える力）をぜひ身につけてほしいです。憲法的思考力は皆さんの人生における最強の武器になると思いますよ……（笑）。

　憲法の学習を始めるにあたって、まず考えなければならないことは、“憲

法とは何か"という哲学的な問いです。これから学ぶ学問対象を明確に定義づけ、その内容を正確に把握することは学問の出発点です。それはどの学問分野についても言えることです。たとえば、光ファイバーの研究なら光ファイバーとは何か、iPS細胞の研究ならiPS細胞とは何か、まずそこを押さえなければ学問は始まりません。これは相撲で言えば土俵の設定と同じで、しっかりとした土俵をつくらなければ相撲はできません。学問研究も、最初の定義の把握が間違っていたら、間違った方向にいってしまうのは言うまでもないでしょう。卒業論文を書く時も、必ず正確な定義からはいって、しっかりとした議論の土俵をつくって下さい。それでは、憲法とはどのように定義すればいいのでしょうか？

　そもそも憲法とは、"国家の根本法"で"最高法規"、いわば"法のチャンピオン"です。チャンピオンなのですから、憲法は「法体系のピラミット」の頂点に位置します。それゆえ、どこの出版社からでている六法全書でも最初に憲法が書いてあります。小中学生に対してであれば、「憲法は法のチャンピオンです」と答えれば乗り切れるでしょう（笑）。しかし、これでは大学生相手には不十分ですので、より正確な定義を考える必要があります。この点、すでに故人となってしまいましたが、昭和の後半から平成の前半にかけて日本の憲法学を牽引した芦部信喜（東京大学名誉教授）は、憲法を「国家という統治団体の存在を基礎づける基本法」と定義していますし、現在の憲法の学会における重鎮である佐藤幸治（京都大学名誉教授）は、憲法を「国家の基本にかかわる根本法」と定義しています。まずは、このあたりの定義をしっかり押さえておけば十分でしょう。

　そして、さらに深く憲法の概念を考えていくと、憲法には様ざまな意味があることに気づきます。この点、憲法に限らず法的概念は非常に多義的なものであることに注意が必要です（これを法的概念の多義性と言います）。たとえば、知っている人も多いと思いますが、刑法で"暴行"という概念があります。暴行という言葉は、刑法における多くの犯罪で使われています。たとえば、公務執行妨害罪（95条）、騒乱罪（106条）、強制性交罪（177条）、暴行罪（208条）、強盗罪（236条）等にあります。しかし、その意味するところはすべて同じというわけではなく、犯罪によって微妙に意味が異なります。法律用

語を学ぶ時には、この法的概念の多義性をつねに念頭に置いて下さい。このような観点からして、さしあたって憲法の学習を始めたばかりの初学者に押さえてほしい憲法の概念について、つぎにいくつか見ていきましょう。

　憲法には、①形式的意味の憲法と②実質的意味の憲法という概念区別があります。①形式的意味の憲法とは、憲法という名前で呼ばれる成文の法典（憲法典）を意味します。要するに、憲法という名前のついた文書という意味です。もちろん日本には日本国憲法という名前がついた成文の法典がありますし、アメリカにはアメリカ合衆国憲法、フランスにはフランス共和国憲法、中国には中華人民共和国憲法があります。この点、ドイツは他の諸国と少し異なり、伝統的に憲法という言葉を使わず、他国で憲法に相当する法典を"基本法"と呼びます。具体的には、ドイツ連邦共和国基本法があります。呼び方は異なりますが、最高法規が法典化されていることは他国と何ら変わりません。

　そして、何と言ってももっとも特徴的な国はイギリスです。イギリスでは、憲法に相当するものが法典化されていません。なんと憲法に相当する文書がないのです。そのため、イギリスは"不文憲法"の国と言われます。これは驚きでしょう！皆さんは、「憲法が文書化されていなければ困るのでは？」と思うかもしれませんが、イギリスが困ることはまったくありません。近代憲法の二大構成要素は、人権保障（国民の権利や自由を護る）と統治機構（政治のしくみを定める）です。この点、イギリスは世界で最初に人権や民主主義が発達した国です。世界史で習ったと思いますが、1215年にだされたマグナカルタ（大憲章）は今から800年も前につくられた人権保障のための文書ですが、今でもイギリスでは法として生きています。また、1628年の権利請願、1688年の名誉革命の翌年にだされた権利章典なども同様です。このように、イギリスでは、過去の人権保障の文書が今でも法として生きているので、人権保障のためにわざわざ憲法をつくる必要がないのです。

　また、政治のしくみについては、議会法や王位継承法などの国会が制定した法律で定められているのです。イギリスは紳士と淑女の国ですから、自分たちが直接選んだ国会議員で構成される国会は高い権威を持ちます（いわゆる議会主義）。よって、国会が制定した法律は厳守されますから、わざわざ憲

法をつくって政治のしくみを規定する必要もないのです。イギリスという国は、あらためて憲法という名前の文書をつくる必要がないほど、人権保障や民主主義が確立していると言えます。イギリスのように、憲法という文書がなくとも十分に人権が保障されて民主的な国もあれば、どこの国とは言わないけれど、憲法という文書があっても人権が保障されず、民主主義が達成されていない国もあるのです。よって、憲法という名前の文書があるかどうかということはそれほど有益な基準ではありませんから、形式的意味の憲法という概念の重要性は低いと言えます。

　そこで、もっと憲法の内容や実質に着目した概念を考えてみようということになり、②実質的意味の憲法という概念が提唱されました。そしてさらに、憲法の内容や実質のどこに着目するかにより、いくつかの概念に分類され、そのなかの代表的なものが、⑦固有の意味の憲法と④近代的・立憲的意味の憲法です。まず、⑦固有の意味の憲法とは、国家の統治の基本を定めた法を意味します。すなわち、国の政治を運営する上でのルールや決まりのことです。この点、政治を運営する上でのルールは、いかなる時代のいかなる国家にも存在します。国家である以上、政治を運営する上でのルールは必ず必要だからです。たとえば、すべては王様が決めるという不文律、暗黙の了解であっても、政治を運営する上でのルールであることに違いはありません。ということは、どんなに人権が抑圧され、民主主義がないがしろにされている国家であっても、この意味での憲法は存在することになります。このように、いかなる時代のいかなる国家にも存在する憲法の概念を考えてみても、あまり有益ではないのは言うまでもありません。

　つぎに、④近代的・立憲的意味の憲法とは、近代立憲主義の思想にもとづく憲法を意味します。この意味での憲法の概念が、もっとも学ぶべき意義があります。なぜならば、その国がこの意味での憲法を持っているかどうかが、人権保障にとっても、民主主義にとっても、きわめて重要な意味を持つことになるからです。よって、憲法の初学者にとっては、まずこの意味での憲法をしっかりと理解して身につける必要があります。それでは、近代立憲主義とは何でしょうか？　近代立憲主義とは、専断的な権力を制限し、広く国民の権利を保障することを目的として、憲法にもとづいて政治を行うとい

う原理をいいます。近代立憲主義のポイントは 3 つです。すなわち、(1) 専断的な権力を制限すること、(2) 国民の権利を保障すること、(3) 憲法にもとづいて政治を行うこと。要するに、憲法で権力を縛り、国民の権利を保障するのが近代立憲主義なのです。古典的立憲主義、近代立憲主義、現代立憲主義、外見的立憲主義、立憲民主主義など、立憲主義にもいろいろな種類がありますが、ふつう単に立憲主義といったら近代立憲主義のことを意味します。この点、近代的・立憲的意味の憲法は、アメリカやイギリス、フランス、ドイツ、そしてもちろん日本にはありますが、この意味での憲法を持たない国も少なくありません。

　それでは、つぎに近代立憲主義の成り立ちについて考えていきましょう。まず以前は、パンを一個盗んでも王様が「お前は顔が気に入らないから死刑だ」と言えば死刑になってしまい、また、いくら悪事を重ねても王様が「お前はかわいいから許してやる」といえば無罪放免、すべては王様の意のままの政治が当然に行われていました (いわゆる絶対王政の時代)。高校の世界史で学んだ人も多いかもしれませんが、フランスの国王ルイ14世の「朕は国家なり」(俺さまが国だ。すなわち、国内のことはすべて俺が決める) という言葉がとても有名です。しかし、人びとはそれに対して何も不満を述べず、我慢していました。というのも、「そもそも王様は生まれながらに神から権力を授かっている特別な存在なのだから逆らうことはできない」と信じていたからです (いわゆる王権神授説。たとえばフランスのボシュエが主張した)。この点、明治憲法下の日本で、天皇が "現人神 (あらひとがみ)" として絶対的権力を持つとされていたのもそれとまったく同じ理屈でした。

　やがて、ありがたいことに大変に頭の良い人びとが社会に出現し、王様の支配に唯々諾々と従っていた庶民につぎのように説いたのです。すなわち、「我われ人間は生まれながらに自由で平等に、そして幸福に生きる権利があるのであり、権力者がそれを不当に踏みにじるのであれば、我われは抵抗してよいのです」。彼らを啓蒙思想家といい、イギリスのロック (『市民政府二論』で抵抗権を主張した)、フランスのルソー (『社会契約論』で人民主権を主張した) やモンテスキュー (『法の精神』で三権分立を主張した) が有名どころです。「啓蒙」とは、目が見えない人に目をひらかせるというような意味です。そし

て、啓蒙思想家に触発された市民（ブルジョワジー。すなわち、都市に住む裕福な商工業者）は、やがて王様に抵抗するために立ち上がりました。これが“近代市民革命”と言われるものです。

　イギリスでは、1688年、ロックの考えにもとづいて、名誉革命が起きました。議会を無視する国王ジェームズ2世が血を流さずに人びとによって追放されたことから、この名で呼ばれています。翌年、人びとの権利と自由を宣言する権利章典がだされました。また、フランスでは、1789年、ルソーの考えにもとづいて、革命が起きました（フランス革命）。バスティーユ牢獄の襲撃を契機として市民が立ち上がり、絶対王政を崩壊させたのです。その後、結局、ベルサイユ宮殿の住人だった国王ルイ16世と王妃マリー・アントワネットは広場においてギロチンで処刑されました。そして同年、人間の自由と平等を掲げるフランス人権宣言がだされました。その16条に規定された「権利の保障が確保されず、権力の分立が定められていないすべての社会は、憲法を持つものではない」は、近代憲法の根本理念になっています。

　そして、アメリカでは、1775年、独立戦争が起きました（アメリカ独立戦争）。イギリスの植民地だったアメリカは、一方的に高額な税金を課すイギリス本国に対する不満を次第に募らせていったのです。そして、ついに市民は「代表なくして課税なし」を合言葉に、ボストン茶会事件を契機として立ち上がり、独立を求め、イギリス本国と戦争になりました。のちに初代大統領となるワシントンの活躍や、フランスの支援などもあり、アメリカが戦争に勝利し、1776年、独立宣言がだされました（アメリカ独立宣言）。「生命、自由、幸福追求」の権利を掲げた独立宣言の理念は、1788年に制定された世界最初の成文憲法であるアメリカ合衆国憲法を経て、日本国憲法にも引き継がれているのです。この点、イギリスの権利章典、フランスの人権宣言、アメリカの独立宣言など、市民の自由や平等を護ろうとする様ざまな文書を通して、専断的な権力を制限し、広く国民の権利を保障することを目的として、憲法にもとづいて政治を行うべきであるという近代立憲主義の考え方が確立していったのです。

　そもそも好きな人と結婚ができるのも、好きな勉強ができるのも、好きな職業につけるのも、すべて憲法のおかげなのです。決して当たり前ではあり

ません。人類の歴史にかんがみれば、むしろ好きな人とは結婚できない、好きな勉強はできない、好きな職業にはつけないという時代の方がはるかに長かったのです。皆さんは自由な社会に生まれ育ったから、好きな人と結婚ができたり、好きな勉強ができたりは当たり前だと思っているかもしれませんが、決してそうではなく、すべて憲法のおかげであるということを銘記してほしいと思います。一例をあげれば、ナチスのヒトラーが支配していたドイツでは、皆さんのような若者は自由に勉強してはいけなかった。ヒトラーは、若者に「勉強なんてしなくてもいいから持っている本をすべて燃やせ」と命じ、実際、本当に若者は本棚の本を校庭や広場で燃やしました（いわゆるナチス・ドイツの焚書）。ヒトラーの頃は、今とは逆で勉強していると怒られたのです。なかには、私もそんな時代に生まれたかったという人もいるかもしれませんが……（笑）、それは大間違いです。ヒトラーは若者に本を燃させて、そのあと、若者に何と言ったかといえば、「勉強なんかせず、お前たちは俺の言っていることにただ従っていればいい」と。自分が思った通りに他人を駒のように動かしたかったら、勉強をしてもらっては困るのです。勉強をしっかりやっている人は、理屈で反論してきますので、扱いにくくてしょうがないのです。たとえば、「あなたは私にそんなことを言う権利があるのですか」、「あなたにはそれをやる義務があります」と。ヒトラーのような時代に生まれたいという人はおそらくいないと思います。ですが、今からわずか70年くらい前の出来事です。近代立憲主義の重要性は、いくら強調してもし過ぎることはないでしょう。

　つぎに、日本国憲法における最大の価値である"個人の尊厳"と日本国憲法の"三大原則"について説明しておきます。個人の尊厳（憲法13条前段）とは、そもそも憲法の目的も国家の目的も国民一人ひとりの幸福な一生を保障することにあるという理念のことです。そして、すべての人間は個性や多様性を持って生まれ、一人として同じ人間はいないのだから、幸福のあり方（「何を幸福と考えるのか？」）も人によって異なるのが当然です。むしろ他人と違っていることは価値があることであり、創造性や独自性のみなもとなのです。最大限に尊重されなければなりません。よって、憲法や国家は幸福のあり方には踏み込みません。国民各自が主体的に自分の意思と判断で選び取っ

た幸福を実現できるように、憲法や国家はそれを側面からサポートするだけです。それにより国民は、自分の力によってさらなる幸福を追求できるようになるのです。この点、国家公認の唯一の正しい生き方を国家が国民に示す国もあります。明治憲法の時代は、その傾向が強かったと思います。そのような国では、従わない国民にそれを強制することも何ら問題ないということになりますが、日本国憲法はそのような立場にはたちません。個人の尊厳は、個人の尊重あるいは個人主義と呼ばれることもあります。

　日本国憲法は、この個人の尊厳を実現するために、①国民主権（前文・1条）、②基本的人権の尊重（11条・97条）、③永久平和主義（前文・9条）という三大原則を定めています。すなわち、国民が政治の主人公でなければ、国民の幸福な一生はありえませんし（国民主権）、また、国が政治を行う上において、国民の権利や自由が最大限に尊重されなければ、国民の幸福な一生もありえません（基本的人権の尊重）。さらに、国が戦争を開始すれば、国民の幸福な一生などまったくありえないことは歴史が証明しています（永久平和主義）。このように三大原則は、すべて個人の尊厳と直結している原則なのです。

　今日の授業の最後に、日本国憲法の体系と具体的内容を概観したいと思います。憲法は全部で103条あり、大きく人権保障（国民の権利・自由を護る）の分野と統治機構（政治のしくみを定める）の分野に分かれます（ただし、100条から103条までの最後の4カ条は経過規定で、今ではまったく意味のない規定です）。まず、人権ですが、人権は第3章の「国民の権利及び義務」に規定されています。そして、大きくつぎの6つに分けて考えるのが通常です。すなわち、①包括的基本権（13条）、②法の下の平等（14条）、③自由権（後述）、④社会権（25〜28条）、⑤受益権（16条、17条、32条、40条）、⑥参政権（15条）です。そして、自由権については、さらに⑦精神的自由権（19〜23条）、④経済的自由権（22条、29条）、⑦人身の自由［身体的自由権］（18条、31条、33〜39条）の3つに分かれます。この点、たとえば精神的自由権には、人権のチャンピオンといわれる(1)表現の自由（21条）を始めとして、(2)思想・良心の自由（19条）、(3)信教の自由（20条）、(4)学問の自由（23条）があります。

　これに対して、統治については、つぎの各章で構成されています。すなわち、①象徴天皇制（第1章、1条〜8条）、②永久平和主義（第2章、9条）、③

国会（第4章、41〜64条）、④内閣（第5章、65〜75条）、⑤司法（第6章、76〜82条）、⑥財政（第7章、83〜91条）、⑦地方自治（第8章、92〜95条）、⑧憲法改正（第9章、96条）です。これらを来週以降、順次、学んでいくことになります。ぜひ楽しみにしていて下さい（笑）。

　本日の講義では、近代立憲主義、個人の尊厳、日本国憲法の三大原則という大変に重要な憲法原理を学びました。十分に復習しておいて下さい。今日の講義はここまで。

## コラム 1　日本国憲法の体系

### 1．人権

①包括的基本権　幸福追求権（13条）

②法の下の平等［平等権］（14条）

③自由権

　(1)　精神的自由権

　　㋐思想及び良心の自由（19条）

　　㋑信教の自由（20条）

　　㋒集会・結社及び表現の自由（21条）

　　㋓学問の自由（23条）

　(2)　経済的自由権

　　㋐居住・移転・職業選択の自由、外国移住・国籍離脱の自由（22条）

　　㋑財産権（29条）

　(3)　人身の自由

　　㋐奴隷的拘束及び苦役からの自由（18条）

　　㋑適正手続の保障（31条）

　　㋒刑事法上の保障（33条〜39条）

④社会権

　　㋐生存権（25条）

　　㋑教育を受ける権利（26条）

　　　㋒勤労の権利（27条）
　　　㋓労働基本権（28条）
　　⑤参政権
　　　公務員の選定・罷免権（15条）
　　⑥受益権（国務請求権）
　　　㋐請願権（16条）
　　　㋑国家賠償請求権（17条）
　　　㋒裁判を受ける権利（32条）
　　　㋓刑事補償請求権（40条）

**2．統治**
　①国会（41〜64条）
　②内閣（65〜75条）
　③司法（76〜82条）
　④財政（83〜91条）
　⑤地方自治（92〜95条）
　⑥憲法改正（96条）

※日本国憲法の三大原則
　①国民主権（前文・1条）
　　＝国の政治のあり方を最終的に決定する力ないし権威は国民に存すると
　　　いう原理
　②基本的人権の尊重（11条・97条）
　　＝個人の人格的価値が憲法上最も尊重されるべき価値であるという原理
　③永久平和主義（前文・9条）
　　＝戦争をしないという原理（戦争の放棄、戦力の不保持、交戦権の否認）

# 第二講 国民主権と象徴天皇制

　今日のテーマは、二つあります。国民主権と象徴天皇制です。両者は、一見すると関係がないようにも思えますが、実は深いつながりがあります。まず、国民主権からいきます。国民主権については、日本国憲法の条文上、二箇所に記載があります。ひとつは、前文1段中の「ここに主権が国民に存することを宣言し」、もうひとつは、1条の「主権の存する日本国民の総意に基く」です。よって、憲法が国民主権を採用していることは疑いありません。そして、国民主権は、通常、「国の政治のあり方を最終的に決定する力ないし権威は国民に存するという原理」、あるいは「政治のあり方は最終的には一人ひとりの国民が主権者として決定するという原理」などと定義されています。もっとわかりやすく言えば、「国民が政治の主人公」、「国民こそが国政における主役」であるということです。この点、大日本帝国憲法（明治憲法）では、天皇が主権者でしたが（天皇主権）、日本国憲法では、天皇は「日本国及び日本国民統合の象徴」（1条）となり、我われ国民が主権者となりました。

　それでは国民主権は、どのような歴史的経緯で成立したのでしょうか？この点、国民主権という考え方は、具体的には、17世紀以降のイギリスにおける二つの市民革命（すなわち清教徒革命と名誉革命）期に、トマス・ホッブズ

やジョン・ロックによってその論理の原型が形成されたと言われています。まず、①ホッブズは悲惨な清教徒革命を目の前にして、人間の自然状態を"万人の万人に対する戦い"ととらえ、人間はその生命の安全（自己保存）を図るために、社会契約を結び政治社会を形成することに同意せよと説きました。そして、政治社会を形成している全成員を代表する者を主権者とよび、この主権者が制定する法律にしたがって平和に生きることを人びとに勧めました。これは、権力の基礎は人びとの同意や契約によるという考え方（いわゆる社会契約説）を提示したものであり、近代的な主権理論にもとづく国民主権的な考え方が登場した最初の例です。また、②ロックは、人びとは所有権（より具体的には、生命・自由・財産）を保護するために社会契約を結び政治社会を形成したと述べ、この政治社会を円滑に運営するためには、よき立法部が確立されなければならないと主張しました。そして、この立法部こそ当時のイギリス議会にほかならず、イギリス議会が全国民の同意のもとに最高権力をもつという論理を確立させました。この思想は、現在のイギリスの議会主義（国会主義）につながっています。さらに、③ジャン・ジャック・ルソーが国民主権の確立に果たした役割も無視することはできません。18世紀フランスの政治思想家であるルソーは、封建的・特権的なフランスの身分制議会（聖職者・貴族・平民からなるいわゆる三部会）を批判するのみならず、当時、イギリスが世界に誇っていた議会政治についても、制限選挙制をとるイギリス議会のもとでは、イギリス人は選挙のときだけ自由であって選挙が終わればふたたび奴隷状態に戻ることになると述べ、厳しく批判しました。そして、全人民の総意である"一般意志"は、いかなるものによっても代行されえず、それを実現するためには、結局は全国民が直接的に政治に参加しなければならないというより徹底した国民主権の理論（いわゆる人民主権論）を唱えました。このようにして形成された国民主権の思想は、様ざまな歴史的人権宣言文書にも色濃く反映されています。例えば、アメリカ独立宣言（1776年）では、「これらの権利を確保するために人類のあいだに政府が組織されたこと、そしてその正当な権力は被治者の同意に由来するものであることを信ずる。もしこれらの目的を毀損するものとなった場合には、人民はそれを改廃し、新たな政府を組織する権利を有することを信ずる」とされ、また、フラ

ンス人権宣言（1789年）でも、「あらゆる主権の原理は、本質的に国民に存する。その権厳は国民に由来し、その権力は国民の代表者がこれを行使し、その福利は国民がこれを享受する」とされています。

　国民主権を深く理解するためには、革命期（1789年〜）のフランスで提唱された二つの対極的な国民主権概念が注目に値します。すなわち、ナシオン主権とプープル主権です。まず、ナシオン主権とは、⑦国民を「抽象的・観念的統一体としての全国民」と考え、それ自体として具体的な意思や活動能力を備えた存在ではないとします。それゆえ、国民がみずから具体的な政治的意思決定を行うことはできないから、⑦政治制度としては、間接民主制（代表民主制、議会制民主主義）が採用され、⑦代表観としては、自由委任（議員は有権者の指図に拘束されない）が帰結されます。よって、⑦国民主権は、単に国家統治の正当性の根拠に過ぎないことになります。⑦例としては、フランスの1791年憲法があげられます。これに対して、プープル主権とは、⑦国民を「人民」、具体的には「有権者団」と考え、それ自体、活動能力を備えた具象的に把握できる存在であるとします。それゆえ、国民がみずから具体的な政治的意思決定を行うことができるから、⑦政治制度としては、直接民主制が採用され、⑦代表観としては、命令委任（議員は有権者の指図に拘束される）が帰結されます。よって、⑦国民主権は、国民による直接統治をも是認するものとなります。⑦例としては、フランス人権宣言（1789年）やフランスの1793年憲法があげられます。

　それでは、日本国憲法における「国民主権」は、どちらの立場にたっているのでしょうか？　この点、①国家の権力行使を正当づける究極的な権威は国民に存するという意味（いわゆる正当性の契機。ナシオン主権的要素）と②国の政治のあり方を最終的に決定する権力を国民自身が行使するという意味（いわゆる権力的契機。プープル主権的要素）との両要素が含まれていると理解すべきであるとするのが通説といえます。しかし、憲法は、ナシオン主権的規定である間接民主制（前文、43条）を原則とし、プープル主権的規定である直接民主制は、選挙を別にすれば、79条（最高裁判事の国民審査）、95条（地方自治特別法の住民投票）、96条（憲法改正の国民投票）しか採用していません。すなわち、憲法は、国民の直接的主権行使の機会をこの三つの場面に限定している

のです（ただし、地方の政治には、さらに地方自治法上の直接請求権や条例による住民投票制などの直接民主制的な規定が設けられていることに注意して下さい）。このように日本国憲法は、特に国の政治においては間接民主制を原則としていて、直接民主制は例外的にしか採用していないのですが、皆さんはそれをなぜだと思いますか？　私はそれを考えることにより、国民主権概念の理解が格段に深まると思うのですが……。

　皆さんが高校までに習った教科書的理解はつぎのようなものだったと思います。すなわち、「例えば、スイスで行われている直接民主制は、民意を忠実に反映するのでもっとも望ましい政治制度である。しかし、日本の人口は1億人以上もいるのだから、それは物理的にも技術的にも不可能である。そこで、次善の策として、日本では間接民主制が採用されている」。私自身も中学や高校ではそのように教えられました。しかし、例えばアメリカの有名な憲法学者であるキャス・サンスティーンは、「アメリカ憲法は本来的には直接民主主義を理想にしているのであるが、現代社会とは違い情報通信技術がきわめて未熟であり、それが実現不可能だったから間接民主主義に落ち着いた」という仮定は間違いであるという趣旨のことを書いています。実際、現代の高度情報社会では、インターネットを活用すれば直接民主主義は実現可能だと思います。すなわち、消費税を上げるべきかどうか、原発を続けるべきかどうか、集団的自衛権の行使を認めるべきかどうか等、重要政策をすべて有権者のネット投票で決めるというまさに究極の直接民主主義は十分にありうるのです。それでは、このような直接民主主義を採用するべきでしょうか？

　「民意を反映すればするほど政治は良くなる」という命題に皆さんは賛成しますか？　私は決してそうは思いません。一般市民は物事を判断するときに基本的には〝自分にとって利益になるかどうか〟で判断します。一例をあげれば、私は以前、このようなインタビューをテレビで観ました。「原発を再稼動した方がいいと思いますか」と原発周辺に住む一般市民に記者が尋ねました。すると、「直ちに再稼動してほしいです」「なぜですか？」「私は原発の近くで商売をしていますので、原発が動かないと生活ができません」「でも事故があったらどうしますか？」「そんなことは知りません！」。もち

ろん、一般市民は自分にとって利益になるかどうかで物事を判断してもいいのですが、国会議員はそれではダメです。国会議員は、たとえ自分の利益を犠牲にしてでも"100年先、200年先の日本にとってプラスになるかどうか"という観点から物事を判断しなければなりません。さらに、一般市民では気づきえず、また、理解しえないような諸状況をも十分に考慮に入れて、先見の明をもってバランスのとれた的確な政治的決断をしなければならないのです。国会議員の政治的決断には、1億人以上の日本人と将来の日本の運命がかかっているのです。たとえヤクザから脅迫されようが、命をねらわれようが、命がけで決断してもらわなければなりません。逃げることはできません。まさに坂本竜馬の世界です（笑）。そのような政治的判断は一般市民には困難なのです。ですから、一般市民の中から頭がよくて政治的な判断能力に優れた政治的エリートを選挙で厳選して、政治的判断を委ねるのです。昔は、政治家のことを"選良（せんりょう）"といったのはそのためです。1億人以上の国民がみんなで話し合って物事を決めるよりも、政治的エリートたる選良をみんなで選んで政治を委ねた方がいい結論になるという判断です。よって、たとえインターネットで直接民主主義が可能であっても、直接民主主義は原則的に採用すべきではなく、間接民主主義を原則とすべきであるとするのが、日本国憲法の立場なのです。

　よって、国政において、いわゆる国民投票制を採用することは、憲法上、許されないと考えるのが通説的見解となります。そもそも国民主権の本質的な特徴は、国民が政治的決定権を持つという点にありますが、憲法前文の初めに「日本国民は、正当に選挙された国会における代表者を通じて行動し」とあるように、国民の政治的意思はあくまで選挙された国会議員によって構成される議会を通じて表明されるのが原則なのです（いわゆる議会制民主主義あるいは代表民主主義）。換言すれば、政治的決定権は、第一次的には代表者である国会議員に信託されるのです。国民の生の声を直接的に政治に反映させる制度である国民投票制は、このような日本国憲法の立場にそぐわないと考えられます。

　ただし、権力行使者が国民の信託に反し、国民をいじめる側にまわった場合には、もちろん国民は我慢して唯々諾々と従っている必要はまったくあり

ません。国民は、その権力行使者を批判することはもちろん、これに抵抗し倒すことができる権利を持ちます。これを抵抗権といいます。この点、例えばドイツの憲法（すなわちドイツ連邦共和国基本法）では、憲法で保障された国民の自由と権利を破壊する政治行動に対する抵抗権が明文で規定されていますが（20条４項）、日本国憲法には規定がありません。しかし、「憲法が国民に保障する自由及び権利」を「国民の不断の努力によって」保持すべきことを定めた憲法12条や、「この憲法は、国の最高法規であって、その条規に反する……行為の全部又は一部は、その効力を有しない」とする憲法98条の諸規定からして、抵抗権は実定法上の権利として日本国憲法に内在していると解する学説が有力です。私もそのように解すべきだと強く思っています。

　皆さんは、「国会議員の給料や人数はもっと減らすべきである」という意見に賛成ですか、それとも反対ですか？　おそらく多くの人は「当然だ！」ともろ手をあげて賛成するでしょう。国会議員の不祥事が大々的にマスメディアで報道されている昨今の状況では、なおさらかもしれません。確かに、国会議員から率先して痛みを引き受けるべきであるとか、削減して税金の無駄遣いをなくすべきであるという主張も一理あると思います。しかし、国会議員の給料や人数を減らせば減らすほど、良い国になるでしょうか？そんなことは絶対にありません。バナナのたたき売りではないのですから（笑）。私はむしろ逆に悪い国になると思います。

　まず、人口比でみた日本の国会議員の人数は、イギリスやフランス、ドイツ等の先進諸国と比べて決して多くはありません。むしろ少ない方です。ある民間機関の調査では、日本の人口100万人あたりの国会議員数は、5.63人で、世界ランキングは168位となっています。皆さんもその国の人口と国会議員数を調べて計算し（インターネットで簡単に調べることができます）、比較してみて下さい。日本では盛んに議員定数削減が議論されていますが、日本は諸外国と比較して決して国会議員の定数が多すぎるということはなく、むしろ増やすべきなのです。国会議員の人数が少なくなれば、一人の国会議員の権限が相対的に大きくなりますから、変な人を間違えて国会議員に選んでしまった場合の弊害が大きくなりますし、また、個々の国民が国会議員と直接、会って語り合う機会も減少してしまいます。これは民主主義にとって望

ましいことではありません。

　つぎに、国会議員の給料ですが（歳費受給権、憲法49条）、月額は約130万円、年 2 回の期末手当が計約635万円、文書通信交通滞在費が月額100万円、立法事務費が月額65万円、合計すれば年収4,000万円を越えます。確かに、普通のサラリーマンでは考えられないほど高額ですが、一流企業の重役であれば年収 1 億円越えもザラにいることを考えると、決して多すぎることはないと言えるかもしれません。日本の将来は、700人強の国会議員の決断と活動にかかっているといっても過言ではないのです。よって、少しでも優秀で能力のある人材に国会議員になってもらい、国民の代表として日本や日本人のために、自分の個人的利益はかえりみず、それこそ命がけで働いてもらわなければなりません。それには、それができるだけのしっかりとした待遇を与える必要があります。国会議員の仕事はまさに将来の日本を左右するものなのですから、それなりの金額が報酬として税金から支払われても、むしろ当然です。ろくな報酬ももらえず、誰からも尊敬されないのに他人のために命を捨てる愚者はいません。そもそも日本の政治を一番悪くしているのは、日本では国会議員が尊敬されず馬鹿にされていることです。それでは優秀な中高生が政治家をめざさず、民間企業に流れてしまいます。優秀な中高生が夢をもって政治家になりたいと語る世の中にならなければ、政治は良くなりません。政治家は我われの一票一票で選んでいるのですから、政治家を批判することはまさに天にツバするようなものです。国民が衆議を尽くして政治家を厳選し、真に尊敬に値する存在に育てあげなければなりません。現在、一人の国会議員に税金から支払われている合計約4,000万円の報酬が高いのか安いのか、それを考えるのは有権者である国民すべての責任ですが、私は決して高すぎるとは思いません。それに見合った政治活動をしっかりやってもらえるならば、まったく問題はありません。また、国会議員には、効率的な政治活動や無駄な経費の削減などにも尽力してほしいところです。国民はその点をこそ十分に監視するべきです。なんといっても国会議員は我われが直接選んだ"代表者"なのですから……。真に国民のためになるしっかりとした政治が行われるように、国会議員の人数や報酬を十分に確保することは、民主政治の不可欠のコストです。やはり相応のコストを払うことなし

に、良い政治は実現できないのです。

　それでは、つぎに本日のもう一つのテーマである象徴天皇制に入りたいと思います。日本国憲法の第 1 章は「天皇」であり、8 つの条文からなっています。日本国憲法における天皇の意義や役割を理解するためには、大日本帝国憲法（いわゆる明治憲法）と比較してみるのが一番です。確認ですが、現在の日本国憲法は1946（昭和21）年11月 3 日に公布され、翌年の 5 月 3 日に施行されました。よって、5 月 3 日が憲法誕生日になります（私は憲法記念日を憲法誕生日と呼んでいます）。これに対して、大日本帝国憲法は、伊藤博文がヨーロッパに渡り、プロシア（現在のドイツ）の憲法（いわゆるビスマルク憲法）を学んで制定した憲法で、1889（明治22）年 2 月11日に公布され、翌年の11月29日に施行されました。両憲法における天皇の地位や権能は大きく異なっており、それが両憲法の本質を端的に表していますが、その違いの源泉は、両憲法における主権の所在の相違にあります。すなわち、前述したように日本国憲法は国民主権の憲法です。比喩的に言えば、憲法の目的も国家の目的も国民の幸福を実現することにあります。これに対して、大日本帝国憲法は天皇主権の憲法でした。憲法の目的も国家の目的も天皇に喜んで満足してもらうことにありました。それゆえ、大日本帝国憲法のもとでは、我われは国民ではなく“臣民（しんみん）”（いわば、天皇の家来、しもべ）でした。もちろん臣民には、生まれながらに人権などは認められておらず、権利はあくまで天皇から恩恵でたまわる（いわば、お情けで恵んでもらう）ものでした。よって、天皇の命令は絶対であり、天皇の命令であれば、戦争で命を捨てるのはむしろ当然のこととなります。この点を十分に理解することが天皇制を学ぶ初めの一歩です。

　それでは、以下、天皇の㋐地位、㋑根拠、㋒性格、㋓権能の四つについて、大日本帝国憲法と日本国憲法を比較してみたいと思います。大日本帝国憲法における天皇の㋐地位は、主権者でした（1 条）。まさに天皇主権で、前述した通り、天皇の命令は絶対のものでした。そして、その㋑根拠は、神勅（神の意思）です（前文）。すなわち、天皇は人間ではなく現人神（あらひとがみ、すなわち現世に人間の姿で現れた神）であり、我われ臣民とは本質的に異なる特別の存在なのです（いわゆる神権天皇制）。この点、中世のヨーロッパでも

王様の絶対的な権力を正当化するために、王様は神から権力を授かっている
とする王権神授説が主張されましたが、それと同様の論理と言えます。ま
た、その⑦性格は、神聖不可侵であり（3条）、決して侵害しえないアンタッ
チアブルの存在でした。さらに、その①権能は、統治権の総覧者（すなわ
ち、すべての国家権力の帰属者）として（4条）、立法権・行政権・司法権を独占
する絶対的権力者でした。これに対して、日本国憲法では、まず、その⑦地
位は、日本国および日本国民統合の象徴（1条）です。象徴とは、英語では
シンボル（Symbol）で、鳩が平和のシンボルであるように、天皇が日本や日
本人のシンボルになるという意味です。それ以上でも以下でもありません。
そして、その①根拠は、国民の総意（1条）にあり、その存在は国民の意思
に委ねられています（よって、天皇制も憲法改正の対象になりえます）。また、そ
の⑦性格は、神格性がありません。この点は、1946（昭和21）年1月1日に
出された天皇の人間宣言で明確にされています。さらに、その①権能は、憲
法に明定された国事行為のみが可能であり（6条、7条）、国政権能は持って
いません（4条）。このように、大日本帝国憲法と日本国憲法とでは、天皇の
地位や権能が大きく変化しています。皆さんも、ぜひ大日本帝国憲法の第一
章と日本国憲法の第一章とを読み比べてみて下さい。そのあまりの違いの大
きさに驚くでしょう。
　日本国憲法の象徴天皇制は、民主的な国民主権と封建的な天皇制とを両立
させるための妥協の産物であると言われています。大日本帝国憲法では、天
皇は主権者として"強い天皇制"でしたが、日本国憲法では、主権者は国民
であり、天皇は象徴に過ぎず、"強い国民主権と弱い天皇制"が併存する形
になっているのです。天皇制の歴史的な伝統にかんがみ（大日本帝国憲法1条
の「万世一系ノ天皇」）、天皇の地位の世襲制は、大日本帝国憲法のまま存置さ
れています（2条）。よって、現天皇の子孫でなければつぎの天皇にはなれま
せんが、これは憲法自身が認めた法の下の平等（14条）の例外です。ただ
し、天皇の地位は、「主権の存する日本国民の総意に基く」のですから（1
条）、憲法改正の手続（96条）を経れば、象徴天皇制の廃止も、憲法上は可能
となります。また、憲法は天皇が男性であることを要求していないので、女
性天皇を認めることは憲法を改正しなくても可能です。この場合、法律であ

る皇室典範1条の「皇統に属する男系の男子」の文言の改正が必要となりま
す（法律なので国会における過半数の賛成で足ります）。前述したように、天皇は、
国の政治に関する権能を一切持たず、国事行為（6・7条）だけを行い（4
条、天皇の国政無権能原則）、しかもその国事行為には、内閣の助言と承認が必
要とされています（3条）。このように、天皇の行為は憲法によって厳格に縛
られるとともに、すべての責任が内閣にあることが明示され、民主的責任行
政が確立しています。日本国憲法における天皇の地位は、いわば"象徴職公
務員"と言っていいでしょう。

　天皇が散歩をしたり風呂に入ったりというような私的行為を憲法に規定が
なくともできることに争いはありません。また、前述したように、天皇は国
政権能を一切、持たず、対外的な行為としては憲法に明記された国事行為だ
けを行うことができます。しかし、天皇は、実際には、国会開会式で「おこ
とば」を述べたり、国民体育大会や植樹祭に出席したり、外国訪問をした
り、私的行為にも国事行為にも該当しない、きわめて公的、政治的な色彩の
強い行為をおこなっているのです。それゆえ、このような国事行為からはみ
出す行為を「公的行為」として憲法上、認めるべきかどうかが議論されてい
ます。この点、憲法を厳格に解釈して認めない①違憲説と、合理性と必要性
がある範囲で認める②合憲説があり、合憲説には、⑴国事行為に含める説
（いわゆる二行為説）と、⑵天皇の第三の公的行為として認める説（いわゆる三行
為説）があります。さらに、三行為説には㋐「象徴行為」として認める説
と、㋑「公人行為」として認める説とがあります。例えば、天皇陛下が被災
地を慰問し、被災者を激励することにより、震災復興が促進されるなど、天
皇が国民のためにできる行為は多くあります。よって、国事行為からはみ出
す行為を一定限度で公的行為として認める必要性は否定できません。しか
し、そのような行為を安易に認めるならば、戦前のように天皇が政治に影響
を与えることになりかねません。やはり天皇の公的行為を認めるにしても、
合理性と必要性が明白に認められる範囲に厳格に限定しなければならないで
しょう。

　1935（昭和10）年生まれの作家である入江曜子は、戦中の教育において、
天皇陛下を見ると失明すると信じていた自身の国民学校時代の体験を語って

います。すなわち、当時、学校では、天皇陛下を直視すると目がつぶれると説明されていました。各教室の黒板の上に掲示されていた天皇陛下の肖像写真でさえ、失明を恐れて直視できなかったといいます。そのように、現人神である天皇陛下は、人知を超えた能力を持つ特別の存在だったのです。また、天皇の人間宣言で天皇陛下が神ではなく人間だったことを知り、びっくり仰天した老人も多数いたという笑い話のような実話も語り草になっています。しかし、それは100年も200年も昔の遠い世界のことではなく、わずか70数年前のこの日本での出来事なのです。皆さんは、この信じがたい事実を深く心にとどめてほしいと思います。70年で日本はここまで変わったのですが、もしかしたら70年後にまた過去の歴史が繰り返してしまうかもしれません。そのような戦前回帰を希求する思想は戦後も一貫して生き続けているのですから……。悲惨な過去を繰り返させないための知性と創造性を身につけるためにも、日本国憲法を深く学ぶ必要があるのです。

　日本国憲法においても、天皇が一般の国民とは異なる法的地位にあることを示した判例として、いわゆる記帳所訴訟があります（最判1989［平成元］年11月20日）。これは天皇の民事裁判権が問題となった事例ですが、具体的事案はつぎの通りです。すなわち、千葉県知事が昭和天皇の病気の快癒を願う県民記帳所を設置するために公費を支出したところ、千葉県住民がその支出が違法であり、天皇が費用相当額を不当利得したとして、返還を求める住民訴訟を提起しました。これに対して、最高裁は、天皇が日本国の象徴であり日本国民統合の象徴であることにかんがみ、天皇には民事裁判権が及ばないものと解するのが相当である旨を判示し、原告敗訴の判決を下したのです。また、刑事裁判権についても、摂政（未成年の天皇または心身の故障により国事行為ができない天皇のかわりに置かれる天皇代行者）が在任中に刑事訴追されないとされていることにかんがみ（皇室典範21条）、天皇には刑事裁判権も及ばないと解されています。

　象徴天皇制のみならず、国旗（日の丸）や国歌（君が代）についても、長い間、様ざまな論争が続いていますが、いまだに決着はついていません。それらの制度が持つメリットとデメリットを自分の頭で十分に考え、ぜひ自分の考えを持つように心がけてほしいと思います。その点で、象徴天皇制はまさ

# コラム 2　余目町事件

　今日は、少し時間があまっていますので、判例研究として余目町事件（最判1978［昭和53］年6月16日）をとりあげます。この判例は本来、憲法よりも行政法で議論されていますが、事案もユニークですし、結論も大方の予想とは違い、一見するときわめて不当な結論のようにも思われます。裁判では、このような判決も少なくありませんが、そのような時こそ、「なんで裁判官はこのような判決をしたのだろう」とじっくり時間をかけて考えてほしいと思います。すると、そこには思いがけない理由が隠されていてびっくり、でも深く納得、なんていうことも多々あります（笑）。そんな時には、法学の面白さ、学問の楽しさを痛感します。皆さんもぜひじっくりと考えてみて下さい。

　この判例の事案はつぎの通りです（ただし、分かりやすくするために、かなり簡略化し、ディフォルメしています）。すなわち、山形県のあまるめ町というところで、性風俗営業（性的なサービスをしてお金をもらう商売。ここでは俗に言うソープランド）をやろうとする業者があらわれました。世の中には、そんな商売も認められています。良い子の皆さんは、そんなところは知らなくてもいいし、実際にいく必要もないと思いますが……（笑）。あまるめ町というのは、子どもが野原を駆け回って缶けりや鬼ごっこをしているような小さな田舎の、のどかな田園地帯でした。そんなところに性風俗店なんかつくられたら、教育上もよくないし、住民としてはたまったものではないです。こういう店が家の近くにできたら、喜んで毎日行くというリッチでうらやましい人もいるかもしれないですが（笑）、そんな人は本当に例外で、みんな嫌がります。だから、住民はこぞって大反対しました。これは当然だと思います。だいたいこういう性風俗店とか、ラブホテルとか、あるいは、質屋とか、そういうものは普通、人通りの多いところにはつくりません。入りにくくてしょうがありませんから……。経験した人もいるかもしれませんが……（笑）。繁華街から少し離れて、人目のない入りやすいところにつくります。だから、あまるめ町は狙われてしまったのです。そこで、住民はどうにかしてつくらせまいと反対運動を展開し、町役場も、町の警察署も、住民に協力し、どうにかして追い出そうと住民と連携して動きました。

　その時、ありがたいことに、住民の中に、皆さんのように大学で法律学を

まなんだ法学徒がいたのです。その人が、六法全書をパラパラとめくってみ
たら、当時の風俗営業等取締法（現在の風俗営業適正化法）にはこういう旨の
条文があったわけ。すなわち、「児童福祉施設」の周辺200メートル以内では
風俗営業を禁止する。要するに、児童福祉施設の近くでは風俗店はやっては
ダメということです。そこで、今度は、あまるめ町の地図を出してみたら、
なんと開業予定地から135メートルのところに、無認可の子どもの遊び場が
あったのです。それは、小さな遊び場で、マンションやアパートの隙間にど
こにでもある、ジャングルジムやブランコ、滑り台、砂場ぐらいしかないよ
うな、昼下がりにお母さんが子どもを遊ばせているような小さな児童公園で
した。そこで、住民はなんとかしてこの児童公園を児童福祉施設として認め
てもらおうと思いました。その児童公園が児童福祉施設として認められれ
ば、前述の200メートル・ルールが適用され、法律上、業者は風俗店をつく
れなくなります。この点、児童福祉法にもとづいて児童福祉施設を認可する
のは知事の仕事です。そこで、あまるめ町の住民は大挙して山形県知事のと
ころに行って、事情を話し、認可をお願いしたわけです。町役場も警察も住
民の味方ですので、当然、知事も、風俗業者の味方をするわけはなく（選挙の
こともありますし……）、俺に任せろと、知事は認可したのです。これで、めで
たく、開業予定地から135メートルのところに児童福祉施設ができたので、
法律上、200メートル・ルールで風俗店はつくれないことになったはずでし
た。

　これが映画とかテレビドラマだったら、最後のエンドロールで、子どもた
ちが笑顔で野原を駆け回っている姿が映って、正義は最後に勝つのだと、市
民の力で子どもたちの良い教育環境が守られたのだと、お話はハッピーエン
ドで終わるのだろうけれど……。しかし、現実は違った。実際は、この風俗
業者は、なんとその後に風俗店をつくって営業を始めてしまったのです。そ
のため、この業者は、風俗営業等取締法違反で起訴されて、裁判所にひきず
りだされることになったのです。当然、皆さんは、この裁判では裁判官は住
民の味方をして業者を敗かせると考えると思います。それが常識で当たり前
だと。裁判官が風俗業者なんか勝たせるわけがないと。でも実際に裁判に
勝ったのは、何と業者の方でした。裁判官は営業してもよいと判断したので
す。これはなぜでしょうかというのをジックリと考えてもらうのが、本問の
ポイント。

　裁判では、一見すると常識外れで正義に反するような結論がでることはよくあります。そういう時こそ、なんでそういう結論になったのかということを、じっくりと考えてみましょう。脳ミソから血が吹き出るくらい考えてもらうと（笑）、格段に憲法的思考力が高まります。本件の場合、住民を勝たせる結論も、業者を勝たせる結論も、法的にはどちらの結論もありですが、裁判官がだした結論は業者を勝たせました。よく考えてみて下さい。この業者は何か悪いことをしていますか？　業者は、法律の手続にのっとって風俗店をつくろうとしているのです。日本では風俗店は法的に認められているので、法で定められた手続をとれば誰でもできるはずです。そもそもジャングルジムや砂場しかないような小さな公園は、ふつう児童福祉施設とは言いません。普通、児童福祉施設というのは立派な建物があって、守衛さんや受付の人がいたりして、中で子どもたちが紙芝居を観たり、お遊戯をしたり、お絵かきしたりとか、そういう立派な建物を児童福祉施設というのであって、どこにでもあるようなそんなちっぽけな公園を普通は児童福祉施設とは言いません。それなのに、自分の家の近くに風俗店ができるのが嫌だからといって、それを追い出すために、本来、児童福祉施設とは言えないような小さい公園を児童福祉施設として無理やり知事に認可してもらうなんて、どう考えてもおかしいでしょう。そこで、裁判官は、法律の手続にのっとって開業しようとしている業者を追い出すために、本来、児童福祉施設とは言えない小公園を児童福祉施設とする知事の認可処分は、"行政権の濫用"だから違法であり効力を持たないとして、業者を勝たせて風俗営業を認めたのです。考えてみれば、日本では風俗営業は適法として許されているのですから、裁判官の判断は適切と言わざるをえないですね。もしソープランドが嫌なのであれば、市民としてやるべき事は、国会議員に陳情して、ソープランドを禁止する法律をつくってもらうことです。それが民主主義社会、法治国家における正当なやり方でなのです。自分の家の近くにできるのがイヤだからといって、詭弁を弄して無理やり追い出すのは許されません。

　これと似た話でよくあるのが、"ヤクザの組事務所"の話です。たとえば、皆さんがやっとの思いで結婚して、やっとの思いで小さなマンションを購入して住み始めたとします。これから楽しい新婚生活を楽しみにしていたところ、なんといつの間にか隣室がヤクザの組事務所になっていたとします。近隣住民としては、近くにヤクザの組事務所などがあれば安心して市民生活が

送れませんし、子どもたちに危害が及べば一大事です。そこで、マンションの住民や近隣住民は一致団結して「暴力団でていけ！」という運動を展開することになります。よくマスメディアで耳にする話だと思います。このような場合、ヤクザを支持する人はまれです。一般市民はヤクザを敵視し、暴力団排除運動に共感して大声援を送るのが通常です。「早く出ていけ！」と。しかし、このような時こそ、法学徒は大勢に流されず、冷静に対立利益に目を向けてほしいのです。そもそもヤクザだって人間なのですから、もちろん人権があります。生存権（憲法25条）も、居住の自由（憲法22条）も、財産権（憲法29条）もあります。ヤクザが自分でお金をだしてマンションを買ったのであれば、基本的に何に使用しようが自由なはずです。よって、組事務所に使用したからといって、通常は追い出せません。たとえば、拳銃をこれ見よがしに持ち歩いているヤクザがうろうろしているのだったら話は別ですが、そのような何かプラスアルファーの特殊事情がない限り、普通にただ組事務所になったというだけでは追い出せません。少なくとも憲法論としては、その結論が妥当といえます。この場合、市民のとるべき手段は、建物を組事務所に使用すること自体を禁止する法律を国会でつくってもらうことです。この点、実際に各都道府県には暴力団排除条例というのがあり、たとえば群馬県暴力団排除条例では、小中学校、図書館、公民館、児童福祉施設等の周囲200メートル以内に暴力団事務所を開設した場合には、1年以下の懲役または50万円以下の罰金とされています（同条例15条）。このように法を制定して排除するのが民主主義社会や法治国家のあるべき姿なのです。

　よく住民が「暴力団でていけ」と言って排除運動をして、暴力団事務所が撤去され、どこかに移転してしまうというニュースがありますが、あれは法的に追い出しているわけではなくて、多くの市民が一致団結して暴力団排除運動をするので、嫌気がさして根負けして暴力団が出ていってしまうわけで、法的には追い出せないのが基本です。なかなかこういう発想は、大学で専門的に法学をまなんだ人でないと持てません。普通は、風俗業者や暴力団の味方をする人はまれで、たいていの人は出て行けという大合唱に加わってしまいます。そういう時に、法律家だったら、「ちょっと待てよ、違うぞ」と。風俗業者も暴力団も人間であり、憲法で人権が保障されている。それを踏まえて、この場合、「そんな法はない。この場合そんなことを認めてはダメだ」と考え、たとえ多数意見に対してであっても異を唱えるのが法律家で

す。法学をたくさん勉強してもらって、そういう発想ができるようになれ
ば、思考の幅が拡がって、たとえ自然科学を専攻している人であっても役に
立つと思います。もちろん判例と逆の結論をとりたいのであれば、法的には
それも十分ありえますから、裁判官を説得できる法的論理を自分で考えても
らえばいいのです。思考のトレーニングにぜひやってみて下さい。

　もしヤクザの組事務所がいやだったら、暴力団を徹底的に排除したいのな
らば、暴力団のような犯罪組織（犯罪を目的とする集団）をつくること自体を
禁止・処罰する法律をつくればいいのです。そのようないわゆる“不法結社
罪”がある国もあります。たとえばイタリアでは、刑法に“マフィア型結社
罪”が規定され、犯罪組織は非合法化されています。しかし、日本はそこま
ではやっていないのです。日本のヤクザは、恐ろしい犯罪をやるけど、捕
まって裁判官の前にいったら、一応、みんなごめんなさいと謝ります。ま
た、刑務所に入ったら、みんなおとなしくおつとめをします。どんなに恐ろ
しく冷血非道なヤクザの親分であっても、そうです。これに対して、イタリ
アのマフィアは違います。担当の裁判官を殺したり、刑務所の中にまで拳銃
を持ち込んで撃ち合いをしたりします。日本のヤクザとは比べものにならな
いほど、違法性や反道徳性が強いのです。それゆえ、治安を維持するため、
不法結社罪をつくり、犯罪組織を徹底的に取り締まっているのです。でも日
本はそこまではやっていません。そもそも日本人は、義理と人情が好きで、
日本には昔から義理と人情を標榜するヤクザを容認し、賛美するような社会
的風潮があります。群馬だったら国定忠治の世界です。上毛かるた（群馬県の
ご当地かるた）にも「雷とからっ風、義理人情」というのが「ら」の札にあり
ます。私も学生時代から健さん（高倉健）のヤクザ映画や寅さん（渥美清）の
映画が大好きですが、健さんも寅さんも職業はヤクザ（アウトロー）です。今
の若い人には健さんも寅さんも知らないという人が多いとは思いますが
……。健さんの「網走番外地」と寅さんの「男はつらいよ」は時代を超えた
名作映画なので、必見です（笑）。両者をつらぬくテーマはまさに“義理と人
情”です。阪神大震災の時にも暴力団のメンバーが人びとにおにぎりを配っ
たり、また、毎年クリスマスに暴力団のメンバーが近所の子どもたちにお菓
子をプレゼントしたりしているそうです。いいか悪いかは別にして、そのよ
うなヤクザを容認する社会的風潮が日本には存在し、それが法制度にも影響
を与えているのです。この点、暴力団対策法や暴力団排除条例等、少しずつ

規制は強化され、実際、暴力団員の数は大幅に減少していますが、日本でも
もっと徹底的に犯罪組織を取り締まる法律をつくった方がいいという意見も
昔から根強くあります。今後、考えていかなければならない問題ですね。で
も、個人的には、日本人の"義理と人情"の文化もぜひ大切にしていくべき
だと思います。今日はここまで。

# 第三講 平和主義とは？

　今日は平和主義について講義をします。まず、六法全書をひもといて、憲法9条を出して下さい。平和主義は、憲法の「第2章　戦争の放棄」のなかにある9条に規定されています。9条の1項に書かれていることは「戦争の放棄」の原則です。これは、文字通り、「戦争をしない」ということです（「戦争」とは何かについて争いがありますが、侵略戦争を放棄していることは間違いありません）。そして、2項には文章が二つあり、前段には「戦力の不保持」の原則が、後段には「交戦権の否認」の原則が書かれています。前者は、文字通り、「戦力を持たない」ということですが（「戦力」とは何かについても争いがありますが、おおまかには「戦争のための武器」と考えていいでしょう）、後者の「交戦権の否認」をどのように解するかについては様ざまな意見があります。この点、「交戦国に国際法上認められる権利（例えば、船舶の臨検やだ捕、捕虜の抑留、占領地行政）を行使しない」ことと考えるのが通説的な見解と言えます（国際法上、戦争は違法ですが、軍事制裁の場合などには例外的に許される場合もあります）。おおまかに言うならば、「戦争しない、武器を持たないだけではなく、そもそも外国とはケンカしないで仲良くやっていくこと」と考えていいでしょう。このように、日本国憲法の三大原則のひとつに数えられる平和主義から、さらに「戦争の放棄」、「戦力の不保持」、「交戦権の否認」という三つ

の原則が導かれるということは最初に絶対におさえなければなりません。

　この平和主義の妥当性や必要性については、最近、非常に議論になっています。北朝鮮の核・ミサイル問題や中国との尖閣問題など、国際的な緊張状態の高まりを理由に、「武器を持たず、外国とは戦わない」という平和主義が現在、大きな脅威にさらされています。とりわけ皆さんのような若者や学生の中に、「こんなきれい事や理想論で国を守れるわけがない。こんな憲法はさっさと改正し、軍隊を持ち、戦える国にしよう」という考えの人が非常に多くなっています。平和主義の理想をかたると「お前の頭の中はお花畑だ！」と言われてしまうことすらあります。今日は、この講義を通じて、本当にそうなのかをじっくりと考えて頂きたいと思います。

　皆さんはご存知でしょうか？　世界中で原子爆弾を落とされた経験がある国は日本しかありません。すなわち、日本は、世界で最初、唯一の被爆国です（ぜひ最後の被爆国になってほしいですが……）。しかも2回も落とされました。1945（昭和20）年8月6日に広島、8月9日に長崎です。アメリカにより2回も原爆を落とされ、さらにソ連の参戦もあり、日本は8月14日にポツダム宣言を受けいれて、8月15日が第二次世界大戦の終戦です。このように説明するとびっくりする学生もたまにいますが、それでは勉強不足と言わざるをえませんね（笑）。戦争中、沖縄では地上戦がおこなわれました。アメリカ兵が陸地に上陸して、日本兵と地上で戦ったのは今の日本の領土では唯一、沖縄だけです。地上戦になれば多くの民間人が犠牲になるのは言うまでもなく、実際、きわめて悲惨な戦いとなりました。また、東京大空襲、これは、1945（昭和20）年3月10日です。B29爆撃機が投下する焼夷弾で、首都東京は焼け野原になったのです。死者数も10万人以上とさえ言われ、正確な数字はわかっていません。そのような多くの悲惨な経験を日本はしたのです。その経験を通し、日本人は戦争が人間の自由と生存にとっていかに脅威であるのかをつくづく痛感し、深く学びました。そのため、この平和主義が日本国憲法に取り入れられたのです。平和主義は、決してアメリカから押し付けられたものではなく、日本人が自ら望み、選び取ったものと考えるべきなのです。

　「戦争をしない、武器を持たない、さらに外国とはケンカしないで争わずに

やっていく」、皆さんはこのような考え方をどう思いますか？　やはりこれは単なるきれい事なのでしょうか？　前述のように、こういう考えについては今、非常に批判が多いです。恥ずかしながら、私は大学の正式な専任講師になるまで、長い苦労をしてきました。本当に、20代、30代はろくなことをやっていなかったです（笑）。いろいろな塾や予備校で教えたり、家庭教師をやったり、自分で塾を開いていたこともあります。そのころ、ある学習塾で中学生のかわいい子どもたちに社会科の公民を教えていたことがありました。平和主義については、小学校6年生の社会で学ぶし、中学校3年生の公民でも学びます。そのときに、子どもたちに「日本は平和主義をとっています。戦争しない、武器を持たない、外国と仲良くすることで国を守るのです」と教えたら、逆に子どもたちに質問をされました。「先生、それで国を守れるわけがないじゃないですか。他の国が攻めてきたらどうするのですか。やっぱり日本も武器を持たないとダメなんじゃないですか。しっかり武器を持たないと守れるわけがない」と言われました。確かに、近時、北朝鮮は核兵器やミサイルを開発していて、北朝鮮が発射したミサイルが実際に日本海に着弾し、核実験も強行している。また、尖閣諸島の周りでは中国の漁船が不法侵入を繰り返し、中国は尖閣をねらっているかもしれない。とするならば、これまで以上に平和主義ではダメなのでは？　やっぱり日本も武器を持つべきなのでは？　そのような意見に対して、皆さんはどう考えますか？　このなかで塾や家庭教師のアルバイトをやっている人は、実際に子どもたちからそう尋ねられたらどう答えますか？　ぜひじっくり考えてみて下さい。

　「確かにそうだね、平和主義なんてきれい事だよね、それで国が守れるわけないね、武器を備えるべきだよね」というのも立派な一つの答えかもしれません。ですが、私はそういう時には、必ずつぎのように答えていました。すなわち、ちょっと待ってね、じゃあ反対に武器で国を守ろうという立場にたったらどういうことになるか考えてみて。武器で国を守る立場にたったら、相手と同等かそれ以上の武器が必要になります。相手がナイフを持ってきたらこっちもナイフを持たないといけないし、出刃包丁ならこっちも同じ、拳銃なら拳銃、むこうがバズーカ持ってきたらこっちもバズーカ、核兵器1個ならこっちもそれ以上持たないといけない。敵国が核兵器10個なら

こっちも10個以上備えないといけなくなる。だから、武器で国を守ろうという論理に立っていると、果てしなき軍拡競争になって、世界中が核兵器だらけになってしまうし、日本だって核兵器を持たなくてはなりません。それでもいいというのでなければ、そもそも武器で国を守るという立場にはたてないのです。

　また、核兵器の開発には多額の費用がかかります。日本が核兵器開発をするとすれば、日本人は今の生活水準を下げないとなりません。例えば、北朝鮮は、かわいい子どもたちを飢え死にさせても、乏しい国家予算のほとんどを核兵器の開発に傾注していると報じられています。中国はもはや日本を抜いて世界第二位の経済大国ですが（もちろん第一位はアメリカ。しかし、中国は近い将来、アメリカを抜くとさえ言われています）、毎年、GDPの2パーセント程度を軍事費についやしています。日本の軍事予算はこれまでGDPの1パーセント程度でしたから、中国と軍拡競争をやろうとすれば、日本は軍事予算を少なくとも今の倍にしなければなりません。消費税が20％、30％の重税国家になっても、今より生活水準をさげても、日本は核兵器開発を進めた方がいいのでしょうか？　日本が軍国主義に向かって、軍事大国になってもいいのですか？　それでもいいという立場にたたないと武器で国を守ろうなんて言えないのです。

　さらに、北朝鮮や中国と闘うというのであれば、十分な人的兵力も確保しないとなりません。よって、当然、徴兵制も必要となります。私は、武器で国を守る立場では、徴兵制は不可避だと思います。日本には、ごくおおざっぱに言うと、自衛隊員は約25万人います。もしも中国と戦争になって、約25万人の自衛隊員が全滅させられたとします。その場合、その段階で、日本が中国に「ごめんなさい」と謝って戦争が終わると思いますか？　もちろん絶対にそんなことはありえません。謝るわけがないです。戦争は始めるよりも終わらせる方が何倍も難しいのです。いったん戦争が始まって、兵士が全員、敵国にやられた時に、「ごめんなさい」と謝るような国家なら、また、その段階で憲法の人権を尊重して「戦争に行きたくない人は行かなくてもよい」と言うような国家なら、最初から戦争などしてはいないのです。そうなったら、「とにかく行け、かたきをとれ」と無理矢理にでも行けというこ

とになるのは、歴史的事実よりして明らかなのです。徴兵制がしかれて、皆さんの子どもや孫がいやいやながらまた戦地へ送られ、戦争に加担させられるような国に日本を再び戻していいのですか？

　そもそも武器で国を守るという立場にたつなら、①世界中が核兵器だらけになってもいいし、日本が核兵器を持つのも認める。②日本が消費税20％、30％の重税国家になってもいいし、日本人の生活の質が下がるのも認める。③徴兵制の導入もやむなし。それらをすべて認める覚悟がなければ、武器で国を守ろうなんて立場にはそもそもたてないのです。では、どうやって国を守るのかといったら、子どもたちにつぎのように説明していました。すなわち、よく考えてみてね。その国を普段から助けてやっていれば、攻めてはきません。かえって日本が攻められたら助けてくれるはずです。平和主義は決して何もやらないということではありません。困っている国や貧しい国を率先して助ける。そういう行為を国際社会の中で積み重ねることで、たとえ攻められても助けてもらえる国をつくる。それが平和主義なのです。戦車を買うお金があったら、学校や病院が不足している国にどんどん建ててあげる。兵士を養成するお金があったら、医者や看護師、教師が不足している国にどんどん養成して派遣してあげる。医療支援、食料支援、難民支援、災害復興、そういうことを普段から一生懸命やるのです。困っている国、貧しい国を助けるためにお金も使うし、汗も流すし、時には血も流す。例えば、災害復興できずに困っている国があれば率先して危険な作業も手伝ってあげる。武器を持っていても決して尊敬されませんが、武器を持たないで悪に立ち向かう者、あるいは武器を持たないで正義を実行する者は、後光がさして周りから尊敬され、賞賛を集めます。そういう行為を積み重ねて、敬意と賞賛を集めることにより、攻められない国、攻められても助けてもらえる国をつくる。これが平和主義の理念なのです。私は、そうやって国を守ることは十分に可能だと思います。

　私には忘れられない言葉があります。それは、2011（平成23）年3月11日の東日本大震災の直後、日本が大混乱におちいっている時に、当時の国連のパン・ギムン事務総長（パンさんは韓国人で、国連事務総長は国連事務局の代表です）が国連で述べたつぎの言葉です。すなわち、「日本はこれまで困った国

や貧しい国を一番、助けてきた国です。今度は国連が日本を助ける番です」。本当に涙が流れそうになりました……。まさにこれこそが平和主義の精神に他なりません。本当に相手が素晴らしくて学ぶべきことがたくさんあるなら、ケンカするよりも仲良くしていろいろ教わった方がいいに決まっています。「日本を攻めたら世界中を敵に回す、日本を攻めたら損だ、日本とは仲良くした方が得だ」と思われる日本や日本人になるために、敬意と賞賛を集めるべく、一生懸命に努力するのが平和主義です。私は、そういう地道な活動を積み重ねれば、必ずや国を守れると思います。ぜひそうやって国を守ろうではありませんか。

　だけど、これで話を終わらせるとダメなのです。今の中学生はそれほど素直ではありませんので……（笑）。このように説明したら、反対に子どもたちに質問されました。どのように質問されたのかというと、「だけど先生、恩を仇で返したり、裏切る者もいるのではないですか？　北朝鮮なんていつも助けてやっても、いざとなったら襲いかかってくるのでは？　だから、やっぱり武器を持たないとダメなのではないですか？」。皆さんはどう思いますか？　確かに普段から助けてやっても、恩を仇で返す人はいます。人を平気で裏切る者はむしろ世の中には多いかもしれません。人間の中にもそういう人間はいるのだから、当然、国の中にもそういう国はあるでしょう。では、やっぱり平和主義ではダメで、武器を持つべきなのでしょうか？

　そういう時には、私は子どもたちにつぎのように説明していました。すなわち、もし日本が他国から理由もなしに攻められた場合には、国民一人ひとりがたとえ素手でもいいから、日本の国土を守るために命がけで闘うしかありません。例えば、インドのマハトマ・ガンジーのように "逆らわないけど従わない" という非暴力不服従運動をするとか、スキでもクワでもバットでもいいから自ら手に持ち民衆蜂起をして、とにかく徹底抗戦するしかないです。一人ひとりが他人任せではなく、国を守るために命をかける、最後はその覚悟や決意をするしかないのです。しかし、戦争は武器が多い方が勝つとは限りません。先ほど例にだしたインドのガンジーを思い出してみて下さい。皆さんも知っていると思いますが、今のインドは以前、イギリスの植民地でした。インドにはイギリス人がたくさん居住していて、インド人は犬猫

のような扱いを受けていました。そういう状況で、ガンジーはどうにかして
イギリス人をインドから追い出し、インドを独立させたいと思っていまし
た。そのとき、ガンジーは武器を持って闘う方法ではなく、逆らわないけど
従わないという非暴力不服従の方法を選んだのです。すなわち、ガンジーは
民衆に「イギリス人の命令には逆らうな、だけど従うな。そういう行動をみ
んなでとりましょう」と呼びかけました。最初、イギリス人は、インド人を
ぶったり、蹴ったりして命令に従わせていましたが、やがてぶっても蹴って
も命令に従わなくなり、そのため今度は牢獄に閉じ込めました。やがて、ど
んどんそういうインド人が増えてきて、牢獄が満杯になって、従わない者を
収容する場所がなくなってしまいました。そうしたら、こんな連中を相手に
してはいられないと、イギリス人はインドから去ってしまったのです。こう
して、ガンジーは武器を使わずにイギリス人を追い出して、インドの独立を
勝ち取ったのです。

　アメリカは、戦後一貫して世界最強の軍事力を持っている国で、核兵器も
6千発以上、持っています（アメリカとロシアで世界の90%の核兵器を分けあってい
ます）。そのアメリカは、戦後、世界最強の軍事力を背景にして戦争や武力
行使を繰り返してきましたが、一度だけ戦争に負けたことがあります。皆さ
んはどこの国との戦争だか知っていますか？　なんとアメリカを戦争で負か
した唯一の国はベトナムです。ベトナム戦争（1960〜1975年）で、ベトナムは
アメリカに勝ちました。ベトナム戦争時、アメリカの兵力はベトナムを圧倒
しており、核兵器さえ持っていました。それに対して、ベトナムにはろくな
兵器がありませんでした。それにもかかわらず、ベトナムはアメリカに勝利
したのです。この点、ベトナム人の戦いはどういうものだったかというと、
ベトナムには密林が多く、アメリカ軍はそこを上陸してきます。その時、ベ
トナム人は、落とし穴を掘ったり、仕掛けをつくったり、竹槍攻撃とか、お
手製の爆弾を投げたり……。本当に原始的な戦いですが、一般民衆がそうい
う戦いを組織的、継続的に粘り強く続けたことによって、結局、アメリカに
勝ってしまったのです（中国や旧ソ連の支援も勝因の一つではありますが……）。自
分が多くの武器を持って武装している一方、敵が素手だとしても、命がけで
立ち向かってくる敵を相手にするのは恐ろしいものなのです。それが人間の

尊厳なのでしょう。実際にベトナムに行き、生き残ったアメリカ兵が手記に書いています。どこに落とし穴や仕掛けがあるか、いつ竹槍攻撃がくるか、一時も気を抜くことができず、神経がまいってしまったと。竹槍だって木の上から力一杯に投げたら、2、3人は貫通してしまいます。それを一般民衆が組織的、継続的に粘り強く続け、戦争を勝利に導く原動力となったのです。結局、根負けしたアメリカ軍は、ベトナムから撤退してしまいました。

　このように、過去の歴史にかんがみても、戦争は武器が多い方が勝つとは限りません。武器などなくても一般民衆が一致団結すれば、たとえ素手でも大きな力になるのです。考えてみて下さい。日本はこんな小さな島国で、ろくな資源もありません。日本の価値はひとえに日本人にあるのです。日本人の精神であり、倫理であり、道徳であり、知性であり、技術にあるのです。それらをぬいたら、日本に価値はありません。よって、日本人を皆殺しにして日本の領土をとってもまったく意味はないのです。価値があるのは日本人、その事実に我われはもっともっと誇りと自信を持つべきです。1億人以上、日本人はいます。その日本人がたとえ素手でも一致団結すれば相当な力になります。前述したように、日本人が平和主義の理想を高く掲げて困った国や貧しい国を率先して助けるという活動を続けている限りは、もし日本が他国から攻められた場合、ほとんどの国は日本を助けてくれると思います。このことは先に述べたパン事務総長の言葉が証明しています。日本が平和主義の立場にたつ限り、日本を攻めるより日本と仲良くした方が得なのは言うまでもありません。また、日本を攻めたら世界中を敵にまわしてしまうというのであれば、かえって損するだけであり、そもそも最初からそういうことはやらないでしょう。武器を持つのではなく、そのような敬意と賞賛に値する日本や日本人になるために、最大限の努力を続けるべきなのです。戦争に命をかけるのではなく、平和主義に命をかけるのです。

　平和主義は甘いという人もいますが、決してそうではありません。自衛隊員に任せるのではなく、最後は命がけで素手でもいいから一般市民が敵に立ち向かうしかないのです。各人がその覚悟をしなければならないのですから、平和主義は本当に厳しく過酷な思想です。しかし、過酷ではありますが、日本はそれでいくべきであり、それで国は守れると私は強く思います。

そんな考えは危険という人もいるかもしれません。人間のやることだから、武器で国を守ろうとすることも、武器を持たずに平和主義で国を守ろうとすることも、どちらも不完全で多くの穴があるに違いありません。それならば、平和主義にかけましょう、そういうことだと思います。武器で国を守るより、日本が核兵器を持ち、世界中が核兵器だらけになるよりも、平和主義に立つ方が安全なことは絶対に間違いないでしょう。

　ただし、私は平和のために武力は一切、必要ないと言うつもりはありません。現時点では、平和のために武力は必要です。すべての国が日本と同様の平和主義になってしまったら、アドルフ・ヒトラーのような侵略者がでてきたら見ているしかなくなってしまいます。もちろんすべての国が平和主義に立ち世界中から核兵器はもちろん武器が一切なくなる世界を目指しますが、現状の世界はそれほど理想的な状況にはありません。世界征服をたくらむ侵略者がでてきたら、武力で制圧するしかないのです。よって、残念ながら"ならずものを武力で制圧する国"も必要なのです。しかしそれとともに、"平和主義の立場で非軍事平和外交をつくす国"も必要です。例えば、アメリカとイスラムが戦争になった場合、武力をもってアメリカと一緒にイスラムと戦うのでなく、両国の間に立って仲直りのための和平交渉をする国も絶対に必要なのです。それはまさに役割分担です。そして、その役割に一番ふさわしい国が日本であることは明白です。70数年前、二回も原子爆弾を落とされて、焼け野原になったのにもかかわらず、平和憲法の下で日本人が努力と勤勉を積み重ねたおかげで、日本は世界有数の経済大国、科学技術立国、文化国家になることができたのです。世界で唯一の被爆経験があり、世界で最初に平和憲法を持ち、しかも世界有数の経済大国である日本だからこそ、平和主義の立場で非軍事平和外交をつくすべきなのです。ケンカしている両者を仲直りさせる場合、武器を持っていたのでは信用されないので、丸腰で行かなければなりません。平和憲法を持つ日本こそその役割にもっともふさわしいのは言うまでもないでしょう。まず日本だけでいいからそういう国になりましょうよ、それが日本国憲法の平和主義なのです。

　例えば、サッカーのワールドカップ、私はサッカーが好きでよく見ますが、三流国なら、ワールドカップで負けると、暴れまくって、競技場を壊し

て、ゴミを散らかして帰っていきます。しかし、日本人は違うのです。たとえワールドカップで負けても、日本を負かせた相手国選手に対して、「つぎもぜひ日本の分まで頑張ってくれ」と言って、ちゃんとゴミを拾い、掃除をして帰ってくるのです。そういう精神はすばらしいとネット上でも賞賛されたことが報道されています。あるいは、東日本大震災のときも、普通なら暴動がおこるところですが、日本では決しておきません。おにぎりを一個もらうのに、2時間も3時間も不平を言わず黙って我慢して並び、小さなパンもみんなで分け合う、それが当たり前という日本人の精神、それも世界中から「すごい、さすが……」と尊敬を集めています。日本人のそういうところをもっともっと高めていくのです。そして、「とても日本人にはかなわない」と、それこそが国防なのではないでしょうか？　例えば、外国には、日本のようにいたるところに自動販売機が設置されている国はまずありません。日本では、ほとんど人通りのないような場所にも自動販売機が立っています。外国だったら、そんな場所に自動販売機を置いておいたら、あっという間に壊されて、お金をとられてしまいます。しかし、日本ではどこにでも置ける、そのことも日本人の人間性を物語るのです。例えば、外国人が日本へ来るとまずトイレに驚くといいます。なんてきれいなのだろうと。日本のトイレは、公衆トイレでもすごくきれいで平気で座れます。トイレが日本の技術力や文化水準の高さを如実に物語っているのです。もっと快適なトイレを開発して、世界中の人に使ってもらいましょう。また、お寿司は世界に誇る日本の食文化です。もっとおいしいお寿司を開発してつくり、世界中の人に食べてもらいましょう。あるいは、もっと世界中の人びとを楽しませるアニメーションをつくりましょう。日本のアニメの技術は、世界ナンバーワンと言われていますが、もっと楽しく良質の日本産アニメを世界に発信するのです。そして、もっとノーベル賞やオリンピックの金メダルをたくさんとって、日本人のすごさを世界にアピールしましょう。さらに、日本人一人ひとりが、日本に来た外国人を丁寧にもてなし、どんなことをされても徳をもって返しましょう。そういう行為を地道に積み重ねることにより、日本や日本人の価値を高めれば、日本を攻めようなんて考える国はなくなると思います。それこそが最高の国防であり、最強の安全保障ではないでしょうか？

　よく考えてみて下さい。日本と敵対している国は世界にほとんどありません。日本と何らかの問題を抱えている国としては、尖閣問題で中国、竹島問題や慰安婦問題で韓国、拉致問題で北朝鮮、北方領土問題でロシアくらいです。日本は、それ以外の国とは友好な関係を維持しているのであり、戦争や武力衝突をすることなど考えられません。日本をどこの国が攻めてくるというのか私にはまったくわかりません。よく中国が尖閣を狙っているという人がいます。ですが、本当に中国が尖閣を狙っているならば、東日本大震災で日本が大混乱している時に、中国人民解放軍が尖閣に上陸すればよかったはずです。そうすれば、あっと言う間に尖閣を占拠できたでしょう。しかし、中国は逆に率先して日本に対して支援を申し出ています。中国が尖閣を狙っているなんて、絶対にありえないと思います。中国は経済力（GDP）ではすでに日本を抜いています。戦後、経済力では、アメリカが世界一位で、日本はずっと第二位を保ってきましたが、今では中国が日本を抜いて第二位、日本は第三位に後退しています。しかも、中国が今のままの経済成長を続ければ、やがてアメリカを抜き、世界一の経済大国になることが確実視されています。日本と中国は地理的には隣国であり、人的にも密接な交流があります。日本にとって中国は最大の貿易相手国の一つであり、それは中国にとっても同様です。両国は、経済的、社会的、文化的にかなり一体化し、運命共同体的な関係にあります。世界第二位の経済大国である中国が、隣国であり世界第三位の経済大国である日本を、尖閣が欲しくて攻撃をすれば、得をするどころか大損するのは明らかです。仲良くして経済交流、技術交流、文化交流をした方が中国にとってはよほど得です。中国が、尖閣が欲しくて日本を攻めるはずがありません。

　「中国が、尖閣が欲しくて日本を攻めてくるわけがない」と言うと、必ずつぎのように反論する人がいます。「だけど、中国は南シナ海の南沙諸島で勝手に海を埋めたてて人工島をつくり、自分の領土だと言って飛行場などをつくって軍事拠点化している。まわりのベトナムやフィリピンやマレーシアなどがやめろと言っているのに、耳を貸そうとしない。それは国連でも大きな問題になっている。中国は南シナ海でやったことを今度は東シナ海や尖閣周辺でもやるに違いない」。そのように強弁する人もおりますが、そんなこ

とは絶対にありえません。ベトナムやフィリピンやマレーシアと日本を一緒にしてもらっては困ります（笑）。これまでに世界の中で果たしてきた役割、背負っている役割がまったく違います。日本は戦後、国連分担金（国連の運営経費）を実質的に一番出してきた国です。すなわち、国連でかかる費用をいままでもっとも負担してきたのは日本なのです。また、ODA（政府開発援助。発展途上国に対する援助金）の支出も以前は長く世界１位であり、日本は困っている国や貧しい国をもっとも財政支援してきた国の一つでもあります（現在、日本のODAの支出は世界で５, ６番程度に甘んじていますが、復活が期待されます）。さらに、お金だけでなく技術、文化など様ざまな支援を日本は世界中の国々に対してやってきているのです。

　この点、ロシアは日本の固有の領土である北方領土を占拠し、今そこにロシア人が住んでしまっています。ですが、ロシアのプーチン大統領と日本の安倍首相は大の仲良しです。ロシアは完全に日本の領土を奪っているにもかかわらず、日本はロシアとあれだけ仲良くできるのですから、たとえ尖閣問題があったとしても日本は中国と仲良くすることはできるはずです。また、韓国は、日本と同じアメリカの同盟国で、日米韓三か国で共同軍事演習をやっているのですから、軍事的には一体化しています。韓国と日本が戦うなんて絶対にありえません。なかには「北朝鮮が日本の最大の脅威」と言う人もいます。しかし、よく考えてみて下さい。北朝鮮とアメリカには驚くほどの国力の差が存在しています。例えば、人口については、北朝鮮は約2,500万人しかいませんが、アメリカは約３億2,000万人です。面積も、アメリカは北朝鮮の80倍くらいあります。経済力についても、アメリカは世界最大の経済大国ですが、北朝鮮の経済力は日本の茨城県レベルとさえ言われています。軍事力についても、アメリカは世界最強の軍事大国ですが、北朝鮮の兵器は旧式で時代遅れが多いそうです（だからこそ北朝鮮は、核兵器に頼るしかないのです）。さらに、さかんに報道されているように、北朝鮮では慢性的な食糧不足や電力不足が続き、多数の餓死者も発生しています。このように考えると、北朝鮮がアメリカや日本を実際に武力攻撃するはずがありません（日米安保条約上、日本を攻撃することはアメリカを攻撃することと同様にみなされます）。アメリカと北朝鮮は、ジャイアンとスネ夫以上（『ドラえもん』より）の違いがあります

（笑）。両国が正面衝突すれば、北朝鮮はあっという間にアメリカにやられてしまいます。そんなことは誰の目にも明らかなことでしょう。それを一番よくわかっているのが北朝鮮の国家指導者である金正恩かもしれませんね。

　日本は戦後、平和主義を掲げ、国連分担金や ODA をもっとも多く支出してきた国の一つであり、また、PKO（国連平和維持活動）への参加などにより、世界中の国々から、これまで高い評価と深い理解を得てきています。それなのに、なんで今、集団的自衛権を容認するなどして、平和主義が築いてきた世界的な信頼を損ない、これまで積み上げてきた平和主義の努力を無にするようなことを政府はどんどんやろうとしているのか、私にはそれがまったく理解できません。

　平和主義については、もっともっと話したいことがありますが、タイムオーバーです。続きはまたの機会に。今日の講義はここまでにします。

## コラム 3　戦争と平和について考える

　平和主義がどれだけ世界で効力を発揮しているか、あるいは、いかにして平和を実現するかを考える素材として、これから3つの事例を研究してみたいと思います。

　アフリカ大陸の北西沿岸近くの大西洋上にスペイン領であるカナリア諸島という群島があります。カナリア諸島は、スペイン最西端の島としても有名です。その島の一つにテルデ市という街があって、そこには"ヒロシマ・ナガサキ広場"があり、そこに"日本国憲法9条の碑"がたっています。もちろんスペイン語で9条の条文が記されています。なんでそんな碑があるのかというと、それには歴史的背景があります。これは世界史の授業で学んだことがある人も多いと思いますが、スペインでは第二次大戦前に、大きな内戦がありました。フランコ将軍というファシストが人民戦線という共和国政府に対して反乱を起こし、激しく悲惨な闘いになりました。例えば、ピカソが描いた「ゲルニカ」という有名な絵は、このスペイン内戦をテーマにしています。また、ヘミングウェイの有名な小説『誰がために鐘は鳴る』も同様

で、これはイングリット・バーグマンが主演し、有名な映画にもなっています。興味のある人はぜひ観てください。そして、それに続くヒトラーによる第二次世界大戦の壮絶な激闘と惨禍により、ヨーロッパは深い傷を負いました。それとともに、その記憶はテルデ市の人びとの心に戦争の恐ろしさを焼きつけることになったのです。戦後、スペインは NATO（北大西洋条約機構）に加盟しましたが（1982年）、テルデ市議会はこれに強く反対し、市の非核地帯宣言を行いました。そんなテルデ市の市民が、日本国憲法の平和主義の精神に深い感銘を受け、スペインの NATO 加盟に抗議する意味も込めて、1996年に市議会の満場一致でこの広場と碑を建設したのです。テルデ市の市長をはじめ市民は、今でも平和主義の精神は素晴らしいと賞賛しているそうです。別に日本から何かモノをあげたわけではないし、日本は何もアピールしてはいないけれども、日本から大きなプレゼントをもらったとテルデ市の人びとは喜んでいるのです。そうしたら、テルデ市の人びとが日本を攻めてくると思いますか？　私は日本が平和主義を放棄しない限り、どんなことがあってもテルデ市の人びとが日本を攻撃することはないと思います。日本がもし他国から攻撃されたら、もし震災で困っていたら、率先して日本だからこそ命がけで助けてあげようと思ってくれるのではないですか？　このように、平和主義の精神は、我われ日本人が特にアピールしなくても、何かモノをあげなくても、自然と一人歩きして世界に影響力を行使しているのです。例えば、ボリビアのモラレス大統領が来日した時も、安倍首相に憲法を改正する場合には平和主義を取り入れたい旨を語ったという逸話が残されています。

　つぎに、中央アメリカの南部にコスタリカという共和制国家があります。北海道の半分より少し大きいくらいの面積で、群馬県の倍より少し多いくらいの人口を持つ国です。コスタリカは、1949年、世界で二番目に平和憲法を持つ国となりました。すなわち、戦争はしないとして軍隊をなくしたのです。そして、「戦車の数だけ学校をつくろう」「兵士の数だけ教師をつくろう」（まさにこれこそ平和主義です）というスローガンのもと、年間30％程度もあった軍事予算のほとんどを教育費に振り替えて、民主主義教育を推進するとともに、多くの難民を受け入れて、子どもたちに無料で義務教育を受けさせているといいます。コスタリカでは、憲法が生活に根づいて定着しており、なにより国民は憲法を誇りにしているそうです。本当に皆さんに理解しておいてほしい大事なことだから、あらためて繰り返しますが、平和主義は平和を

掲げるだけで何もしないということではありません。平和を掲げるだけで、平和をお念仏のように唱えるだけで、平和になれるわけがありません。絶対に誤解しないでください。そうではなくて、その国や国民に対する多大な尊敬や賞賛を世界中の国や国民から集めるのです。世界中から信頼され、理解され、評価される。そのために、平和外交に尽くし、非軍事なら命もかける。血も流すし、汗も流すし、資金も出す。何もしないのではなく、そういう努力を徹底的に妥協なくやり続けるのが平和主義なのです。コスタリカは、そういうことをやって本当に良かったと言っているわけです。そうしたら、コスタリカの人びとが日本を攻めてくると思いますか？　私はそんなことは絶対にありえないと思います。そして、コスタリカに続き、三番目に平和憲法を持った国はパナマです。日本、コスタリカ、パナマと平和主義の理解は確実に広がっています。どんどんこの理念を世界中に推し進めていけばいいのであって、平和主義を変える必要はまったくありません。そのことに間違いはないでしょう。

　最後の話は、笑い話だと思って気楽に聴いてもらえばいいです。皆さんは、長谷川如是閑（はせがわにょぜかん）という人物を知っていますか？　この人は、明治・大正・昭和と三つの時代にわたり活躍した有名なジャーナリストで評論家です。この如是閑が1929年1月号の雑誌『我等』の中で、"戦争絶滅受合法案"というものを紹介しています。1929年といったら昭和4年で、1931年が満州事変だから、まさに日本が中国侵略、軍国主義に突き進むころの話です。同じく1929年は、ニューヨークの株式市場で株価が大暴落し、世界恐慌が始まった年でもあります。世界恐慌による不況の嵐や軍国主義による戦争の恐怖が世界をおおっていた時、如是閑は、あくまで20世紀初頭、デンマークのフリッツ・ホルムという陸軍大将がつくったものとして、つぎのような法案を人びとに知らしめたのです。すなわち、「戦争が始まったら10時間以内に、国家元首、国家元首の親族で16歳に達した男性、総理大臣・国務大臣・次官、戦争に反対しなかった国会議員、戦争に反対しなかった宗教団体幹部をできるだけ早く最下級の兵士として召集し、最前線で敵の砲火の下に実戦につかせる」。また、女性については、「有資格者の妻、娘、姉妹などは、戦争が続く間、看護婦または使役婦として召集し、最も砲火に近い野戦病院に勤務させる」というものです。そして、ホルム大将が、世界各国がこの法案を成立させれば、世界中から戦争がなくなると主張している

点につき、如是閑は「名案だ」と評しています。当時は、悪名高い治安維持
法もすでに制定されており（1925年）、政府に不都合なことを少しでも口にし
ただけで「国体変革をたくらんだ」として逮捕、投獄されかねない時代だっ
ただけに、如是閑の勇気には本当に頭が下がります。

　よくつぎのように言う人がいます。すなわち、「戦争は時には必要だ。自由
や正義、平和のためには戦争をやらなければならない場合もあるのだ。世の
中は厳しいのだ……」。アメリカは戦後、繰り返し戦争や武力行使をしてきま
したが、その理由は、いつも“自由と正義、平和”です。しかし、考えてみ
て下さい。そんなことが言えるのは、自分が行かないからなのです。戦争と
いうのは、やると決めた戦争指導者は絶対に戦争へ行きません。家族や親族
も含め、行きません。だから、「戦争も時に必要」などと言えるのです。過去
の歴史を振り返っても、戦争開始を決定した戦争指導者が自ら戦地へ行って
戦ったためしはありません。戦争に行かされるのは、いつも最下層の我われ
庶民からなのです。でも、これでは順番が違いませんか？　まず、“隗より始
めよ”です。「時には戦争をしなければダメなのだ。世の中は厳しいのだ。そ
れが現実」と言うのなら、「それはそれでいい」から、それなら、まず「お前
が決めたのだから、お前から先に行って、範を示せ」と。如是閑が紹介した
法案が言いたいことは、要するに「戦争をするなら、決めた人間から行き、
範を示せ。その後、庶民はついていく。そういう順番にしろ。そのための法
律をつくれ」ということです。講義でこういうふうに説明したら、学生につ
ぎのように質問されたことがありました。「だけど、国家指導者が戦地へ行っ
てしまったら、国家がばらばらになって、かえって国民が困るのではないで
すか？　指導者は国の中で人びとを指導していた方がいいのではないです
か？」。「国家指導者が戦争に行ったら、戦いにならない」という人もいます
が、そんな心配はまったく不要です。少なくとも日本のように人口が多い国
であれば、出番さえ与えられれば、今の指導者以上に能力を発揮できる人は
隠れたところにいくらでもいるのです。今の指導者全員にお引き取り願って
も、その程度の人は掃いて捨てるほどいますから、それ以上の指導者がつぎ
つぎに出てきます。少なくともかわりはいくらでもいます。それが社会とい
うものです。そんなことを心配する必要はないのです。杞憂です。ぜひ日本
でも戦争絶滅受合法案を立法しましょう！

# 第四講

# 人権とは なにか？

　では、今日の講義を始めます。もう４回目の講義です。今日は、「人権とはなにか」という非常に哲学めいた総論的なお話です。来週からは、人権の各論が始まり、もっと具体的なお話になりますので、安心して下さい（笑）。人権をひとつひとつ学んでいくことになります。確認ですが、憲法は、大きく人権と統治の二つの部分に分かれます。まず、人権は、私たちの権利や自由の話、そして、統治とは、政治のしくみの話です。それでは、人権とはなにか？　すなわち、人権とはどのように定義したらいいのでしょうか？　この点、もっとも一般的で最大公約数的な人権の定義は、「人間がただ人間であるということにもとづいて、生まれながらに当然に有する諸権利」というものです。ここではポイントが２つあって、①「ただ人間であること」を理由にして有することができる権利であることと、②「生まれながらにして当然に」有している権利であることです。この２つを書かないと満点にはなりません。もちろん法的概念は多義的ですから、人権の定義のしかたもいろいろあり、これが唯一絶対の定義ではありません。しかし、これが一番スタンダードな定義ですから、まずこれを理解してください。

　日本国憲法の人権がいかに素晴らしいものなのかを実感してもらうためには、大日本帝国憲法の人権と比較すればいいのです。以前にやったことの復

習もかねて確認ですが、日本の歴史のなかで、「憲法」というものがつくられたのは、大日本帝国憲法と日本国憲法の2回です。皆さんは、604年に聖徳太子がつくった"17条の憲法"があるではないかと主張されるかもしれませんが、あれは単なる役人の心がまえを書いたものであり、大学における法学としての「憲法」の範疇には残念ながら含まれません（笑）。大日本帝国憲法（あざなは明治憲法）は、1889（明治22）年2月11日に発布されて、翌年に施行されました。伊藤博文が今のドイツ、当時のプロシアに行って勉強してきて、つくった憲法で、欽定憲法（君主がつくった憲法）の典型です。伊藤博文は初代の総理大臣としても有名ですね。大日本帝国憲法というのは、天皇主権を採用しており、憲法の目的も国家の目的も天皇に満足して喜んでもらうことでした。そして、我われはどういう存在かというと、国民ではなくて臣民（しんみん）でした。臣民とは、要するに"天皇の家来、しもべ"ということです。もちろん、我われ臣民には生まれながらに当然の権利などなく、あくまで権利は天皇から恩恵として賜る（たまわる）ものでした。要するに、天皇からお情けで恵んでもらった範囲でしか我われには権利がなかったのです。

　よって、天皇主権で、絶対王政なのだから、天皇がお国のために戦争へ行って、死んでくれ、零戦で敵の艦船につっこんでくれと命じたら、つっこむしかないのです。天皇は現人神（あらひとがみ）なのですから。天皇の命令に逆らったりしたら、逆賊、非国民として犬猫の扱いになってしまいます。自分だけが犬猫の扱いならまだいいですが、家族全員が犬猫の扱いになってしまうとしたら、いやだとは言えませんね。戦時中は、赤紙が来て招集されたら、万歳三唱して、みんな戦争へ行ったのです。そして、お国のためにと、天皇陛下万歳と叫んで、多くの若者が零戦で敵の艦船につっこんで命を散らしていったのです。皆さんは、『きけわだつみのこえ』という本があるのを知っていますか？　戦死した学徒兵の遺書を集めた本です。私の研究室にもあります。その中で、学徒兵が出撃前にもっと「学問がしたい」とか、「親孝行がしたい」とか、「恋がしたい」とか切々と書き残しています。形の上では、天皇陛下万歳、お国のためにとやらざるをえなかったものの、やはり本心では死にたくはなかったのです。それは当然でしょう。当時は、戦争

や天皇制に反対などすれば非国民として殺されかねなかった。事実、プロレタリア作家の小林多喜二は警察署で権力に殺されました。日本はわずか70数年前に、天皇は神だ、現人神だと、そういうことを平気でやっていたのです。その事実は決して忘れ去られてはいけません。

　このように、大日本帝国憲法上の人権が、「天皇から恩恵として賜わった臣民の権利」であったのに対して、日本国憲法上の人権は、「侵すことのできない永久の権利」（憲法11条・97条）として、自然権にもとづく固有の権利とされています。すなわち、人権は、憲法や国家以前の、人間性に由来する生来の権利なのです。そこから、前述の人権の定義が導かれたのです。このように、大日本帝国憲法と日本国憲法とでは、人権に対する考え方が根本的に異なるのです。どちらがよりふさわしいかは言うまでもないでしょう。ありがたいことに、日本は70年間でこんなによくなったけれど、70年後にはまた元に戻ってしまう可能性は十分にあります。"歴史は繰り返す" という言葉もありますね。前にも言ったかもしれませんが、好きな人と結婚できるのも、好きな勉強ができるのも、言いたいことが言えるのも、すべて70数年前にできた日本国憲法のおかげなのです。憲法における人権の重要性はいくら強調してもし過ぎることはありません。

　そして、人権には3つの性質があると言われています。すなわち、①固有性、②不可侵性、③普遍性です。①人権の固有性とは、人権が憲法や天皇、王様から恩恵として与えられたものではなく、ただ人間であることにより当然に有するとされる権利であることを言います。「信託されたもの」（97条）や「現在及び将来の国民に与へられる」（11条）という憲法の文言がそのことを表しています。人権の固有性は、まさに定義に書いてあることであり、ただ人間であるという理由で、生まれながらに持っている権利、それが人権であるというのが人権の固有性の意味です。また、②人権の不可侵性とは、人権が原則として公権力によって侵されないということを言います。「侵すことのできない永久の権利」（11条、97条）という憲法の文言がそのことを表しています。人権の不可侵性は、「侵すことができない」という言葉の通り、むやみに侵害されない、むやみに踏みにじられないという意味です。さらに、③人権の普遍性とは、人権が人種・性別・身分などの区別に関係なく、

ただ人間であることにもとづいて当然に享有できる権利であることを言います。「国民は、すべての基本的人権の享有を妨げられない」（11条）という憲法の文言がそのことを表しています。人権の普遍性は、「人種・性別・身分などの区別に関係なく」人権を持っているというところがポイントです。例えば、肌の色が、白か、黒か、黄色か、人種は関係ない。男だろうが、女だろうが、LGBT だろうが、性別は関係ない。あるいは、社会的地位が高いのか低いのか、お金を持っているのか持っていないのか、学歴があるのかないのか、そういう身分は関係ないというのが普遍性です。すなわち、そういう区別なくだれでも等しく持てるというのが普遍性の意味です。この人権の３つの性質は、必ず覚えておいて下さい（ただし、17・18世紀における「人間」とはあくまで白人男性のことであり、残念ながら有色人種や女性は含まれていなかったことには注意が必要です。それらが「人間」として認められるには、さらに長い時間と努力を要したのです）。

　ここでもう一度、第１回の講義でやった「人権の歴史」を簡単に復習します。近代になって、王権神授説にもとづく絶対王政をロックやルソーの啓蒙思想家がとなえる天賦人権思想にもとづく市民革命で倒し、アメリカ独立宣言やフランス人権宣言などの人権保障の文書がだされ、近代立憲主義が成立したことは覚えていることと思います。有名な人権保障の文書としては、古くはイギリスの①マグナカルタ（1215年）、②権利請願（1628年）、③権利章典（1689年）、また、アメリカの①独立宣言（1776年）、②合衆国憲法（1788年）、さらに、フランスの人権宣言（1789年）等があります。そして、近代立憲主義とは、専断的な権力を制限し広く国民の権利を保障することを目的として憲法にもとづいて政治を行うという原理のことでしたね。18・19世紀は、この近代立憲主義の考え方が広く社会に受け入れられていくことになります。それゆえ近代国家では、絶対王政からの市民の解放が主張され、個人の生命や身体の自由の保障、あるいは財産権の保障などが強調されました。すなわち、自由権（「国家からの自由」）の保障が最重要とされたのです。とりわけ、市民革命をささえたブルジョアジー（都市に住む裕福な商工業者）にとってもっとも大切とも言える財産権は、特に神聖不可侵の権利と位置づけられました。そして、市民生活（とりわけ経済分野）に占める政府の規模を可能な

限り小さくし、国家の機能を外交や国防、治安維持など最小限にとどめ、自由を最大限に保障するべきであるとする自由国家の考え方が正当化されたのです。これにより、「神の見えざる手」に象徴されるアダム・スミス以来の伝統的な資本主義にもとづき経済が運営され、社会では個人の自己責任が重視されました。このような発想は、「貧乏は個人の自己責任なのだから国が救う必要はない」という考え方につながっていくことになります。

　しかし、やがて資本主義の高度化によって、持てる者（資本家）と持たざる者（労働者）に社会が二極化していきました。そして、失業や貧困などの社会問題が多発し、資本家と労働者との階級的対立が顕在化するようになります。すなわち、自由の名の下における競争や資本主義が、富める者をさらに豊かに、貧しき人びとをますます貧しくしていったのです。そこで、20世紀以降の現代国家では、「資本主義の発展とそれに伴う弊害を考慮し、個人の実質的平等を実現するため、国家が国民生活へ積極的に介入するべきであるという原理」が主張されるようになりました。これを現代立憲主義と言います。そして、社会保障制度の整備や財政政策、雇用政策等を通じて国民の生活の安定を図るなど、国家が一定の理念の実現を目指して国民の生活、経済活動の在り方に積極的に介入すべきとする社会国家の考え方が正当化されたのです。そこにおいては、野放図な自由よりも実質的な平等が重視され、「国は強い者の自由を制限してでも弱い者を救うべきである」という考え方が強調されることになります。このような発想は、やがて社会権（「国家による自由」）という新しい人権思想の登場と発展につながっていくことになり、具体的には、1919年、ドイツのワイマール憲法で世界最初の生存権が登場することになりました。これは人権の歴史のなかで最大級の出来事です。

　日本国憲法では、人権については第3章の「国民の権利及び義務」において、10条から40条まで31カ条にわたって規定されています。これがいわゆる"人権カタログ"と呼ばれるものです。これらの人権の分類のしかたにも様ざまなものがあり、特に正解というものがあるわけではありませんが、人権をつぎの6つに分けるのが一番スタンダードな分類です。すなわち、①包括的基本権、②法の下の平等、③自由権、④社会権、⑤参政権、⑥受益権の6つです。①包括的基本権とは、幸福追求権（13条）のことです。幸福追求権

は、社会の変化や発展にともなって保護に値すると認識されるにいたった個人の権利や自由を憲法上の権利として保障していこうとするものです（いわゆる"新しい人権"）。②法の下の平等では、平等権（14条）を保障することにより、国民の人格価値の平等を実現しようとしています。③自由権とは、公権力に対して"〜するな"と不作為を請求する権利のことです。「国家からの自由」、あるいは消極的権利ともいわれます。自由権はさらに(1)精神的自由権、(2)経済的自由権、(3)人身の自由（身体的自由権）の３つに分かれます。④社会権とは、公権力に対して"〜してくれ"と作為を請求する権利のことです。「国家による自由」、あるいは積極的権利ともいわれます。⑤参政権とは、政治に参加する権利のことです（国家意思形成参与権）。「国家への自由」、あるいは能動的権利ともいわれます。⑥受益権とは、他の人権を確保するための手段となる基本権で、国務請求権ともいわれます。来週以降、これらの人権を順番に学んでいく人権各論になります。第９回までが人権の講義です。以前、法的概念は多義的であり、同じ言葉がいろんな意味で使われると言いましたが（法的概念の多義性）、また、法的概念はどんどん枝分かれして、細分化し、体系をつくっていきます（法的概念の体系性）。例えば、人権が６つに分かれ、そのなかの自由権が３つに分かれ、さらにそのなかの精神的自由権が４つに分かれます（すなわち、思想・良心の自由、信教の自由、表現の自由、学問の自由）。法学は、非常に体系性を重視する学問です。時には、その体系性に美しさすら感じますね（笑）。

　人権というものは、国家主権の原則からして、本来、各国の憲法によって各国ごとに保障されるのが原則です。そのため、国によって人権保障の度合いに濃淡があり、あつく人権が保障されている国もあれば、人権がきわめて抑圧されている国もあります。そこで、条約（国家間の権利・義務に関する文書による合意）によって人権保障のグローバル・スタンダードを定め、世界規模で人権保障を実現しようという"人権の国際化"という潮流が生じたのです。そのさきがけとなったのが、第二次世界大戦終結直後の1948（昭和23）年に国連で採択された「世界人権宣言」です。世界人権宣言では、人権および基本的自由の普遍的な尊重および遵守の促進が誓約されました。この点、その１条には「すべての人間は、生まれながらにして自由であり、かつ、尊

厳と権利について平等である」と規定され、この宣言は人権の世界的基準と
されています。しかし、世界人権宣言は、厳密には条約ではなく、国連総会
で採択された決議に過ぎず、締約国を法的に強制する効力（法的拘束力）がな
いとされた点で十分なものではありませんでした。そこで、1966（昭和41）
年、国連は世界人権宣言を具体的に条約化した「国際人権規約」を採択しま
した。これは条約ですので、法的拘束力があります。労働の権利、社会保障
を受ける権利、教育を受ける権利といった「経済的、社会的及び文化的権利
に関する国際規約（社会権規約）」と思想・言論の自由、身体の安全、差別の
禁止といった「市民的及び政治的権利に関する国際規約（自由権規約）」の二
つの規約がその中心となっています。日本も1979（昭和54）年にこれを批准
しています。

　世界人権宣言と国際人権規約以外の人権保障のための条約としては、①人
種差別撤廃条約（あらゆる形態の人種差別の撤廃に関する国際条約、1965年採択）、②
女性差別撤廃条約（女子に対するあらゆる形態の差別の撤廃に関する条約、1979年採
択）、③拷問等禁止条約（拷問及び他の残虐な、非人道的な又は品位を傷つける取扱い
又は刑罰に関する条約、1984年採択）、④子どもの権利条約（児童の権利に関する条
約、1989年採択）、⑤死刑廃止条約（死刑廃止を目指す市民的及び政治的権利に関する
国際的規約第2選択議定書、1989年採択）、⑥移住労働者権利条約（全ての移住労働
者及びその家族の権利保護に関する条約、1990年採択）、⑦障害者権利条約（障害者の
権利に関する条約、2006年採択）、⑧強制失踪者保護条約（強制失踪からのすべての
者の保護に関する国際条約、2006年採択）などがあります。以上のうち、日本
は、⑤死刑廃止条約と⑥移住労働者権利条約については批准していません。
しかし、特に⑤死刑廃止条約については、死刑廃止国が世界の3分の2を超
える140カ国以上になっている今、日本においても批准が検討されるべきで
しょう。

　第2次世界大戦への深い反省から設立された国際連合は、人権の重要性に
かんがみ、人権保障を確保するために様ざまな機関を設置しています。この
点、人権に直接かかわる代表的機関としては、人権委員会、人権高等弁務官
事務所などがあります。また、難民高等弁務官事務所（UNHCR）、人道問題
調整部、国連児童基金（ユニセフ）、国連教育科学文化機関（ユネスコ）、国際

労働機関（ILO）なども人権保障に重要な役割を果たしています。また、地域的に人権を保障しようとする試みも各地で盛んに行われています。その代表的なものが、欧州、米州、アフリカにおける地域的な人権保障機構です。すなわち、アフリカではアフリカ人権委員会が、ヨーロッパではヨーロッパ人権条約が採択されるとともに人権裁判所が、米州（北米、中南米、カリブ海）では、米州人権委員会や米州人権裁判所が設置されて、各地域における人権保障の実現に大きく寄与しています。しかし、アジアには、いまだそのような地域的人権保障機構は設置されていません。また、アジアには人権が未成熟の人権抑圧国家が多く、さらに国際的な人権保障体制への参加にも消極的な国が多くあります。このような状況のなかで、先進国の日本がアジア地域の人権保障の確立にリーダーシップをとることが期待されています。今後、日本は、アジアにおける地域的な人権条約や人権保障機構の実現のために積極的に行動するべきでしょう。

　このように人権の重要性はいくら強調してもし過ぎることはありませんが、人権も決して神聖不可侵なものではなく、絶対無制限に認められるものでもありません。すなわち、基本的人権は「公共の福祉に反しない限り、立法その他の国政の上で、最大の尊重を必要とする」のであり（憲法13条後段）、人権には"公共の福祉"とのバランスによる制限が課せられます。この点、公共の福祉は、日本国憲法で認められた唯一の人権制約原理なのです。公共の福祉という文言は、条文上、人権総論の部分である憲法12条・13条と、人権各論の部分である憲法22条・29条に規定されています。もちろん22条は職業選択の自由、29条は財産権の条文です。そして、公共の福祉とは、通常、「人権相互の矛盾衝突を調整するための実質的な衡平の原理」とされています。要するに、社会全体に共通する幸福・利益、「みんなの幸せ」という意味です。ただし、「みんなの幸せ」とはいっても、決して多数者がつねに優先されるわけではないことに注意が必要です。すなわち、自由とは99人が反対しても1人の人間がやりたいと思うことをできうる限り保障するものだからです。個人の尊厳を原理とする日本国憲法の下では、個人の自由と生存を最大限に尊重しなければならないのです。

　例えば、ある小学校の午後のクラスルームで、今日の放課後の掃除当番を

誰にするかを決めているとします。担任の先生は「これは非常に大切なこと
だから、みんなで話し合って多数決で決めよう」と言います。皆さんはこれ
まで大切なことはみんなで話し合って多数決で決めることが正しいと教わっ
てきたと思います。するとある生徒が手をあげて、「今日の放課後の掃除当
番は山田君がいいです。山田君のお父さんはクリーニング屋で山田君は掃除
が得意です。今日の掃除当番は山田君をおいて他にいません」。そして、多
数決をとると全員が山田君に賛成。そこで、担任の先生は「今日の掃除当番
は山田君だ」。その翌日も、放課後の掃除当番について担任の先生は「これ
は非常に大切なことだから、多数決で」と言います。するとまた、ある生徒
が手をあげて、「放課後の掃除当番は山田君がいいです」。そして、多数決を
とると全員が山田君に賛成。そこで、担任の先生は「今日の掃除当番も山田
君」。またつぎの日も、同様に山田君。そのつぎの日も山田君……。多数決
の結果、掃除当番は毎日、山田君。皆さんは、このような決め方が許される
と思いますか？　みんなで話し合って多数決で決めているのだから、正しい
のでしょうか？　なるほど山田君は掃除が得意なので、山田君が放課後、教
室を掃除するとピカピカでチリ一つ落ちてはいません。それゆえ、翌日、ク
ラスのみんなが気持ちよく授業を開始することができ、学習効果も上がりま
す。よって、山田君が掃除当番をすることが、みんなの幸せ（公共の福祉）の
ためになります。しかし、多数決の結果であっても、公共の福祉にかなって
も、もちろんこのような決め方が許されるはずがありません。なぜなら、山
田君の人権（自由）を侵害しているからです。人権とは、多数決という民主
主義の手続きをへて決定された結論に対して、少数者が「たとえ多数決で決
まったとしても、それは私の人権を侵害するからやめてくれ」と異議を申し
述べるのを認めることなのです。よって、多数決の結論を個人や少数者に押
しつけるならば、人権保障はありえません。その意味で、「人権は数ではな
い」のです。人権の問題を考える場合には、このことをつねに念頭において
下さい。それでは、今日の講義はここまで。

# コラム 4　富山大学単位不認定事件

　今日は時間があまったので、判例研究として富山大学単位不認定事件（最判1977［昭和52］年3月15日）を見ていきます。これは、皆さんのような学生にとっては身につまされる、非常に面白い判例ですので、ぜひ理解してもらいましょう。本判例の事案はつぎの通りです。国立富山大学にA教授がいて、学生XはA教授の授業を履修登録して授業に出席し、試験も受け、合格点を得たことから、A教授に単位を認定してもらいました。当然、学生Xは「単位が取れてよかった」と思っていました。そこまでは何の問題もありませんでした。しかし、そのあと学生Xは大学から「A教授の単位は認定しない」と言われてしまったのです。どうしてなのかと思い、大学当局に尋ねてみたら、A教授というのは「不行跡（品行が悪いこと）」が理由で授業担当停止措置をうけていたのです。品行が悪いというのは、いい加減に授業をやったのか、サボって休講ばかりしたのか、あるいは女子学生にセクハラでもやったのか、何をやったのかまではちょっとわからないけれど、要するに、A教授は授業から外されていたのです。だけれども、A教授は「オレは何も悪いことはしていない。授業を外される理由はない」と思っていたのでしょう、だから授業を継続して試験までやったのです。当然、学生Xは単位をもらえると思っていたら、あとになって大学から単位はダメだと言われたのです。だから、学生Xは富山大学に対して、単位を認定しろと、裁判を起こしたのです。皆さんは、はたしてこういう裁判ができると思いますか？

　学生である皆さんの立場からしたら、「裁判できるのが当たり前だ。裁判官が助けてくれないはずがない。裁判官が助けてくれなかったら正義なんてない」と思うかもしれないけれど、残念ながら、そういう状況でたとえ皆さんが裁判をおこしても、裁判官は内容に立ち入らず門前払いで、そもそも裁判所の審査対象にはなりません。ちょっとこれは皆さんの立場からいったら、「とんでもない。いい加減にしろ」と言いたくなるだろうけれど、残念ながらこれが現実です。それではその理由は何かというのが、本判例の最大のポイントです。このように一般常識からしたら「あれ？」と思うような判例もよくありますが、そういう時こそ「何でだろう？」と深く深く考えてみて下さい。

　それでは、なんで裁判官はそういう時に助けてくれないのでしょうか？まずは、判例から確認してみます。この点、最高裁の判決要旨はつぎの通りです。すなわち、「一般市民社会の中にあってこれとは別個に自律的な法規範を有する特殊な部分社会における法律上の係争のごときは、それが一般市民法秩序と直接の関係を有しない内部的な問題にとどまる限り、その自主的、自律的な解決に委ねるのを適当とし、裁判所の司法審査の対象にはならないものと解するのが相当である」。そして、「単位授与（認定）行為は、他にそれが一般市民法秩序と直接の関係を有するものであることを肯認するに足りる特段の事情のない限り、純然たる大学内部の問題として大学の自主的、自律的な判断に委ねられるべきものであって、裁判所の司法審査の対象にはならないものと解するのが相当である」。

　ちょっと難しい文章ですので、説明します。判旨の前半で述べられている「一般市民社会の中にあってこれとは別個に自律的な法規範を有する特殊な部分社会における法律上の係争のごときは、それが一般市民法秩序と直接の関係を有しない内部的な問題にとどまる限り、その自主的、自律的な解決に委ねるのを適当とし、裁判所の司法審査の対象にはならない」という法理論を"部分社会の法理"といいます。そもそも「部分社会の法理」なんていう言葉は、条文には一切書いてないです。また、裁判官も、「部分社会の法理」なんて言葉は使わないです。しかし、法律家が紛争解決のために使ってもいいし、実際に使っている法理論です。要するに、数学における定理みたいなものと考えてもらえば分かりやすいです。例えば、「三角形の内角の和は180度」という数学の定理がありますが、数学の証明問題を解く時に、なぜ内角の和が180度なのかという説明は求められず、それを当然のこととして、解答に使用することができます。それとまったく同じです。裁判の結論を導く時に、数学の定理のように理由をつけずに使用することができるのです。この部分社会の法理は、一応、正しいものとして裁判の中に取り入れられています。もちろんこれだって未来永劫、取り入れられるというわけではなくて、今後、もう適用できないと捨て去られてしまう可能性はありますが……。この最高裁判例は、今から40年以上も前の判決だけれど、今でも生きているし、部分社会の法理も一応妥当なものとされ、現在でも適用されています。

　それでは、部分社会の法理とは具体的にはどのような法理論なのでしょう

か？　市民社会の中には、「部分社会」というものがあります。部分社会とは、判例の言葉を借りれば「市民社会の中に存在する自律的な法規範を有する団体」です。部分社会の例としては、通常、（国公立・私立を問わず）大学、宗教団体、労働組合、政党、地方議会などがあげられます。それらは、特殊性や専門性を備えた団体で、法律に匹敵するような内部の規範を備えています。こういう団体の内部の争いは、その内部の規範で処理させた方がうまく解決できるから、裁判所は口を出さないというわけです。裁判官はあくまでも法律の専門家であって、それ以外のことはプロではありません。要するに、このような団体の内部の争いは、裁判所が口を出さず、団体の内部の人間が内部のルールを使って処理した方が、かえってうまく解決できるから自主的解決に委ねようということです。ただし、すべての宗教団体や政党などが部分社会になるわけではありません。それなりの規模で組織体制や内部規範をしっかり持っている団体でないと部分社会とは言いません。例えば、皆さんでも数人集まれば宗教団体や政党をつくれないわけではありませんが、皆さんが勝手につくってもそれは部分社会とは言わないのです。本件では、「この場合、学生に単位を認定するべきかどうか」を判断することになりますが、法のプロである裁判官がそのような判断をうまくできる保証はありません。それは、日頃、大学内で学生と接し、大学内の単位認定基準にもとづき、単位認定作業を仕事としている大学人にまかせた方がいい結論になるわけです。

　また、憲法21条では結社の自由が認められています。結社とは、特定多数の人が共通の目的を達成するために合意によって組織する継続的な団体をいいます。結社の自由を十分に保障するためには、団体内部の事柄は団体内部で処理できることが保障されなければなりません。例えば、野球部の部長を決める時に、サッカー部の人が口を出してきたら、なんでお前がとなるでしょう。野球部の内部のことは、サッカー部には口を出させず、野球部のメンバーが決められなければ、野球部の活動が十分にできません。部分社会の法理は、団体の結社の自由を尊重することにもなるのです。さらに、司法資源も有限です。あらゆる争いに裁判官が口を出していたら、裁判所がパンクしてしまいます。ささいな争いはなるべく裁判所外で処理し、裁判所の負担を軽減することにより、重要な事件に司法資源を集中した方が人権保障にプラスになります。この点も、部分社会の法理のメリットといえます。

　そうすると、結局、学生は不当な理由で単位を落とされても、単位をくれと大学を裁判所に訴えることはできないということになります。皆さんは「それじゃあ泣き寝入りですか。勘弁してくれ」と言うかもしれませんが、そうではありませんね。もし皆さんが学生Xだったら、皆さんは学部事務所に行けばいいのです。そして、なぜA教授が授業担当から外されていたのか、なぜそれを学生に事前に知らせてくれなかったのか、大学はなぜA教授にテストまで実施させてしまったのか等、大学の不当性を切々と学部の人びとに訴えて、単位認定を求めればいいのです。今ならば、学長に直メを送ることも簡単にできるでしょう。まともな大学なら、もし単位不認定が不当であれば、必ずどうにかしてくれます。このように、裁判所に訴えるのではなく、大学内で自主的に処理しろということです。それでは、「大学が何もしてくれなかったらどうすればいいのか」と皆さんは問うかもしれませんが、そうしたら私は「そんな大学を選んだ自分が悪い」と答えます。大学、宗教団体、労働組合、政党、地方議会などの部分社会は、強制加入団体ではなく、自分の意思で、自分の好きで加入する団体です。皆さんは自分の意志で今の大学を選んだのだと思います。それは自分の責任で、そんな大学を選んだ自分が悪いのです。自業自得です。ですから、大学はくれぐれも慎重に選びましょう！　今さら言っても遅いとは思いますが……（笑）。でも、大学の単位なんてたとえ落とされてもそれほど不利益はないと思います。皆さんは知っていますか？　大学の単位制度では、たとえ前期の成績がDで不可になって単位を落としても、翌年度に同じ科目を再履修することができます。しかし、最初にCで単位を取得してしまえば、もう取り直すことはできません。もし不可で単位をおとされても、あらためて取り直して、リベンジできるのです。再履修で頑張って、Aをとればいいのです。最初にCで単位を取得してしまうよりも、最初に落とされて再履修でAを取った方が結果として評価は高いのです。最初にAを取っても、再履修でAを取っても、Aには変わりがありません。このように大学の単位なんて落とされたってまたとれるわけだから、落とされてもそれほど不利益はないでしょう。

　ですが、この部分社会の法理には適用上の限定があります。もう一度、判決文をよく読んで下さい。「それが一般市民法秩序と直接の関係を有しない内部的な問題にとどまる限り」という限定がついています。ここはよくチェックして下さい。特に、「内部的な問題にとどまる限り」の部分が重要です。そ

れはどういうことかというと、団体の内部問題に裁判所が口を出さないといっても、例えば大学のなかで殺人事件や強盗事件がおきたら、大学内部の処理に任せるなどと言ってはいないで、有無をいわず、もちろん警察や裁判所が介入します。当然ですね。要するに、程度問題なのです。あくまでその団体の「内部的な問題」にとどまり、団体外の「一般市民法秩序と直接の関係を有しない」限りは、裁判所は口を出さないということです。ですから、例えば、私のこの「教養・日本国憲法」の単位さえ取れれば、大学を卒業できたのに、私が不当な理由で落としたことによって、卒業できず留年を余儀なくされるとします。その場合には、単位をよこせと大学に対して裁判できることになります。留年して卒業が 1 年遅れたという事実は、その人に一生つきまとい、それは大学内部の問題には止まらないからです。大学卒業後も、いつも履歴書に書かなければいけないし、決まっていた就職先を失ってしまう等、いちじるしい不利益が生じます。そのため、大学内部の判断に任せるなどと言ってはいられないから、裁判所は救ってくれるのです。まさに程度問題ですね。

　あと一つ、言っておかないといけないのは、大学に対して単位をくれという裁判はできないけれども、その時、金銭に引き直せる損害が生じた場合には、大学に対して損害賠償を求める裁判はできるという点です。例えば、皆さんが不当な理由で教授に単位を落とされたとします。そのとき、「国立大学にこんなバカな先生がいるのか」と皆さんがショックを受けて、PTSD（心理的外傷性ストレス障害）になってしまって、入院が必要になって、結局、50万円の治療費がかかったとします。その場合、単位をくれという裁判はできないですが、治療費をつぐなえという裁判はできます。具体的には、不法行為にもとづく損害賠償請求（民法709条等）ですね。ですが、単位をくれという裁判は、「それが卒業のための最後の 1 単位だ」というような特別な理由がない限りはできないということです。これが部分社会の法理というものです。実に合理的で緻密な法理論だと思います。インターネットで、部分社会の法理で検索すれば、いっぱい情報がでてきます。ぜひネットで調べて深めてみて下さい。以前に学習した“あまるめ町事件”にしても、今回の“富山大学単位不認定事件”にしても、なかなか法学というものの深さというか、醍醐味を感じさせられる事案ですね。もう 1 回じっくり判例を読み返してみて下さい。今日はここまで。

# 第五講 私人間の 人権保障と 新しい人権

　今日の講義のテーマは、大きく2つあります。“私人間の人権保障”と“新しい人権”です。私人間の人権保障というのは人権についての理論的な話で、人権総論の重要論点の一つです。これは人権の全体にまたがる問題であり、最近、憲法の学会でも、すごく議論になっています。重要判例もたくさんあります（判例はのちほど）。また、新しい人権というのは憲法13条の幸福追求権の話で、ここから人権各論の分野に入っていきます。すなわち、人権の逐条編です（来週は14条）。

　まずは私人間の人権保障の話からいきます。そもそも憲法は、公法であり、公権力（国家・地方公共団体）と私人（国民）との間に適用されるのが原則です。しかし、現代社会では、私人でありながら、国家等と同等の、あるいはそれ以上の社会的権力を持つ団体が存在し（例、大企業・私立大学・労働組合）、そのような団体によって、国民個々人の自由や権利が脅かされるという事態が発生しています。このような事態を放置するならば、もはや個人の尊厳（憲法13条前段）の確保はありえません。そこで、憲法の人権条項を私人間にも適用し、社会的権力を持つ団体による自由や権利の侵害を防止することができないかが争われています。これが私人間の人権保障（憲法の私人間適用）の問題です。要するに、私人間の人権保障とは、国家権力ではなく、社

会的権力による侵害から人権をまもれないかという話です。この話を理解するには、前提となる二つの法的知識が必要です。すなわち、①「公法」と「私法」という法の分類と、②法における「人」の概念です。

　まず、皆さんは日本には「法」がいくつあるか知っていますか？　この点、数千あるという人もいれば、数万あるという人もいて、その答えは一つではありません。なぜなら、法とはなにか、それ自体に争いがあるからです。しかし、少なくとも２千くらいはあると言われており、それは間違いないでしょう。そして、人間を分類する方法がいくつもあるように、２千もある法というものを分類する方法もたくさんあります。これまで使われてきた人間を分類する一番基本的な方法は「男か女か」だと思います（最近はLGBTの話もあり、このように言うと「性の分け方はたくさんあるのだ。二つしかないなんて時代遅れだ」と怒られるかもしれませんが、その議論はとりあえずおいておきます）。それと同様に、法を分類する一番基本的な方法が「公法か私法か」なのです。これは法学概論なんかを勉強すると最初にでてくる法の基礎知識です。特に公務員試験を受験する人は、こんなことぐらい常識にしなければなりませんね。

　公法と私法の違いを一番わかりやすく説明するとすれば、「公法は縦の関係で、私法は横の関係」ということです。すなわち、公法とは、"公権力と市民との縦の関係"に適用される法のことです（公権力とは、具体的には国と地方公共団体のことであり、さらに地方公共団体は都道府県と市町村に分かれます）。公法の代表選手は憲法です。そして、憲法に一番近い法律は行政法で、行政法は憲法の弟（妹）の関係です。行政法は、"憲法実現法"とも言われています。すなわち、憲法は全部で103条しか条文がなく、人権保障や政治のしくみの根本原則しか書いてないので、憲法の基本理念を実現するためにさらに細かい規定をさだめたのが行政法なのです。もっとも狭い意味での「公法」は、憲法と行政法のみをさします。行政法に分類される法律は1800本以上あると言われています。皆さんの中には公務員になりたい人も多いと思いますが、行政法が嫌いでは公務員はやっていられません。公務員は行政法にのっとって仕事をするわけだから、公務員になったら毎日が行政法なのです。そして、行政法は兄（姉）の関係にある憲法には逆らえませんから、行政法を

考えるにあたっては、つねに憲法を念頭に置かなければならないのです。

　これに対して、私法とは、"市民と市民との横の関係"（市民同士の間の関係）に適用される法のことです。私法の一般法は民法で、民法は私法の代表選手です。例えば、私と皆さんが法的トラブルになった場合、その解決に適用されるのが民法です。そして、市民同士がケンカした場合に、ケンカの片方、あるいは双方が商売人（商人）だったら、商法が適用されます。商法は民法の特別法で、私法の中心は民法と商法です。よって、民法を勉強してからでないと、商法はわからないので、商法を勉強する前に、民法をしっかり勉強しなければなりません。公法は公権力と市民との間に適用され、憲法と行政法が中心、私法は市民同士の間に適用され、民法と商法が中心、これは法学の基礎知識です。ぜひ理解しておいて下さい。

　あとひとつ、ぜひ理解しておいてほしいのは、法的概念としての「人（私人）」です。すなわち、法律の世界で「人（ひと）」あるいは「私人（しじん）」（以下、「人」という言葉で説明します）と言った場合、ここでも二つあります。これも法学概論なら最初の方でやる話です。まず、法の世界で「人」といったら、もちろん我われ人間のことをさしますが、人間のことを法の世界では"自然人"（しぜんじん）と言います。日常生活では、ほとんど使用しませんが、法律用語です。そして、さらにもうひとつ法的概念としての「人」に含まれる存在があります。それが"法人"（ほうじん）です。法人とは、人の集まり（社団法人）あるいは財産の集まり（財団法人）が、我われ人間たる自然人と同様に、法的人格が認められて法的活動（法律行為等）をすることができる制度です。それぞれ営利を目的にしたもの（営利法人）と、公益を目的にしたもの（公益法人）とがありえます（ただし、日本の民法は、財団法人については公益を目的とするものに限り認めます）。

　法人のなかで一番おなじみであり代表格なのが、皆さんが卒業したら働くかもしれない"営利社団法人"たる"株式会社"だと思います。株式会社を例にして、もう少し詳しく法人の制度を見ていきましょう。人の集団が法律に定められた手続きを踏み、法人格を取得することによって、法人になります。会社であれば、会社法によって法人格が認められます。では、法人になるとどういういいことがあるのでしょうか？　我われ自然人は、生まれたら

"法的権利能力"を取得して、死ぬと失います。この点、法的権利能力とは、「法律上の権利・義務の帰属主体となりうる資格」をいいます。法的権利能力があると、例えば自分の名前で土地や建物の売買契約をしたり、土地や建物を登記したり、アパートを借りたり、自動車を買って登録したり、交通事故で損害賠償請求権を取得したり、親の財産の相続人となったりできます。すなわち、法律行為ができるのは法的権利能力があるからなのです。これは民法の基礎知識ですので、ぜひ民法を勉強して下さい。

　そして、自然人だけではなく、人の集まりも、法人格を取得して法人となれば、法的権利能力を取得し、法人の名前で様ざまな法律行為を自然人と同様にできるのです。自然人と法人とは、法的にはまったく対等な存在で、法的地位は同じです。例えば、トヨタ自動車株式会社は法人（営利社団法人）だから、トヨタ自動車株式会社の名前で、土地や建物を登記したり、銀行の通帳をつくったり、手形も振出すことができます。これが法律上認められた法人の制度なのです。なんでこのような制度が法律で認められているのかというと、法人というものが社会に実在して、自然人にとって有益な働きをしてくれているからです（法人実在説）。よって、自然人と同じだけの法的権利を法人に認めることが、社会の進歩・発展や、自然人の豊かな暮らしに役立つのです。例えば、牛丼の吉野屋が「吉野屋」の名前でどんどんおいしい牛丼をつくって全国的に売り出してくれれば、我われはいつでもおいしい牛丼が食べられるわけで、自然人にとってプラスになるから法人として自由な法的活動を認めるということです。

　以上の「公法と私法」と「自然人と法人」という二つの話を掛け合わせると、ひとつの大きな問題が生じます。例えば、市役所が採用試験において女性差別をした場合、これは公権力（地方自治体）と私人（自然人）の争いなので（すなわち、縦の関係）、当然、公法が適用され、不利益を受けた女性は、憲法を盾に争い、裁判所に救ってもらうことができます。これに対して、私生活において、ある男性がある女性に女性差別をした場合、これは私人（自然人）同士の争いなので（すなわち、横の関係）、公法は適用されず、不利益を受けた女性は、私法たる民法を盾に争い、裁判所に救ってもらうことになります。実質的に考えても、このような自然人同士の争いにまで本来的に権力を

縛る法である憲法を持ち出す必要はありません。それでは、誰でも知っている大企業が採用試験で女子学生を差別した場合はどうでしょうか？　これは法人（企業）と自然人（学生）の争い、すなわち私人同士の争いなので（すなわち、横の関係）、本来、公法たる憲法は適用されないはずです。しかし、実際、小さな市役所よりも大きな社会的権力を行使しうる巨大企業も多く、そのような大企業が自然人に対して人権侵害をおこなうことは決して少なくありません。その時に、自然人の被害者が憲法を盾に争い、裁判所に救ってもらうことができなければ、人権保障は貫徹されませんし、バランスも失します。すなわち、以前は人権を侵害する主体は、もっぱら公権力だったので、公権力を憲法で縛って我われの人権を護れば十分でした。しかし、現在は、公権力ではないのに強大な社会的権力を持つ法人（例えば、巨大な企業、巨大な私立大学、巨大な宗教法人など）が存在し、それが公権力と同様に自然人の人権を侵害するようになりました。それゆえ、法人と自然人との横の関係にも憲法を適用して人権を守ることができないかが問われるようになり、これが私人間の人権保障（憲法の私人間適用の可否）という論点なのです。

　ただし、権利の性質上、私人間にも適用されることが当然に予定されている人権規定もあれば（例、15条4項・18条・27条3項・28条等）、これに対して、権利の性質上、国家に対してのみ適用され、私人間には適用されえない人権規定も存在することに注意が必要です（例、17条、25条、26条、27条1項、31条〜40条等）。例えば、憲法27条3項は児童酷使の禁止の規定ですが、この規定は、公権力に適用されるのはもちろん、私人間にも当然に適用されると考えられています。一般国民（自然人）の児童酷使も禁止しなければ、子ども（児童）の保護という目的を実現しえないからです。このように同条項は、私人間にも適用されることが当然に予定されているのです。逆に、憲法25条は生存権の規定ですが、生存権は独力で健康で文化的な最低限度の生活ができない社会的経済的弱者が国に対して助けて下さいと請求できる権利です。よって、同条は、国家に対してのみ適用され、私人間には適用されえません。いくらなんでも、今にも飢死しそうな人が、例えば吉野家に牛丼を食わせろとか、マックにハンバーガーを食わせろとかいう権利が憲法で生じるわけがありませんね（笑）。私人間適用が問題になるのは、それら以外の人権規定

で、実際上は、14条の法の下の平等、19条の思想・良心の自由、20条の信教
の自由、21条の表現の自由の四つの条文くらいです。この点、有名な判例と
しては、三菱樹脂事件と昭和女子大事件があります。これらは憲法の学習に
は必要不可欠な重要判例です（両事件の判例解説はコラムにゆずります）。

　この問題については、学説上、伝統的に三つの学説が主張され、それをも
とに議論がなされてきました。すなわち、①無効力説、②直接適用説、③間
接適用説です。まず、①無効力説とは、憲法の人権規定は私人間には適用さ
れないとする学説で、伝統的な公法と私法の二分論を厳守して、私法の大原
則である"私的自治の原則"（個人の私的な権利・義務関係は、各人の自由意思に
よって自由に規律させるという原則）を守ろうとします。個人の私的な関係に安
易に憲法規範を持ち込むならば、自由な私的活動が阻害されかねないし、ま
た、私的活動への国家権力の不当な介入を招きかねないことに意を払うもの
です。つぎに、②直接適用説とは、憲法の人権規定は私人間に直接適用され
るとする学説で、憲法は客観的法秩序なのだから、道徳と同様に私人間に適
用できるとします。また、私人間にも憲法を直接的に適用して人権を保障す
ることが、人権保障の強化につながると主張します。そして、これら両説が
いずれも極端であるとして、折衷説として主張されるのが③間接適用説で
す。この学説は、憲法の人権規定は私法の一般条項（民法1条・90条・709条等）
を媒介として間接的に適用されるとし、判例・通説とされています。前述し
た三菱樹脂事件と昭和女子大事件の最高裁判決もこの立場にたちます。無効
力説では法人による人権侵害に憲法的規制を及ぼしえない一方、直接適用説
では国家権力の不当な介入により私的自治の原則が脅かされかねません。そ
こで、憲法の人権尊重の精神と民法の私的自治の原則との調和を図るべく主
張されたのが間接適用説であり、やはり間接適用説がもっとも無難で受け入
れやすい学説と言えるでしょう。

　ただし、学説では間接適用説をとった上で、さらにステーツ・アクション
（国家行為）の理論を採用するのが有力です。ステーツ・アクションとは、形
式上は私人の行為であっても、結局、国家がそれをやったのと変わらないと
いえる場合、すなわち、当該私人を国家と同一視できる場合には、当該私人
と国家とを一体とみなし、当該私人にも憲法を直接的に適用するという理論

をいいます。当該私人を国家と同一視できる場合とは、その私人が国から特別な権限を与えられている場合や、多額な税金を投入されている場合等が考えられます。それらの場合には、本来、国がやるべき仕事を私人が代わりにやっているのだから、その私人がやった行為を国家がやったものとみなして憲法を直接的に適用するのです。いわば直接適用説の部分的な採用と言えます。

　それでは、いよいよここから後半戦の"新しい人権"の話にはいります。問題となるのは憲法13条、特にその後段です。すなわち、そこに書いてある「幸福追求に対する国民の権利」がポイントで、これが新しい人権の根拠となる"幸福追求権"という権利で、新しい人権を生み出す母体になるものです。いろいろな人権をまとめて保障していることから、包括的基本権（狭義）とも言います。幸福追求権とは、具体的には「個人の人格的生存に必要不可欠な権利・自由を包摂する包括的な主観的権利」とされ、前段の"個人の尊厳原理"と深く結びつき、社会の変化に伴い、個人の人格的生存に必要不可欠な権利・自由として保護に値するものは、同条により、「新しい人権」として憲法上保障されるのです。

　皆さんも知っているように、今の憲法は70年以上も前につくられたものなのに一度も改正されたことはありません。すなわち、日本国憲法は、1946（昭和21）年の11月3日に公布され、翌年1947（昭和22）年5月3日に施行されたのですから、人間で言えば古希（70歳）を超えています。人間でいったらかなりの高齢者と言えるでしょう。しかし、施行以来、日本国憲法は、一文字一句も改正されず、生まれたままの赤子の姿で存在しています。この点、そもそも憲法は国家の根本法で最高法規、法のチャンピオンですから、安易に変わってはいけません。よって、日本の憲法がその改正に厳格な手続きを要求し（いわゆる硬性憲法、憲法96条）、実際、70年以上も改正されなかったことは、決して悪いことではありません。しかし、社会や時代が変われば当然、必要とされる人権も変わってくるはずです。今の憲法には、70年前の人びとが必要だと思った人権しか書かれていません。そこに時代的なギャップが生じてしまうのは当然です。憲法の人権カタログは、憲法制定時に重要であると認識された権利・自由を列挙したに過ぎず、決して完全なものでは

ないことに注意して下さい。例えば、プライバシー権、肖像権、自己決定権、環境権、知る権利などは憲法に書かれてはいません。これらの権利は、憲法ができた後に人権としての必要性が認められ、憲法上の権利とすべきと主張された"新しい人権"なのです。このように、安易に変わってはならないという要請と、社会や時代の変化に柔軟に対応する要請という相反する二つの要請の調和の問題が憲法にはつきまとうのです。

　ですが、さっき言ったように憲法改正はきわめて難しいです。そこで、どうするのかといったら、幸福追求権（憲法13条後段）を根拠にして新しい人権を解釈によって認めるのです。例えば、「現代の高度情報社会においては、"プライバシー権"が認められなければ、人びとは幸福を追求して幸せにはなれない。ということは、幸福追求権はプライバシー権を保障しているはずだ」として、プライバシー権を認めます。また、「スマホやデジカメとか、科学技術が高度に発達した現代社会においては、その承諾なしにみだりに容貌・姿態を撮影されない自由である"肖像権"が保障されなければ、人びとは幸福を追求して幸せにはなれない。ということは、幸福追求権は肖像権を保障しているはずだ」として肖像権を認めるのです。さらに、「科学技術が進歩した現代社会では、企業が引き起こす公害というものが多発しており、例えば、大きな工場ができたことによって環境が破壊されている。そのような工業社会では、"環境権"が保障されなければ人びとは幸福を追求して幸せな生活ができない。だから、幸福追求権は環境権を保障しているはずだ」として、環境権を認めます。それらの権利は憲法ができた後に生まれたのだから、本来、幸福追求権がプライバシー権とか肖像権を保障しているわけはないのです。しかし、そんなことは考えず、新しい人権をへりくつで幸福追求権にこじつけるわけです。まさに、幸福追求権は"ドラえもんのポケット"と同じなのです。ドラえもんは必要なものは何でもポケットから取り出すでしょう。どこでもドアとかタケコプターとか……（笑）。同様に憲法も必要な人権を幸福追求権から取り出すのです。

　でも、気をつけてほしいのは、13条を使うのは最後の手段で、新しい人権を13条以外の条文から引き出せるときはそちらを使います。例えば、"知る権利"は、情報を受け取る権利であり、表現の自由に含められるから、知る

権利は新しい人権ですが、13条ではなく21条から導くのです。13条を根拠にして認められる新しい人権の代表選手は、プライバシー権、自己決定権（人格的自律権）、肖像権、環境権などです。それでは、最後にこれらの人権をそれぞれ少し詳しく見ていきましょう。

　まず、プライバシー権から始めます。プライバシー権の内容をどのようなものと考えるかについては、歴史的な変遷があります。従来の通説は、プライバシー権の内容を「ひとりで居させてもらう権利（The right to be let alone）」と考えていました。また、有名な作家である三島由紀夫が被告となった『宴のあと』事件（東京地判1964［昭和39］年9月28日）では、「私事をみだりに公開されない権利」とされました。さらに、アメリカでは、「親が子どもを養育する権利」や「子供を産むか産まないかを決定する権利」といったものまでプライバシー権の内容に含めて考える見解もありました。しかし、現代の高度情報社会では、プライバシー権を「自己に関する情報をコントロールする権利（自己情報コントロール権）」と考える見解が有力となっています（情報プライバシー権説）。この点、プライバシー権は、表現の自由と衝突することが多く、両者の調整が必要となることには特に注意が必要です。前述の『宴のあと』事件も両者の調整の問題です。

　また、デモ行進に参加していた大学生が写真撮影をした警察官に激怒し暴行を加え、起訴された京都府学連事件（最大判1969年［昭和44］年12月24日）では、最高裁は、「憲法13条は、国民の生活上の自由が警察権等の国家権力の行使に対しても保護されるべきことを規定しており、個人の私生活上の自由の一つとして、何人も、その承諾なしに、みだりにその容貌・姿態を撮影されない自由を有する」とし、「これを『肖像権』と称するかどうかは別として、警察官が正当な理由もないのに、個人の容貌等を撮影することは、憲法13条の趣旨に反し、許されない」としました。

　つぎに、自己決定権（人格的自律権）とは、「一定の個人的事柄について公権力から干渉されずに自ら決定する権利」をいいます。具体的には、①喫煙の自由・嫌煙権、②髪型の自由（パーマをかける自由）、③バイクに乗る自由、④服装の自由、⑤治療拒否（安楽死・尊厳死）の自由、⑥結婚をするしないの自由、⑦子どもを産む産まないの自由等があげられます。しかし、これらの

すべてが判例・学説上、憲法上の人権として承認されているわけではなく、また、承認されるとしても、実際にどの程度まで人権として保障されるかについては様ざまな意見がある点には注意が必要です。この点、これらのなかで、判例で憲法上の人権と明確に認められたものはほとんどありませんが、それはそれらが保障されなければ幸福を追求して幸せな生活ができないとまでは言えないからだと思います。これら以外にどのような人権が保障されるべきであるかを各自で検討してみて下さい。

　さらに、環境権とは、「良好な環境を享受しうる権利」をいい、⑦個人の人格的生存に必要不可欠な人格権の一種としての自由権の側面と、⑦個人の生存に必要不可欠な良い環境の確保を要求する権利としての社会権の側面との二面性があります。前者は、憲法13条で保障され、後者は憲法25条で保障されると考えられています。この点、環境に自然的環境以外の文化的環境や社会的環境を含むのかについては争いがあります。環境権を人権として認めるとしても、その権利内容自体が未だ特定されていないことから、裁判上の救済まで受けられないと解するのが一般です。確かに、「良好な環境」とはどのような環境なのかが不明確であり、現時点では権利として強い効力を与えることは困難でしょう。

　学説では新しい人権として様ざまな人権が主張されていますが、最高裁はあまり積極的に新しい人権を認める傾向にはなく、明確に認めているのは、プライバシー権と肖像権、人格権、名誉権くらいだと言われています。皆さんは、このような新しい人権をどんどん保障した方が人権保障にプラスになると思いますか？　憲法13条を根拠に新しい人権を認めれば認めるほど、人権カタログが豊かになって我われの人権が保障されると考える人もいるかもしれません。しかし、こういう新しい人権は認めれば認めるほどよいというわけでは決してないことに注意しなければなりません。例えば、顔を洗う自由とか、歯を磨く自由、風呂に入る自由などは、日常生活において欠かすことができないものなので、すごく重要だから憲法上の人権として認めた方がいいのでしょうか？

　ここで考えてほしいのは、憲法上の人権として認めることによるデメリットもあるということです。どんな人権であっても絶対無制約ではありえず人

権相互の矛盾・衝突を調整するための必要最小限度の制約を受けるというのが「公共の福祉」の理論です（憲法13条後段）。よって、憲法上の人権と認めた途端、それでは「公共の福祉」でどこまで制約できるのかという議論に流れてしまい、かえって国家に制約する根拠や口実を与えてしまうのです。しかし、顔を洗う自由とか、歯を磨く自由、風呂に入る自由は、たとえどのような状況であろうとも、制約されるべきものではないのです。そのような自由はむしろ憲法上の人権などとは考えずに、憲法以前の当然の自由と考えた方がかえって保障が強化されるのです。また、裁判所も裁判官も有限なので、裁判所が一年間に処理できる事件の数には限度があります。憲法上の人権として認めたのはいいけれど、裁判所で十分に保障してあげられないような人権を認めたら、憲法の人権の価値を下げ、裁判所の権威を失墜させてしまい、かえって人権保障にマイナスになります（いわゆる人権のインフレ化）。だから、人権というものは、本当に必要なものだけをピックアップしてピンポイントで手厚く保障した方がいいのです。その方が人権保障にプラスになります。さらに、多くの人権を認めれば認めるほど、内容の不明確な人権を認めれば認めるほど、無用な解釈上の疑義・論争を生み、裁判を紛糾・遅延させます。皆さんに "親友" といえる人間は何人くらいいますか？　本当の親友なんてせいぜい2、3人でしょう。親友が100人も200人もいたら疲れてしまい、自分を見失ってしまいます。友達は、本当に付き合う価値のある人間をできる限り厳選した上で、その友達と深い関わりを持った方が自分の人生にはプラスになります。人権も同様に、本当に保障する価値のある権利を厳選した上で、ピンポイントで手厚く保障した方が人権保障にとってプラスになるのです。このように、新しい人権は認めれば認めるほどいいというものでは決してないのです。なかなかそのような人権感覚は大学で法学をまなばないと身につきませんね。では、今日の講義はここまでにします。

# コラム 5 三菱樹脂事件と昭和女子大事件

　今日は、判例研究として、三菱樹脂事件と昭和女子大事件を取り上げます。いずれも大学生が原告になった有名な重要事件であり、憲法の人権を学習する際には避けては通れない判例です。皆さんの将来にも非常に役立つ内容を含んでいます。いずれも憲法の私人間適用が最大のテーマであり、いずれの最高裁判例も間接効力説に立つとされています。

　では、三菱樹脂事件からいきます。東北大学法学部を卒業した高野さんは、三菱樹脂株式会社の入社試験を受け、3ヶ月の試用期間の後に管理職候補として採用予定でしたが、試用期間満了後、本採用直前に雇用拒否をされてしまいました。その理由は、大学在学中の学生運動暦の有無を採用試験において尋ねられた際にこれを否定したものの、その後の会社の調査で、学生運動（安保闘争）に参加していたという事実が判明し、虚偽回答が発覚したからです。そこで高野さんは、会社の本採用拒否は思想・信条の自由（憲法19条）等を侵害するとして、雇用契約上の地位確認を求めて提訴しました。本件は、私人（営利社団法人）たる三菱樹脂株式会社と私人（自然人）である高野さんとの間の争訟ですから、本来、公法たる憲法は適用されないはずです。とするならば、高野さんは三菱樹脂に思想・信条の自由等の憲法上の人権を主張できないことになります。しかし、その結論は高野さんの人権をいちじるしく侵害しかねないことから、憲法の私人間適用を認めて、高野さんに憲法上の人権を主張させることができないかが問題となるのです。

　この事件がおきたのは1963（昭和38）年で、いわゆる60年安保闘争の頃であり、学生運動が非常に盛んな時代でした。今の若者は学生運動なんてほとんどしないけど……。この時代、多くの学生は、ヘルメットかぶってデモ行進して、警察ととっくみあいして、石なんかぶん投げたり、そんなことを平気でやっていました。マルクスだの、サルトルとか、レーニンとか、そういう本を熱心に読んで、政治談議をするような、そういう時代があったのです。今では考えられませんが……。そういう時代だったから、なおさら社長が学生運動暦を尋ねたわけです。社長からしたら、学生運動なんかを熱心にやっていた学生は、入社したら、労働組合なんかつくって会社に敵対行為をするんじゃないかって心配に思うんでしょうね。一方、高野さんも学生運動

をやっていたと答えたら、雇ってくれないだろうなって思ったから、やってませんと言ったわけです。嘘っていえば嘘なんだけどね。やむをえない面もあります。

　この場合、憲法論として考えると、高野さんが主張するのは、思想信条の自由（憲法19条）や政治活動の自由（憲法21条）、法の下の平等（憲法14条）等が考えられます（ただし、実際の裁判では政治活動の自由は主張されていないようです）。これに対して、三菱樹脂が主張するのは、営業の自由（経済活動の自由）や雇用の自由（契約締結の自由）（いずれも憲法22条）、あるいは財産権（憲法29条）です。法人にも憲法上の人権享有主体性が認められていますから、三菱樹脂の人権にも十分に配慮しなければなりません。特に問題になるのは、雇用の自由です。この点、会社としては変なヤツを入社させるとかえって営業成績が落ち、会社に不利益になりかねません。ですから、採用の段階できびしいチェックがしたいのです。さらに、いったん正式に雇ってしまった場合には、思想信条とかを理由に社員をクビにすることはできません。これは、憲法の私人間適用なんて問題にしなくても、労働基準法に書いてあります（労働基準法3条）。皆さんも正社員は法であつく守られているのを聞いたことがあると思います。これに対して、採用の段階では、かなり雇用の自由が認められているのです。これは、いったん正式に雇ったら簡単にはクビにできないから、会社は採用の段階でよくチェックしろよって、法がバランスを取っているのだと思います。よって、本件は採用の段階の問題だから、思想信条を理由に採用を拒否することを禁止する特別の法律はありませんが、学生の立場からしたら、こんなことが就活の時に安易におこなわれたらたまったものではないから、憲法を適用して守ってもらうことを期待することになります。それでは、裁判の結論はどうなったのでしょうか？

　この点、1審と2審は、私人間においても憲法上の人権を尊重しようとする立場にたち、原告（高野さん）勝訴の判決を下しました。そのため、被告（会社）が上告したのですが、最高裁判決（1973［昭和48］年12月12日）は学生である皆さんからしたら、驚くべき結論になっています。すなわち、「憲法の右各規定は、……国または公共団体の統治行動に対して個人の基本的な自由と平等を保障する目的に出たもので、もっぱら国または公共団体と個人との関係を規律するものであり、私人相互の関係を直接規律することを予定するものではない。……場合によっては、私的自治に対する一般的制限規定で

ある民法 1 条、90条や不法行為に関する諸規定等の適切な運用によって、一面で私的自治の原則を尊重しながら、他面で社会的許容性の限度を超える侵害に対し基本的な自由や平等の利益を保護し、その間の適切な調整を図る方途も存するのである」と間接適用説に立つことを明らかにした上で（ここまでは問題ありませんが）、「企業者が特定の思想、信条を有する労働者をそのゆえをもって雇い入れることを拒んでも、それを当然に違法とすることはできない。……労働者を雇い入れようとする企業者が、その採否決定にあたり、労働者の思想、信条を調査し、そのためその者からこれに関連する事項についての申告を求めることは、違法とはいえない」と結論づけ、高野さん勝訴の原判決を破棄して高裁に差戻しをしました。

　民間企業が、学生を採用する場合、思想調査をやってもいいし、思想について申告を求めて、特定な思想を持っていることを理由に雇い入れることを拒んでも違法ではないという最高裁の判断は、学生である皆さんからすれば信じられない結論ではないでしょうか？　1 審と 2 審の判決は、憲法の理念を重視して、高野さんを勝たせたのに、最高裁は会社の雇用の自由（判例の言葉では「契約締結の自由」）を最大限に強調して、高野さんに逆転敗訴の判決を下したのです（正確には、原判決破棄・高裁差戻）。最高裁判決の根柢には、会社は法人として自然人とまったく同じ法的地位を持っているのだから、自然人が誰と結婚するのも原則として自由であるように、会社も誰を雇うかを原則として自由に決められるべきだという考えがあるように思います。この点、現在では、厚生労働省が「公正な採用選考を行うための指針」をだし、会社に対して、学生の適性や能力を基準として採用選考を行うことを求めていて、会社が学生の思想信条を把握するために、思想や宗教、支持政党に関する質問、あるいは、学生運動や労働組合など社会運動に関する質問等をすることは、控えなければならないとされています。また、会社が学生に対してそのような質問をし、回答を執拗に強制した場合には、不法行為として違法となり、損害賠償の対象となることも十分にありえます。しかし、憲法論としては、この判例が現在でも生きていることに、特に学生の皆さんは注意しなければならないでしょう。世の中は本当に厳しいですね。十分に気をつけて下さい（笑）。

　実は、この三菱樹脂事件には、ちょっとした有名な後日談があります。この高野さんは、裁判では負けたのだけれど、その後、裁判所で和解が成立し

て、結局、三菱樹脂株式会社には入れたのです。本当によかったと思います。しかし、入れたのはいいのですが、会社に戻ったのが30代半ばで、その時にはすでに髪の毛がしらがで真っ白になっていたそうです。それは、大企業相手に13年もの長期にわたり裁判を戦った心労が原因と言われています。その後、高野さんは出世して、最終的には子会社の社長にまで登りつめました。そして、2005（平成17）年に65歳で亡くなっています。高野さんが死を迎えた際に、自分の人生を大きく変えたこの裁判に対して、どのような感想を持っていたのかが非常に気になります。この裁判のおかげで充実した人生を送ることができたと思っていたとしたら、本当によかったと思いますね。

　それではつぎに、昭和女子大事件を見ていきます。これも非常にユニークで有名な事件であり、憲法判例として避けては通れません。この点、本件の事案はつぎの通りです。すなわち、私立の昭和女子大学は、当時、保守的で非政治的な学風で知られていました（この大学は現在もありますが、今もそういう学風であるのかは分かりません）。そのため、学則により政治活動には届出や許可が必要とされていました。その昭和女子大で2名の女子学生が、①無届で政治的な署名を集める活動を学内で行ったり、②無許可で学外の政治団体に加入したりしました。二人がやった行為は、政治活動であることには疑いがありませんが、通常よくやられている街頭でのデモ行進やビラ配りに較べれば、かなりソフトなものといえます。大学当局は、それらが学則違反であることから、保護者とも連絡をとりつつ、3ヶ月以上、女子学生を説得し続けました。しかし、その態度は変わらず、それどころか、マスメディアを使って公然と大学に対して根拠のない誹謗中傷を続けたことから、両名は退学処分を受けてしまいました。そこで女子学生が、処分が憲法違反であることを理由に学生たる身分の確認を求めて提訴したのです。ここで、女子学生が主張したのが、思想良心の自由（憲法19条）、政治活動の自由（憲法21条）、そして学問の自由（憲法23条）等の人権です。これに対して、私立大学（法人）である昭和女子大学が主張しうる人権としては、私立学校の教育の自由、私立学校の設立・運営の自由（いずれも憲法23条の学問の自由が根拠）等が考えられます。

　この事件のおもしろいところは、この2人の女子学生には、驚くべきことに弁護士が80人以上もついていたことです。テレビを見た弁護士が、この女子学生を気の毒がって、全国から集まり、味方についたのです。多くの弁護

士がついたからというわけではないと思いますが、なんと 1 審は女子学生の側が勝ちました。すなわち、私立大学にも公共性があり、学生の思想に対して寛容であるべき義務が認められるとしました。また、もう少し説得を続けるとか、まずは短期間の停学にするとか、より穏便なやり方はいろいろあり、いきなりの退学は教育上の配慮が足らず、大学がした退学処分は裁量権の濫用であり無効としたのです。しかし、2 審は、大学は学生を教育する権利を持っているから、この程度の処分を行うことは、その教育権にもとづく裁量の範囲内だとし、逆に大学の側を勝たせました。そこで、女子学生の側が最高裁へ上告したのです。

　最高裁判決（1974［昭和49］年 7 月19日）は、前述の三菱樹脂事件の判旨をひいて憲法の規定は私人間に適用されるものではないとして間接適用説の趣旨を述べた上で、「私立大学において、その建学の精神に基づく校風と教育方針に照らし、学生が政治的目的の署名運動に参加し又は政治的活動を目的とする学外団体に加入するのを放任することは教育上好ましくないとする見地から、学則等により、学生の署名運動について事前に学校当局に届け出るべきこと及び学生の学外団体加入について学校当局の許可を受けるべきことを定めても、これをもって直ちに学生の政治的活動の自由に対する不合理な規制ということはできない」ことを前提にして、「大学がとった判断、すなわち、学生らにはもはや教育方針に従った改善は期待できず、教育目的を達成する見込みが失われたとして、学生たちの行為を『学内の秩序を乱し、その他、学生としての本分に反した』ものと認めた判断は、社会通念上、合理性を欠くものとはいえず、退学処分は、大学の裁量権の範囲内にある」と判示して、退学処分が教育上の見地から大学が有する懲戒権の裁量の範囲内であることを理由に大学の側を勝たせました。

　三菱樹脂事件にしろ、昭和女子大事件にしろ、裁判官の判断が分かれており、どちらを勝たせる結論も十分にありえます。ただし、最高裁の結論に安易にしたがって、会社や大学を簡単に勝たせてしまうという結論は、決して取ってはいけません。いずれの事件も原告は皆さんと同じ学生であり、社会的経済的弱者なのですから、学生の人権を最大限に護るために一生懸命、努力をしてみて下さい。では、今日の講義はここまで。

# 第六講 法の下の平等（平等権）

　今日の講義は、法の下の平等、すなわち平等権がテーマです。条文で言ったら憲法14条です。人権の中心は何といっても"自由と平等"であり、今週の平等権と来週・再来週の自由権が人権論の中で非常に重要な根幹部分になります。それゆえ、ぜひ心して学習に取り組んでほしいと思います。14条は三つの項からなりたっていますが、14条1項が平等権の大原則でトリプルAランクの重要性を持つ条文です。ぜひ暗記してほしいと思います。本日の講義の中心は14条1項になりますが、その前に、2項と3項をやっつけておきましょう。

　まず、2項は"貴族制度の廃止"の条文です。貴族とは、生まれながらの特権階級のことです。例えば、生まれながらに国から毎月100万円ずつもらう権利を持つ人間、あるいは、生まれながらに選挙で10票を投票する権利を持つ人間は、憲法上、認めることができません。そのような人が認められるならば、法の下の平等なんてありえないからです。日本でも平安時代の藤原氏のように貴族が政治の実権を握っていた時代もありましたし、明治時代には華族制度という貴族の制度が存在し、公爵・子爵・男爵などの称号が使われていました。もちろんそういう貴族の制度は憲法上、認められません。天皇や皇族は一種の貴族と言えますが、憲法が認めた例外であり、容認されます。

　つぎに、3 項は“栄典の授与”の条文です。要するに、国家や社会、文化に功績があった人に対しては、勲章を授けてもいいですが（例えば、旭日大綬章、文化勲章）、特別な利益が伴ってはいけないということです。すなわち、勲章に経済的利益や特別な権利が付随してはいけないし、親が勲章をもらっても、その子どもや家族が偉いということにはならないのです。もちろん法の下の平等を実現するのが目的です。この点で問題になるのが、文化勲章をもらった人は、通常、文化功労年金ももらっていることです。「勲章」と「年金」が連動するならば、「栄典の授与はいかなる特権も伴わない」に反する可能性が生じます。しかしその点は、憲法解釈上、「両者は全く別の制度で別の基準で判断している」と説明することで容認されています（実際は、文化功労年金受給者から文化勲章受章者を選んでいます）。一生懸命に頑張って素晴らしい功績をあげた人に、そのくらいのことをしてあげたからといって、それほど目くじらをたてる必要はないような気もしますが（笑）、憲法解釈の問題であるだけに明確にしておくべきでしょう。

　それでは、いよいよ14条 1 項にはいります。最初に、平等とは何かについて考えてみたいと思います。「平等」という言葉自体は、おそらく小学校 2, 3 年で習うと思いますが、皆さんは子どもたちから「平等ってなんですか？」と尋ねられたら、なんと説明しますか？　例えば、「平等というのは、みんな同じってことだよ。友達がおこずかい100円だったら、あなたも100円。アンパン 1 個だったら、あなたも 1 個だし、鉛筆10本だったら、あなたも10本。みんな同じ」。このように説明すれば、子どもたちはだいたい納得してくれるでしょう。でも、大学でまなぶ憲法学がこれで終わっていいわけがありません（笑）。実際、平等というものはそう簡単ではありません。深く考えれば考えるほど難しくて分からなくなってきます。平等というものを歴史的、思想的、文化的に考えて、深めてみましょう。

　そもそも平等の観念は、すでに古代ギリシアのポリス（都市国家）であったアテネにおいて現れていました（トゥキュディデス『歴史』）。これが“人間平等の思想”の始まりと言えます。この点、古代ギリシアの有名な哲学者であるアリストテレスも、「正義とは平等ということだが、人びとをどのように扱えば平等と言えるのかが難しい」という趣旨のことを述べています。ま

た、新約聖書の中にも「人間は神の前にキリスト者として平等」という“神
の前の平等”の観念が明確に記述されています（ガラテア人への手紙3章28
節）。さらに、13世紀イギリスの法学者であるヘンリー・ブラクトンが「国
王といえども神と法の下にある」という有名な法格言を残しているように、
中世（日本では鎌倉・室町時代）のイギリスでは、「法の優位」（Supremacy of
Law）の思想が存在し、“法の下の平等”の観念が芽ばえていました。

　ここまではあくまで平等の歴史的沿革のお話で、前提知識に過ぎません。
ここからが憲法論として重要になります。まず、近代（日本では江戸時代）の
平等観から見ていきましょう。ここで思い出してほしいのが、以前に学習し
た近代立憲主義の概念です。重要な議論だからもう一度、復習しますが、
17・18世紀の近代は、どんなに悪事をはたらいても王様が「おまえはかわい
いから許してやる」と言えば許され、たとえパン1個盗んでも王様が「おま
えは嫌いだから死刑だ」と言えば死刑になり……。すなわち、「王様は神様
から権力を授かっているのだから庶民は王様に逆らうことはできない」とい
う王権神授説が支配していました。そこにロック・ルソー・モンテスキュー
などの啓蒙思想家が現れて、「人間は誰でも自由で平等、幸福に生きる権利
がある」という天賦人権思想を人びとに説き、「その生来の権利を侵害する
ならば、たとえ王様だろうが君主だろうが皇帝だろうが、逆らってもいい」
と教えたのです。その結果、市民が自由を求めて近代市民革命（イギリス名誉
革命、アメリカ独立戦争、フランス革命など）が起きます。そして、その過程で成
立したのが近代立憲主義という思想なのです。すなわち、専断的権力を制限
して国民の権利・自由を守るために憲法にしたがい政治を行わせるべきと考
えられるようになったのです。

　このように、市民は王様から自由を獲得するために近代市民革命を闘った
のですから、近代では“なにより自由が一番”という考え方が中心となりま
した。それゆえ、国はできうる限り余計なことをせずに市民に自由を保障し
ているだけでよいと考えられるようになり、その考え方が近代の平等観にも
大きな影響を与えたのです。近代の平等観は、自由を原則にしつつ、「人は
生まれながらに平等であり、国家は個々人を平等に扱わなければならない」
という思想にもとづきます。その結果、平等とは、“機会の平等”、“形式的

平等"、すなわち「自由競争を前提にして、各人が自由に幸福を追求する機会が保障されていることが平等」と考えることになります。自由競争が大原則で、その結果、生じる格差は容認します。さらに、格差は「一生懸命に頑張った結果」であり、「頑張った者が報われるのは当然」として、格差を積極的に肯定さえするのです。例えるならば、100メートル競走の時、みんなが同じスタートラインから出走して、速い人からゴールに入るというやり方です。自由競争が大原則で、能力がある者は早くゴールして、能力のない者はゴールが遅くなるが、それはやむをえない。頑張った者が報われるのは当然であり、差が生じるのはむしろ良いことで、その差が社会を発展させると考えます。これがまさに"自由が一番"という近代の考え方です。我われは普通、この平等観にたって平等を考えていると思います。日本人にもなじみの深い考え方と言えると思います。なかには、「それ以外に平等の考え方なんてあるのですか」と疑問に思う人もいるかもしれませんが、もちろんあります。

　20世紀の現代（日本では明治時代以降）になると、"機会の平等"、"形式的平等"にもとづく近代の平等観の弊害があらわになってきます。すなわち、自由が一番で国は余計なことをせずに市民に自由を保障しているだけでよいという近代の考え方では、多くの社会的経済的弱者を生みだす結果になってしまったのです。本当に自由だったら弱肉強食で強い者が勝つだけで、弱い者は強い者の食い物になってしまいます。例えば、いま隣に座っている人を殴って財布から1万円を盗って「おまえが弱いから盗ったのだ。おまえが強ければ盗らなかった。おまえが強くなればいいのだ。自由なのだから」と強弁する。このように自由を根拠に強盗を正当化する論理も成り立ちえます。歴史上、"自由と正義"が戦争を始める格好の口実になってきた事実を忘れてはなりません。近代では、自由を強調して保障し過ぎた結果、それによって格差が広がり、社会が勝ち組と負け組に分断され、二極化し、固定化してしまったのです。自由であればあるほど差が開いて、不平等になってしまうのが現実なのです。能力のない者、財産のない者、力の弱い者は、能力者、有産者、強者の食い物になるだけで、一生涯、浮かばれない社会になってしまったのです。実際にヨーロッパでは多くの失業者や生活困窮者がうまれ、

多数の餓死者すら発生したと言われています。

　そこで現代では、むきだしの「自由競争」は、実は「不平等競争」であるという思想が生じ、現代立憲主義という新しい概念が提唱されるようになったのです。現代立憲主義は、国が積極的に市民生活に介入して、強者の自由を制限してでも弱者を助けなければならないとします。また、国には、税金を使って弱者を引き上げ、強者と自由競争ができる前提条件を整える責任があるともします。このような発想から20世紀になって主張されるようになった人権が社会権（その中心は生存権）なのです。生存権は、社会的経済的弱者が生存を確保するべく国に救済を求めることができる権利であり、1919年のドイツ・ワイマール憲法で最初に規定されたことは世界史で習ったと思います。高校入試や大学入試でも頻出の知識ですね。このような現代立憲主義を前提にして、現代の平等観は、“条件の平等”、“実質的平等”、すなわち「各人が対等に競争するための前提条件が保障されていることが平等」と考えられています。

　この条件の平等（実質的平等）は、いわば“ゴルフのハンデの発想”です。例えるならば、100メートル競走の時、「あなたは今日、風邪をひいているから10m前からスタート」、「あなたは生まれつき体が丈夫だから20m後ろからスタート」、「あなたはオリンピック選手だから100m後ろからスタート」等、このように対等に競争するための前提条件を整えなければ平等ではないとします。この考え方でいったら、大学受験も大きく変わるでしょうね。例えば、「あなたはお金持ちの家に生まれて、塾にも通ったし、家庭教師もついたし、参考書もたくさん買ってもらったから、最初から英語はマイナス30点、数学はマイナス20点」とか、「あなたは貧しい家に生まれて、参考書ひとつ買ってもらえず、教科書だけで勉強したから、最初から英語はプラス30点、数学はプラス20点」とか……。お金持ちの家に生まれる人もいれば、貧しい家に生まれる人もいて、前提条件が各人まったく異なります。それを考慮して、大学入試もスタートに差を設ける方が平等なのではないですか？皆さんはどう思いますか？

　さらに、極端にまで平等を追及する“結果の平等”という考え方も主張されています。結果の平等とは、「競争した結果が同じことが平等」としま

す。例えるならば、100メートル競争の時、“よーいドン”でスタートし、速い者はゴールの前で待っていて、みんなが来たら“いっせーのせい”でゴールに入ります。このように、みんなで一緒にゴールしなければ平等ではないと考えるのが結果の平等です。実際に結果の平等が取り入れられている例は世の中にもあります。皆さんは、学校の運動会で徒競走をやったことがありますか？　私の頃はやっていました。6人一組くらいで100メートル走って、例えば1位はノート、2位は鉛筆、3位は消しゴムとか、賞品がもらえました。でも今はやらない学校が増えてきたそうです。どうしてやらなくなったのかというと、“足の遅い子がかわいそうだから”という理由だそうです。まさに結果が平等じゃないとダメという結果の平等の考え方です。

　また、皆さんは、累進課税制度という税制を知っていると思います。累進課税制度は、課税対象額が大きくなるほど税率が高くなる仕組みのことを言います。所得税や相続税は累進課税の典型例です。例えば、所得税では、すごく稼いでいる人は45パーセントの税率が適用されますが、逆に稼いでない人は払わなくてよい場合もあります。累進課税制度というのは、労働の果実から税金を引いた手残り金額ができる限り各人平等になるようにしようという発想ですが、これもまさに結果の平等の考え方です。結果だってなるべく平等の方がいいことは言うまでもありません。日本で一番の金持ちと、一番の貧乏人との経済格差は、できうる限り少ない方がいい国になると思います。

　しかし、結果の平等はあまり支持されてはいません。なぜなら、結果の平等では、競争が無意味となり、自由と矛盾する危険があるからです。すなわち、能力のある人にとっては、能力が発揮できない結果になり、自由競争を弱めてしまうのです。例えば、もし私が、この憲法の授業はテストをやらず履修者全員にAをつけると言ったら、皆さんは喜びますか？　やる気がない学生ほど大喜びして、「この講義はパラダイスだ」と思うでしょうね（笑）。しかし、やる気がある学生は「やる気がなくなるからやめてくれ」と言うに違いありません。人間というものは、頑張れば頑張っただけ他人と差をつけてもらえることで満足し、やる気もでるのです。だから、適度な格差は必要不可欠なのです。差がつかなくなったら、みんな頑張らなくなってし

まいます。

　結果の平等を一番取り入れているのは共産主義です。共産主義は原則的に財産の私的所有を認めないから、共産主義を徹底すれば農地とか工場とか、土地建物はすべて国のものとなります。そして国民は、労働によって得た果実の全部をいったん国に納めて、必要な限度で国から分配を受けます。自由を犠牲にしてでも最大限に平等を実現しようとするのが共産主義です。平等で望ましいように見えますが、これでは頑張っても頑張らなくても結果は同じになってしまい、やる気がでません。そのために実際、共産主義の国では、生産性が向上せず、経済が停滞してしまいました。また、共産主義では膨大な国有財産が存在することになりますが、それを管理・分配する一部の人間が絶大な権力を持ってしまいます。その一部の絶大な権力者（いわゆる"赤い貴族"）が、自分たちの私利私欲をむさぼって、結果的に自由も平等もない社会になってしまったのです。それが20世紀末に世界の共産主義国家が崩壊した理由です。やはり結果の平等を強調し過ぎるのは問題で、よくありません。

　100メートル競走の時、①みんなが同じスタートラインから出走して、速い人からゴールに入るというやり方、②「風邪をひいているから」、「オリンピック選手だから」等、状況に応じてスタートラインにハンデをつけるやり方、③速い者はゴールの前で待っていて、みんなが来たら一斉にゴールするやり方、どれが一番、平等だと思いますか？　ただし、この三つの平等観は、択一的なものではなく、どれをどの程度まで国家運営に取り入れていくのかというブレンドの問題であることに注意して下さい。よい国をつくるためには、この三つの平等観すべてが必要であることは間違いがないのです。結果の平等も決して欠かすことはできません。この点、アメリカは"自由と正義の国"を標榜して機会の平等を徹底していますが、それがいき過ぎると弱者につめたい国になってしまう危険性があります。けれども逆に、結果の平等を強調し過ぎれば、共産主義の失敗を繰り返すことになってしまいます。皆さんも三つの平等観のブレンドの具合をぜひ考えてみて下さい。現在の日本はアメリカと同様、機会の平等を中心にしていますが、今後はそれを基本としつつも、最大限に条件の平等を取り入れる必要があると私は思い

す。格差社会、ワーキング・プア、子どもの貧困、女子の貧困、高齢者の貧困等が社会問題化している日本の現状をかんがみるにつけ、そう思わざるをえないのです。

　実は、日本国憲法には14条以外にも、平等に関する条文はいくつかあります。すなわち、15条、24条、26条、44条、さらに、25条の生存権も実質的平等観念の具体化であり、平等に関する条文と言って差し支えありません。順に、簡単に見ていきましょう。

　15条は、1項で公務員の選定罷免権（もちろん選挙権もその一つ）、3項で普通選挙の原則、4項で秘密選挙の原則を規定しています。普通選挙とは、性別・教育・財産などを選挙権の要件としないことであり、まさに選挙における平等の実現を目指したものです。また、秘密選挙とは、誰が誰に投票したかを秘密にすることです。

　24条は、"家族生活における両性の平等"の規定であり、特に女性にとってはとてもありがたい条文です。例えば、明治憲法の下の刑法では、妻が夫以外の男性と性的関係をもった場合には、姦通罪で刑務所行きでした（旧刑法183条）。また、民法では、妻は法的無能力者であり、一定の重要な法律行為につき、単独で有効におこなう能力（行為能力）が認められず、夫の同意が必要でした（旧民法14条）。しかし、日本国憲法に24条が規定されたことにより、このような家庭内の不平等がなくなったのです。今の夫婦は、夫よりも妻の方が強かったりしますが、そんな良い世の中になったのも24条のおかげなのです。まあ、妻が強いくらいの方が、夫婦円満でうまくいくと思いますが……（笑）。さらに、そもそも好きな人と結婚できるようになったのも、この24条のおかげです。明治憲法下の民法では、戸主（通常、祖父や父親）の同意がないと結婚できませんでした。すなわち、結婚は個人の問題ではなく、家どうしの問題だったのです。それゆえ、当時は、結婚相手は親が決め、結婚式で初めて会って「わたしはこの人と結婚するんだ……」ということはよくあることでした。現在の自由恋愛が認められた社会では、想像すらできないと思いますが……。24条が「両性の合意のみ」にもとづく結婚を可能にしたのです。前にも言ったかもしれませんが、好きな勉強ができるのも、自由に意見が言えるのも、好きな人と結婚できるのも、全部、憲法のお

かげであることを決して忘れてはいけません。

　26条は、社会権の一つである"教育を受ける権利"ですが、「その能力に応じて、ひとしく」として教育の機会均等をはかり、教育における平等を実現しようとしています。

　44条ですが、これも選挙に関する規定で、議員や選挙人の資格について差別を禁じています。選挙の平等は重要だから、繰り返し44条でも宣言しているのです。

　最後に25条ですが、これは社会権のチャンピオンとして有名な生存権の規定です。すべての国民が「健康で文化的な最低限度の生活を営む権利」を持っているということは、困った人が等しく国に助けてもらえるということであり、生活における平等を実現しようとしています。まさに実質的平等観念の具体化といえます。

　さらに、14条をめぐる論点をいくつか取り上げていきます。まず、14条1項の「法の下」という文言の意味について、①「法適用の平等」のみを意味するとする立法者非拘束説と、②「法適用の平等」のみならず「法内容の平等」をも含む意味であるとする立法者拘束説（通説・判例）との対立があります。前者の①立法者非拘束説は、法実証主義（概念法学）を前提にして、国会はいかなる内容の法律をもつくることができ（立法者非拘束）、国会がつくった以上、いかなる内容の法律にも国民は従わなければならないとし（いわゆる"悪法もまた法なり"の思想）、国会がつくった法律を平等に適用すること（法適用の平等）のみが「法の下」の意味であるとします。このような考え方は、アドルフ・ヒトラーの頃のドイツで特に盛んになりました。ヒトラーはこのような考えの下、1933年、国家権力のすべてを自らが率いるナチス党に集中させる授権法（または全権委任法）を国会で成立させ、独裁を完成させました。その後、ヒトラーが第二次世界大戦をおこしたことにより、世界中が悲惨な戦争に巻き込まれ、地獄を見ることになったのは周知の事実です。やはり内容が不平等の法律をいくら平等に適用したところで、実質的な平等は実現しえません。よって、「法の下」とは、立法者を拘束し、内容が平等な法律を平等に適用すること（法内容の平等　＋　法適用の平等）を意味すると解すべきです。現在では、立法者拘束説をとるべきである点につき、ほぼ争い

はなく、この論点は歴史的なものになりつつあります。やはりヒトラーに与するわけにはいきませんね（笑）。

　また、「平等」の意味については、前述した①機会の平等なのか、②条件の平等なのか、③結果の平等なのかという観点とは別に、①絶対的平等なのか、②相対的平等なのかという争いもあります。この点、①絶対的平等とは、事実上の差異を無視して画一的に取り扱うことであり、②相対的平等とは、事実上の差異に応じて合理的な区別的取り扱いも認めることです。後者の②相対的平等説が通説・判例です。例えば、労働基準法で女子には男子より長い出産休暇が認められています。それは、女性がおなかの中で赤ちゃんを育てて産むという肉体的・生理的・社会的機能を持っているからで、むしろ女性が長い方が合理的です。この場合、事実的差異を無視して男女を同一にしたら、かえって実質的には不平等な結果になります。このように、許されない"差別"と許される"合理的な区別"を使い分ける考え方が相対的平等説です。また、実際上、絶対的平等を貫くことは不可能であり、やはり相対的平等説が妥当だと思います。

　つぎに、いわゆる「後段列挙事由の意義」という論点があります。すなわち、14条1項後段は「人種、信条、性別、社会的身分、門地」によって差別してはならないと書いてありますが、この5つの列挙事由に何か意味があるのかという問題です。この点、①限定列挙説、②例示列挙説、③特別意味説の対立があります。①限定列挙説は、前述の各論点でそれぞれ法適用平等説と絶対的平等説をとることを前提に、この5つの場合だけは法内容の平等まで要求されると考える学説です。しかし、法適用平等説も絶対的平等説も我われのとるところではありませんので、この学説は論外となります。②例示列挙説が通説・判例と言われています。条文には「教育」「財産」「収入」とは書いてありませんが、それでは教育や財産や収入で差別してもいいのかといったら、いいわけがありません。よって、5つ書いてあるのは、歴史的にひどい差別があった事由を単に例として示したに過ぎず、単なる例示であると考えるのです。ですが、③特別意味説という学説もあります。憲法がわざわざ5つ書いているのを単なる例示と解するのでは、法解釈としてあまりに芸がなさ過ぎるので、この5つに何か意味を持たせようというのが特別意味

説という学説で、有力説とされています。特別意味説は、㋐後段列挙事由は
合憲性推定原則が排除される場合、あるいは、㋑後段列挙事由は原則的に違
憲となる場合であると考えます。合憲性推定原則というのは、国民が直接選
挙でえらんだ代表者で構成されている国会が法律をつくった場合、民主主義
からして原則的には合憲であると推定するべきであるという考え方をいい、
憲法裁判の前提にされています。実際、国会が制定した法律のほとんどすべ
ては合憲です。よって、憲法裁判では、法律が違憲と主張する側（通常、市
民）が立証責任（証拠を提出して裁判官を説得する責任）を負います。この場合、
立証責任が果たせなければ市民は裁判で負けてしまいます（裁判では立証責任
を負う側が敗訴することが多いです）。しかし、14条1項に規定された5つの事由
に関して、国会が差別を疑わせるような法律をつくった時（例えば、国会が女
性差別を容認するかのような法律を制定した場合）には、合憲が前提という考え方
を排除して議論しましょう（合憲の推定の排除）、さらには、原則的に違憲と
考えましょう（違憲性の推定）ということです。違憲と推定した場合、合憲と
主張する側（通常、国）が立証責任を負います（立証責任の転換）。この場合に
は、市民は法律が違憲であることだけを裁判で主張すればよいことになりま
す。よって、憲法裁判において、市民が立証の負担をまぬがれ、勝訴しやす
くなります。このように、5つの列挙事由に意味を持たせようとするのが特
別意味説で、十分にありうる学説と言えます。しかし、議論が複雑なので、
通説・判例を中心に理解すれば十分でしょう。

　我々は相対的平等説に立ちますが、前述した通り、この見解では「合理
的な区別」は許されます。それでは、その区別が「合理的かどうか」は、ど
のような基準で判断すべきなのでしょうか？　これは、換言すれば、平等権
に適用される違憲審査基準の問題といえます。この点、戦後の憲法学界を
リードした宮沢俊義は、「個人主義・民主主義の理念に照らして合理的か否
かを判断するべきである」と主張しました。確かにこの見解は間違いではあ
りませんが、あまりに抽象的で漠然としていて事件解決の基準としては使え
ません。例えば、成績評価の判断基準として「優秀な人にはAをつける」
という基準は決して間違いではありませんが、当たり前すぎて使いものには
ならないでしょう。そこで、そのあと長く憲法学界の中心となった芦部信喜

は、宮沢の考えを継承し、「二重の基準論を基に、個人主義的・民主主義的合理性を判断すべきである」と主張しました。要するに芦部は、厳格度の異なる複数の違憲審査基準を用意して（例えば、厳格な基準＞厳格な合理性の基準＞合理性の基準）、平等が問題となっている人権の重要性に応じて使い分ける（例えば、精神的自由権＞社会権＞経済的自由権）ことを主張したのです。もちろん、重要な人権ほど厳格な基準を適用します。この芦部の学説をベースに様ざまな学説が主張されていますが、これ以上は教養憲法のレベルを超えますので、興味のある皆さんは各自で自習して下さい。

　ここだけの話、日本の裁判所はあまり人権保障に熱心ではないので（笑）、市民が国を訴えても、だいたい国の側を勝たせてしまいます。この点、裁判所は、前述したように合憲性推定原則をとり、立法府に広い裁量を認めるため、一般には違憲審査基準としても、もっとも厳格度の緩和された「合理性の基準」（一応の合理性が認められれば合憲）が採用されているとされます。よって、違憲判決は滅多にでません。特に、国会が制定した法律の条文自体を無効にしてしまう法令違憲判決は憲法制定以来、10件くらいしかありません。しかし、その中で、14条の平等権については、かなり裁判官は頑張って、法令違憲判決をだしています。しかも21世紀になってからの法令違憲判決も複数あります。裁判所が平等権をかなり重視していることは間違いありません。この点、14条に関する重要判例は、以下の通りです（これらの判例は事案と判旨を頭に入れておくことが望まれます）。すなわち、①尊属殺重罰規定事件（最大判1973［昭和48］年 4 月 4 日）、②三菱樹脂事件（最大判1973［昭和48］年12月12日）、③議員定数不均衡事件（最大判1976［昭和51］年 4 月14日および1985［昭和60］年 7 月17日）、④日産自動車事件（最判1981［昭和56］年 3 月24日）、⑤国籍法事件（最大判2008［平成20］年 6 月 4 日）、⑥非嫡出子相続分規定事件（最大決2013［平成25］年 9 月 4 日）、⑦女子再婚禁止期間事件（最大判2015［平成27］年12月16日）など。特に、①③⑤⑥⑦の判例は法令違憲判決である点できわめて重要です。しかも⑤⑥⑦の判例は21世紀の法令違憲判決です。ぜひ十分に研究してみて下さい（判例のいくつかはコラムで取り上げます）。

　最後に、平等を実現するためにアメリカで導入されているアファーマティブ・アクション（積極的差別解消措置）について説明したいと思います。ア

ファーマティブ・アクションとは、歴史的に差別を受け、教育や雇用等の機会が均等に保障されてはこなかったグループの人びとに対して、その機会を与えるために、一定の「特別枠」を設けて優先的な扱いをすることです。例えば、アメリカでは、歴史的に黒人差別があり、教育や雇用の機会が十分に保障されず、黒人は低教育、低収入になりがちでした。そこで、大学では「有色人種から一定数を入学させなければならない」という規定が、また、企業では「有色人種から一定数を採用しなければならない」という規定が設けられています。日本では人種差別は少ないですが、男尊女卑の思想の下、以前から女性差別が根強く社会に存在し、女性の社会進出を阻んできました。そのため、政府は女性の地位を向上させ、女性が活躍できる社会を実現するため、これまでに様ざまな施策を講じてきました。特に、国会議員や地方議会議員などの政治家、上場企業等の大会社の取締役は、諸外国に比べて女性の数が極端に低く、女性の進出が大きな課題になっています。この点、女性の政治家や取締役へのアファーマティブ・アクションの導入も検討課題の一つでしょう。しかし、アファーマティブ・アクションにおいて「特別枠」が広がり過ぎると、本来であれば自由競争の下で実力により教育や雇用等の機会を得られた人びとが、その機会を失うことが多発してしまいます。実際、アメリカでは、この制度のせいで教育や雇用の機会を失った白人が、これは「逆差別」であるとして、多くの訴訟をおこしています。また、日本でも、女性の社会進出のためにアファーマティブ・アクションを導入すること自体が女性の蔑視、軽視の現れであるという意見もあります。導入には、時間をかけた国民的な議論が必要でしょう。

　憲法に14条が規定されてから70年以上が経過している現在の日本においても、平等の理念が完全に実現しているとはとても言えない状況にあります。すなわち、①男女差別はもちろん、②障害者差別、③高齢者差別、④部落差別、⑤アイヌ人差別、⑥在日韓国朝鮮人差別など、多くの差別が現在も続いています。皆さんも、14条の平等権を学んだ今、このような差別をなくすにはどうしたらよいのかをあらためて各自で考えてみて下さい！　今日はここまで。

## コラム 6　憲法14条をめぐる重要判例

　憲法14条を使って国会が制定した法律を違憲無効にした法令違憲判決の最初の事例が、尊属殺重罰規定違憲判決（最大判1973［昭和48］年4月4日）です。この事例は、実におぞましいもので、きわめて特殊なものでした。被告人の女性は、中学2年生の時に実父に性的暴行を受け、以後、夫婦同様の生活を強いられ、出産と中絶を繰り返してきました。そんな被告人が、29歳の時に、実父の暴行や虐待にたまりかねて実父を絞殺したのが本件です。当時は、刑法200条に尊属殺人罪が存在し、法定刑は死刑か無期懲役しかありませんでした。この場合、いかに酌量減軽しても執行猶予にはできないのが刑法のきまりです。よって、刑法200条がある限り、被告人を刑務所に入れなければならなかったのです。

　そこで最高裁は、気の毒な被告人を憲法14条を使って救うのです。まず、「尊属に対する尊重報恩は、社会生活上の基本的道義というべく、このような自然的情愛ないし普遍的倫理の維持は、刑法上の保護に値するもの」であり、尊属殺は「それ自体人倫の大本に反し、かかる行為をあえてした者の背倫理性は特に重い非難に値する」から、尊属殺人を普通殺人よりも重く処罰すること自体は許されるとして、刑法200条の立法目的自体は正当と認めました。しかし、「尊属殺の法定刑は、それが死刑または無期懲役刑に限られている点においてあまりにも厳しいもの」であり、「尊属に対する敬愛や報恩という自然的情愛ないし普遍的倫理の維持尊重の観点のみをもってしては、これにつき十分納得すべき説明がつきかねる」として、判例変更をして刑法200条を憲法14条1項に反し違憲としたのです。そして、被告人に刑法199条の普通殺人罪（当時の法定刑は、死刑、無期懲役のほか3年以上の懲役）を適用して、最低の懲役3年を選択した上で、酌量減軽をおこない、執行猶予の判決を下しました。要するに最高裁は、尊属殺人を普通殺人よりも一律に重く処罰すること自体は合憲だが、尊属殺人罪の法定刑が普通殺人罪の法定刑より重過ぎることを違憲の根拠としたのです。

　これに対して、学説では、尊属殺人を普通殺人よりも重く処罰すること自体が、「親を敬え」という道徳思想を刑罰で強制するものであり許されないという見解がむしろ多数説といえます。尊属殺人が普通殺人よりもつねに違法

性が高いと言えないことは本事例より明らかですし、普通殺人罪でも場合によっては死刑にできるのですから、尊属殺人罪の必要性自体が疑わしいものと言えます。やはり尊属殺人罪を規定すること自体が法の下の平等に反すると考えるべきです。実際、刑法200条は判決後に結局、削除されています。

　つぎに、憲法14条についての最近の違憲判決を二つ見てみましょう。まず、非嫡出子相続分規定事件（最大決2013［平成25］年 9 月 4 日）です。これは、非嫡出子（いわゆる愛人の子ども）の相続分を嫡出子（いわゆる正妻の子ども）の相続分の 2 分の 1 と定めた民法900条 4 号但書前段の規定が憲法14条 1 項に違反するか否かが争われたものです。この点、以前の最高裁（1995［平成 7 ］年判決）は、同条の規定が「民法が法律婚主義を採用している以上、法定相続分は婚姻関係にある配偶者とその子を優遇してこれを定めるが、他方、非嫡出子にも一定の法定相続分を認めてその保護を図ったものである」（すなわち法律婚主義の尊重と非嫡出子の保護の調整）とし、「その定めが立法府に与えられた合理的な裁量判断の限界を超えたものということはできないのであって、憲法14条 1 項に反するものとはいえない」と判示していました。これに対して本判決は、「法律婚という制度自体は我が国に定着しているとしても、……上記制度の下で父母が婚姻関係になかったという、子にとっては自ら選択ないし修正する余地のない事柄を理由としてその子に不利益を及ぼすことは許されず、子を個人として尊重し、その権利を保障すべきであるという考えが確立されてきている」とした上で、「嫡出子と嫡出でない子の法定相続分を区別する合理的な根拠は失われていた」と判断し、同条の規定が憲法14条 1 項に違反していたと結論づけたのです。

　確かに、民法は一夫一婦制による法律婚主義（民法732条、739条等）を採用していることから、嫡出子の立場を尊重するべきであることは言うまでもなく、また、非嫡出子を不利に扱うことにより、不倫関係や私生児の発生を抑止し、社会の家族秩序や性秩序を維持することにもつながりえます。さらに、通常、父を扶養するのは嫡出子ですから、嫡出子に多くの財産を相続させるのが適切とも考えられるでしょう。特に、父が会社などを経営している場合には、財産を一体的に嫡出子に承継させて、母とともに会社を存続なしめる必要性もあります。しかし、子は親を選ぶことはできないのであり、非嫡出子として出生したということのみで画一的に経済的不利益を負わせることは、非嫡出子の利益をいちじるしく害することから、やはりたとえ法律

婚主義の尊重の要請等があったとしても許されるべきではありません。その意味で、判例変更して法令違憲とした最高裁の判断は適切であったと言えるでしょう。

　そして、女子再婚禁止期間事件（最大判2015［平成27］年12月16日）です。これは、女性についてのみ離婚後6ヶ月の再婚禁止期間を定めた民法733条が憲法14条1項に違反するか否かが争われたものです。同条の趣旨は、離婚した女性がすぐに再婚して子供が生まれた場合、子供の父親が誰かをめぐって争いが生じかねないことから、それを防止するところにあります。しかし、同条は明治時代に設けられた規定であり、現在では、DNA鑑定で父親の特定も容易になったことから、6ヶ月という再婚禁止期間は合理的ではなくなったという見解が強くなっていました。

　最高裁は、民法772条2項には、「婚姻後200日後に生まれた子どもの父は現在の夫」「離婚後300日以内に生まれた子どもの父は前の夫」とする旨の規定（いわゆる嫡出推定）があることを踏まえ、「再婚を禁止する期間が100日であれば合理的だが、100日を超えるのは過剰な制約」と指摘し、再婚禁止期間の規定のうち「100日を超える部分については憲法14条に反し違憲」とする判断を下しました。そして、判決の翌年には、民法が改正され、再婚禁止期間は100日に短縮されています。この最高裁の判断は現時点では妥当と言えると思いますが、科学技術がより進歩し、父親の特定がもっと容易になれば、男女の平等を重視して、やがて女子の再婚禁止期間はなくなると思いますね。

# 第七講　精神的自由権

　今日からいよいよ自由権に入ります。自由権は、通常、精神的自由権、経済的自由権、人身の自由（身体的自由権とも言います）の三つに分類されますが、今日のテーマは、精神的自由権です。精神的自由権は、さらに、思想・良心の自由（19条）、信教の自由（20条）、表現の自由（21条）、学問の自由（23条）の四つに分かれます。この点、精神活動を自由におこなえることは、人間の生存にとって必要不可欠のことですから、今日のテーマである精神的自由権は、まさに人権の中核であり、人権論でもっとも大切な部分といっても過言ではありません。そのため、重要な判例が多く、学説も多岐に分かれ激しい対立が見られます。まさに議論百出といったところです。ですから、これまで以上に授業に集中してほしいところです。決して居眠りをしている場合ではありません（笑）。また、以前、説明したように、憲法は法のチャンピオンですが、人権のチャンピオンは表現の自由です。すなわち、「表現の自由は人権体系上、優越的地位にたつ」とされています。なぜ表現の自由が人権のチャンピオンなのかは、このあと説明します。

　まず、19条の思想・良心の自由から始めます。これは、内心の自由とも言い、人の心の中の自由を保障するものです。そもそもいかなる人権といえども絶対無制約ではありえず人権相互の矛盾・衝突を調整するために必要最小

限度の制約を受けるのが原則です（これを「公共の福祉」の理論と言います。憲法12条・13条）。しかし、人権の中で一つだけ絶対無制約のものがあります。それが内心の自由です。すなわち、思想や良心が人の心の中にとどまっている限りは、絶対に制約されることはありません。皆さんは、心の中で考えているだけならば、どんなに恐ろしいことを、どんなに悲惨なことを、どんなにみだらなことを、考えていても、処罰されることはありません。自由なのです。そんなことは当たり前だと思うかもしれませんが、決してそうではありません。例えば、江戸時代では、心の中でキリスト教を信じているだけで処罰されました（いわゆる踏み絵）。また、西洋では、ガリレオ・ガリレイが地動説を主張しただけで宗教裁判にかけられ、有罪となりました。このように、内心における特定の思想・信条を刑罰で処罰する法体系もありえるのです。少しでもエッチなことを考えただけで処罰するということも可能です（笑）。だけど、日本国憲法は、そういう法体系はとらず、思想・良心が内心にとどまっている限り絶対無制約としたのです。このように、内心の自由は、憲法上、唯一、絶対無制約の人権なのです。

　また、19条のどこにも書かれてはいませんが、同条は解釈上、「沈黙の自由」を保障していると考えられています。沈黙の自由とは、言いたくないことは言わずに黙っていてもいいという権利です。もし必ず質問に答えなければダメというのでは、その人の内心が意思に反して強制的に外部に暴露されてしまい、それでは内心の自由は守られません。だから、19条の内心の自由は、沈黙の自由も保障しているのです。さらに、同条により特定の思想を強制することも禁止されます。特定の思想が強制されるならば、内心の自由はありえないことはもちろんです。あと押さえておいて欲しいのは、思想・良心の自由は、他の精神的自由権の母体になる人権であるということです。精神的自由権のうち、一番の基礎になる人権とも言えます。これはどういうことかと言うと、思想や良心が宗教の方面に向かえば信教の自由（20条）に発展するし、あるいは、心の中の思想や良心を人に伝えたいと思えば表現の自由（21条）に発展するし、さらに、思想や良心が体系的知識の獲得に向かえば学問の自由（23条）に発展するのです。

　そして、19条でもっとも重要な論点は、同条で保障される内心の領域を広

く解すべきか、狭く解すべきかという問題です。この点、⑦広義説は、「人の内心における物の見方・考え方一般を意味し、事物に関する是非分別の判断を含む」と解します。それに対して、⑦限定説は、「世界観・人生観・思想体系・政治的意見等のように人格形成に関連するもののみを意味し、単なる事物の知・不知に関する判断を含まない」と解します。その違いは、つぎのような点にあらわれます。広義説は、19条で広く物の見方、考え方が保障されると解するのですから、知っているとか・知らないとか、好きとか・嫌いとか、そういうものも19条で保障されることになります。例えば、「関ヶ原の戦いが何年にあったか知っているか」とか、あるいは、「巨人と阪神どっちが好きか」とか、そういうことを無理やり言わせた場合にも、19条違反の問題が生じうることになります。これに対して、限定説は、人格形成や世界観、人生観に関するものだけを保障するのですから、この説では、関ヶ原の戦いが何年にあったか知っているかとか、巨人と阪神どっちが好きか等を無理やり言わせても、それらはおそらく人格形成や世界観、人生観にまでは関係ないと思われますので、19条違反の問題にはならないのです。なかには、巨人や阪神が人生観になっている人もいるかもしれませんが、それはレア・ケースでしょう（笑）。やりたくないことを無理矢理やらせれば人身の自由（31条）の問題にはなりうるし、表現したくないのに表現させるのであれば表現の自由（21条）の問題にもなりえますが、少なくとも19条の問題にはならないということです。

　皆さんはどちらの学説を支持しますか？　この点、限定説が通説・判例だと考えられているようです。私も限定説が妥当だと考えています。新しい人権のところでも述べましたが、そもそも人権の内容は、広く解せば解するほど人権保障が厚くなるというものではありません。あまりに広く保障対象に含めると、人権の価値を希薄にし、かえってその保障度を下げてしまうのです。人権というものは、なるべく重要なものだけを取り出してきてピンポイントで手厚く保障した方がいいのです。また、広く解せば解するほど、かえって無用な法解釈上の論争をまねくことにもなりかねません。さらに、裁判所で1年間に処理できる事件の数は限られていますので、人権として認めたにもかかわらず、裁判所で保障してあげられないとなれば、裁判所の権威

を失墜させ、かえって人権保障にとってマイナスになってしまいます。このような点にかんがみるならば、限定説の方が妥当だと思います。19条の重要判例としては、㋐謝罪広告事件（最判1956［昭和31］年 7 月 4 日）、㋑麹町中学内申書事件（最判1988［昭和63］年 7 月15日）、㋒「君が代」伴奏拒否事件（最判2007［平成19］年 2 月27日）などがあります。各自で自習してみてください。

　つぎは、憲法20条の信教の自由にいきます。信教の自由における「信教」という言葉は、日常生活ではあまり使用しませんが、「信仰と宗教」という意味です。この点、「宗教」とは、超自然的、超人間的な本質の存在を確信し、畏敬・崇拝する心情と行為をいいます。信教の自由からは、具体的には、①信仰の自由、②宗教活動（宗教儀式）の自由、③宗教結社の自由、④信仰を強制されない自由などが導かれます。もちろん宗教も個人の内心にとどまっている限りは、19条の内心の自由で保障され、絶対無制約です。ですが、宗教は普通、布教活動を行い、それで信者を集めて、さらに宗教団体をつくったり、あるいは、宗教的な儀式を行ったりして、連帯感を強めて、その宗教の教えを世間に広めようとするものです。ひとりの人の内心だけにとどまって、完結していたら、それは宗教ではないでしょう。よって、宗教は、対社会性を持ちますので、公共の福祉によって制約されざるをえませんが、その制約は必要最小限度でなければならないのは言うまでもありません。20条の重要判例としては、㋐加持祈祷事件（最判1963［昭和38］年 5 月15日）、㋑オウム真理教解散命令事件（最判1996［平成 8 ］年 1 月30日）、㋒剣道実技拒否事件（いわゆる神戸高専事件、最判1996［平成 8 ］年 3 月 8 日）などがあります。

　そして、忘れてはならないのが政教分離原則です。日本国憲法では、信教の自由を完全なものとするための制度的な保障として、いわゆる政教分離原則が認められています。政教分離原則とは、公権力（政治）が宗教的に中立の立場にたつとする原則のことです。気をつけてほしいのは、憲法のどこにも政教分離原則という文言は書いてありません。これは20条 1 項後段、同条 3 項、89条という三つの条文をかけ合せることによって解釈上、導かれる憲法原則です。この点、89条は、要するに、原則として宗教団体に税金を投入してはダメということを規定しています。これは、宗教団体に税金を投入す

れば、お金を出せば口も出すということで、公権力と宗教との不当な癒着が
生じかねないことから、それを防止しようという趣旨です（もちろん例外はあ
ります）。

　それでは、なぜ政治と宗教が結びついてはダメなのでしょうか？　皆さん
はどう思いますか？　国によっては特定の宗教を国が公認する国教制度を
とっているところもあります。例えば、スリランカでは仏教が、アルゼンチ
ンではキリスト教が、サウジアラビアではイスラム教が国教になっていま
す。このように、国教制度をとる国があるにもかかわらず、日本はそれをと
らず、逆に政教分離原則により政治と宗教を分離しているのです。この点、
政治と宗教を分離しなければならない理由については、通常、つぎの三つが
あげられています。すなわち、①信教の自由の保障の強化、②民主主義の確
立、③宗教自体の堕落の防止です。

　まず、①国家（政治）が特定の宗教と結びつけば、通常、それ以外の宗教
を信じている国民の信教の自由は弾圧されてしまいます。それゆえ、国民の
信教の自由を保障するためには、国家が特定の宗教と結びついてはダメなの
です。また、②宗教とは、本来、唯一絶対的な存在を認めるものであること
から、国家が特定の宗教と結びつけば、国民の多数意見よりも宗教の教えの
方が上にいってしまいます。そうすると、国民の多数意見が政治に反映され
ず、民主主義が達成できないことから、国家が特定の宗教と結びついてはダ
メなのです。さらに、③国家から税金が投入されたり、国家が国民に信者に
なることを強制したりするならば、その宗教の信者は、困難な布教活動とか
苦しい修行などはもはや必要なく、酒池肉林で楽しくやろうということに
なってしまいます（笑）。このように、国家によって保護された宗教は、通
常、堕落してしまうことから、国家が特定の宗教と結びついてはダメなので
す。

　それでは、政治と宗教は一切、関わり合いを持ってはいけないのでしょう
か？　例えば、市役所がクリスマスの日にクリスマスツリーを玄関に飾った
とします。クリスマスはキリスト教に起源を持つキリスト教のお祭りです。
政教分離原則を厳格に適用し、政治と宗教との厳格な分離を要求すれば（い
わゆる厳格分離説）、それも禁止されることになりかねません。また、上智や

立教、青山学院とかのミッション系の大学に国が補助金を出すことも政教分離に反することになりかねません。しかし、それはちょっと行き過ぎではないでしょうか？　それまで許されないというのでは、逆に窮屈で息が詰まってしまいます。よって、このような厳格な解釈では、かえって社会通念や社会常識に反しかねないことから、政教分離原則は、公権力（政治）と宗教との関わり合いを一切禁止するものではなく、国の社会的・文化的諸条件に照らして相当とされる限度を超える関わり合いを禁止すればたりると解されています。これを限定分離説といい、判例・通説とされています。皆さんもこの立場にたてばいいと思います。

　限定分離説にたった場合、つぎに問題となるのが、「政教分離原則に反するかどうか」、具体的には「国の社会的・文化的諸条件に照らして相当とされる限度を超える関わり合いがあるかどうか」をどのような基準で判断するかということです。この場合、その基準は、できうる限り客観的で明確なもので、誰が判断しても同じ結論がでるものでなければ、人びとは納得しないと思います。この点、判例では、いわゆる目的効果基準がとられており、学説でも一定の支持をえています。目的効果基準とは、政教分離原則に反するかどうかにつき、①当該活動の目的に宗教的意義があるか、および②当該活動の効果として特定の宗教に対する援助、助長（プラスの効果）や圧迫、干渉（マイナスの効果）が認められるかという二つの要件で判断します。この目的効果基準で、前述のクリスマスツリーの事例が政教分離に反するかどうかを判断してみます。この点、市役所がクリスマスの時にクリスマスツリーを玄関に飾っている場合、それをする市役所の目的には宗教的なものは一切なく、クリスマスの時にはツリーを飾るのが日本においても社会的な習俗になっているからやっているだけで、宗教的意義はありません。また、市役所がクリスマスの時にツリーを飾ったとしても、キリスト教へプラスの効果を及ぼしたり、他の宗教へマイナスの効果を及ぼしたりすることもありません。よって、政教分離違反と評価されることなく、許容されることになるのです。

　目的効果基準が使用された有名な判例に津地鎮祭訴訟（最大判1977［昭和52］年7月13日）があります。そもそも地鎮祭（じちんさい）とは、建物を建て始め

る前の更地でおこなう、工事の無事な完成を祈る儀式です。具体的には、工事の着工にあたり、神主を招き、神様に供物をし、祝詞をあげ、お祓いをして浄めるものです。皆さんの家を建てる時も、おそらくおこなったはずです。三重県の県庁所在地の津（つ）市が、市の体育館を建てる時に地鎮祭をおこない、神主を呼んで拝んでもらい、その費用を税金から支出しました。それに対して、市民が政教分離違反を理由に裁判をおこしたのです。この場合も、クリスマスツリーの事例と同様、政教分離違反と評価されることはありませんでした。すなわち、市役所が地鎮祭をおこなう目的は、建築着工に際し土地の平安堅固、工事の無事安全を願い、社会の一般的慣習にしたがった儀礼をおこなうというもっぱら世俗的なものと認められるし、その効果も、神道へプラスの効果を及ぼしたり、他の宗教にマイナスの効果を及ぼしたりすることもありません。よって、政教分離違反と評価されることなく、許容されることになったのです。私は公立の小中学校に通いましたが、初夏のプール開きの際には、神主さんを呼び、水の事故が起きないように拝んでもらっていました。これも地鎮祭と同様に政教分離違反とはならないでしょう。

　これに対して、目的効果基準を適用し、違憲判決が下された有名な判例に愛媛玉ぐし料訴訟（最大判1997［平成 9 ］年 4 月 2 日）があります。この事例は、愛媛県知事が、靖国神社や県護国神社（靖国神社と兄弟的な関係）が挙行するお祭りに県の公金から玉串料を支出した行為に対して、市民が政教分離違反を理由に裁判をおこしたものです。この点、玉ぐし料とは、神前にささげる供物としての金品を言います。そして、本件を考えるにあたっては、さきの第二次世界大戦中、靖国神社が国民全体を侵略戦争に動員するための精神的な支柱であったという歴史的経緯を十分に踏まえる必要があります。そもそも県知事が玉ぐし料の奉納をおこなう目的は、単なる社会的儀礼に過ぎないとは考え難く、靖国神社が果たしてきた歴史的役割からして、そこに宗教的意義があると言わざるをえないのです。県知事は、仏教やキリスト教、イスラム教のお祭りにはお布施をしないのに、なぜ靖国神社や護国神社にだけはするのでしょうか？　そこを考える必要があります。また、その効果としても、県が特定の宗教団体とのみ意識的に特別のかかわり合いを持ったこと

を否定できず、県が特別に支援しており、他の宗教団体とは異なる特別のものであるとの印象を一般人に与え、特定の宗教への関心を呼び起こすと言わざるをえないでしょう。例えば、「靖国神社は国から保護されている」、あるいは「靖国神社は政府御用達の神社だ」として、「じゃあ結婚式をするなら、靖国神社でやろう」とか、「靖国神社の方が御利益あるぞ」ということになり、人びとを靖国神社に向かわせる効果が生じ、靖国神社を援助することになるのです。よって、政教分離違反と評価され、違憲になったのです。

この点、政教分離の原則についてのその他の重要判例としては、㋐自衛官合祀訴訟（最大判1988［昭和63］年 6 月 1 日）、㋑忠魂碑訴訟（最判1993［平成 5］年 2 月16日）、㋒首相による靖国神社参拝訴訟（最判2006［平成18］年 6 月23日）、㋓砂川政教分離訴訟（いわゆる空知太神社事件、最大判2010［平成22］年 1 月20日）などがあります。特に、砂川政教分離訴訟は、目的効果基準を使用せずに違憲判決をだしている点で特に注目に値します。各自で自習してみて下さい。

つぎは、いよいよ表現の自由です。表現の自由は、人権のチャンピオンです。すなわち、ライオンが動物の王様であるように、表現の自由は人権の王様なのです。それでは、皆さんはなぜ表現の自由が人権のチャンピオンなのかわかりますか？　この点、表現の自由は、①個人の自己実現の価値、②国民の自己統治の価値、③思想の自由市場論などを根拠に、人権規定中、特に“優越的な地位”にあるとされており、それが理由とされています。

まず、理由①の「自己実現の価値」から説明します。人間は、学術的には、哺乳類のなかの、霊長類であり、そのヒト科に属します。そもそも人間というものは、一番高度な動物です。すなわち、文明があるのは人間だけです。しかし、生まれた時には一番未熟です。牛や豚の子どもならば、親が生みっぱなしでほっといても生きられるかもしれませんが、人間は赤ちゃんを産みっぱなしでほっといたら絶対に死んでしまいます。一人前の大人になるには、少なくとも18年から20年、手塩にかけて育てないとなりません。このように、一番高度な動物なのに生まれてきた時には一番未熟な人間が、どのように自己を発展、向上させて一人前の大人になるかと言えば、まず「パパ」「ママ」「ゴハン」等のカタコトの言葉をおぼえ、それを使用してまわりの人びととコミュニケーションを取ることによってなのです。すなわち、

"言葉によるコミュニケーション"です。それが、自己を発展、向上させる
ために人間が最初にやり、そして一番基礎的で大事な行為であることは確か
でしょう。それは赤ちゃんに限らず、我われ大人だって、自分の能力をレベ
ルアップするには、まず他人と言葉によるコミュニケーションをとります。
人間が自己を発展、向上させるために（すなわち自己実現）、もっとも基礎的
かつ簡易であり、必要不可欠な人権が表現の自由なのです。だから、表現の
自由は人権のチャンピオンと呼ばれるのです。

　また、理由②の「自己統治の価値」を説明します。自己統治とはすなわち
民主主義のことですが、そもそも民主主義というものは、国民の意思にもと
づく政治のことです。よって、国民に政治についての情報が十分に与えら
れ、国民が政治について自由に議論できなければ民主主義はありえません。
とりわけ選挙の時に、それがきわめて重要となります。そして、情報発信、
情報受領、情報収集という"情報の自由な流れ"を保障している人権が表現
の自由です。とするならば、表現の自由は民主主義と表裏一体であり、表現
の自由がとりわけ選挙の時に保障されなければ民主主義は実現しえないので
す。このように、表現の自由は民主主義（自己統治）と特別の関係にあるこ
とから、人権のチャンピオンと呼ばれるのです。

　最後に、理由③の「思想の自由市場」論を説明します。これは、「市民社
会の中で市民に表現の自由を保障して十分に議論させれば、生き残る価値の
ある正しい思想のみが生き残り、生き残る価値のない悪い思想や間違った思
想はやがて消えていく」というように、市民社会の中における表現の自由に
は、そのような思想の選別機能があるという理論です。例えば、「お金のた
めなら人を殺してもいい」というのも一つの思想ですが、一人だけで考えて
いると正しいと思ってしまうかもしれません（だからこそ強盗殺人犯がいるので
しょう）。しかし、市民社会の中で表現の自由の下に十分に議論するならば、
やがてそれは間違った思想だという烙印が押されて市民社会から消えてい
く。それに対して、例えば、「電車に乗ったらお年寄りに席を譲りましょう」
というのも一つの思想ですが、一人だけで考えていると正しいか分からない
かもしれません（席を譲らなくても処罰はされませんから）。しかし、市民社会の
中で表現の自由の下に十分に議論するならば、やがてそれは正しい思想だと

いう烙印が押されて市民社会に受容されていく。そういう機能が市民社会にはあり、それを支えているのが表現の自由だから、表現の自由は人権のチャンピオンだと言うのです。しかし、この思想の自由市場論は、近時、強い批判を受けています。すなわち、そのような単純なことは言えないのではないかということです。実際、表現の自由の下で十分に議論したからといって、必ずしも正しい思想のみが勝つわけではありません。かえって表現の自由を過度に与えると、嘘やごまかし、詭弁やレトリックで、悪い思想の方が生き残って、良い思想が悪い思想と烙印が押されて消えてしまうのではないか、あるいは、口のうまい人とか、声のでかい人の間違った意見が通ってしまうのではないか、そういう批判があるのです。確かにそのような批判も一理ありますが、表現の自由の下で十分に議論すれば、正しい判断に行き着くことの方が多いと思われますので、思想の自由市場論を完全に否定し去る必要はないでしょう。

　さらに、表現の自由の重要な働きとして、④“社会のガス抜き機能”を指摘する見解もあります。これは、市民が表現の自由を行使して言いたいことを十分に言い合うことによって、ストレスが発散され、社会が安定していくとする考え方です。確かにそのような機能も否定しえないことから、表現の自由が人権のチャンピオンである理由の一つと考えて差し支えないでしょう。

　前述したように、表現の自由は、“情報の自由な流れ”を保障する人権であり、大きく①情報発信権（例、言論の自由や出版の自由）、②情報受領権（例、知る権利）、③情報収集権（例、取材の自由）を保障しています。さらに、具体的な個別的人権として、明文上、解釈上、実に様ざまな人権を保障しています。まず、表現の自由を規定した憲法21条1項は、明文上、集会の自由、結社の自由、言論の自由、出版の自由の四つを保障しています。さらに、「その他一切の表現の自由」という文言を根拠にして、解釈上、報道の自由、取材の自由、知る権利、アクセス権、反論権、デモ行進の自由、ビラ貼り・ビラ配布の自由、看板掲示の自由、政治活動の自由、選挙運動の自由、差別的表現の自由、営利広告の自由、性的表現の自由などの人権が保障されると言われています。

　そもそも公権力が国民の人権を制約した場合、それが許されるか許されないかを判断する基準を違憲審査基準（あるいは、合憲性審査基準）と言いますが、重要な人権であればあるほど厳しい基準で判断しなければなりません。よって、表現の自由が人権体系上、優越的地位にあり、人権のチャンピオンであることから、公権力が国民の表現の自由を制約した場合、もっとも厳しい違憲審査基準で判断しなければならないという結論が導かれます。例えば、特定秘密保護法は表現の自由の制約を含みますが、その合憲性が裁判で争われた場合には、もっとも厳しい違憲審査基準が要請されることになります。この点、重要なものほど厳しい基準で判断することは、我われの人生でも同様です。例えば、「誰と結婚するか」ということは人生を左右する重大問題だから、通常、厳しい要件を設定して時間をかけ厳格に判断されます。それに対して、「今晩、何を食べるか」は、たとえ何を食べても人生に影響はないので、緩やかな基準でラフに判断されます。重要な問題ほど厳しい基準で判断するのは、人生だろうと人権制約だろうと何ら変わりがないのです。

　表現の自由に対する制約の違憲審査基準としては、学説上、①漠然不明確ゆえに無効の法理、②過度に広範ゆえに無効の法理、③明確性の原則、④事前抑制の原則的禁止の法理、⑤検閲禁止の法理、⑥明白かつ現在の危険の基準、⑦LRAの基準（「より制限的でない他の選びうる手段」の法理）などがあげられています（具体的な内容は、各自、自習して下さい）。しかし、判例では、それほど厳格な違憲審査基準は使用されておらず、それが学説上、「表現の自由の不当な軽視」として厳しく批判されることになります。この点、最高裁は、通常、「公共の福祉のため必要かつ合理的な制限」であれば是認すると判断しますが、これはかなり緩やかな基準と言えます（例えば、立川反戦ビラ配布事件［最判2008（平成20）年4月11日］。この判例はコラムで取り上げます）。

　精神的自由権の最後は、23条の学問の自由です。23条は「学問の自由はこれを保障する」とだけ規定しており、これは人権の中で一番短い条文と言えます。学問の自由では、具体的にはつぎの三つの人権が保障されています。すなわち、①学問研究の自由、②研究成果発表の自由、③教授の自由です。これは発展の順に並んでいます。まず、①学問研究の自由は、自分が好きな

勉強を誰にも邪魔されず自由に一生懸命やりたいだけやることです。そして、いっぱい勉強するとその成果を他人に見てもらうためにゼミ発表がしたくなるので、②研究成果発表の自由が認められる必要があります。さらに知識がついてくると自分が先生になって教えたくなってくるので、③教授の自由が認められています。この中で、多くの議論があり、重要性が高いのが教授の自由です。

　学問の自由の限界についての重要判例としては、①普通教育（小・中学校における教育）においては、教師に完全な教授の自由は認められないとした旭川学力テスト事件（最判1976 [昭和51] 年 5 月21日）と、②教科書検定制度が学問の自由に対する侵害とはならないとした家永教科書検定裁判（最判1993 [平成 5] 年 3 月16日等）があります。皆さんは知っていますか？　日本では、大学の先生には教授の自由が100パーセント保障されています。すなわち、大学や文科省は教授の教育内容には一切関与しません。だから、何をいつどのようにやるか、教科書には何を使うか、レポートを課すかどうか等は、すべて教授の自由であり、授業内容については大学や文科省から一切、指図は受けません。かえって大学や文科省が口を出すと教授の自由の侵害として憲法問題になってしまいます。これに対して、高校までの先生は、教科書検定で文科省が使ってよいとお墨つきを与えた本しか教科書にできませんし、その教科書を使用して授業をしなければなりません。さらに、文科省が作成した学習指導要領というものがあって、何をいつどういう順番で教えるかは予め決まっており、それに沿って授業をやらなければならず、先生が教える順番を勝手に変えることはできません。また、高校までの先生は授業で自分の意見を言うことも基本的にできません。このように、日本においては、高校までの先生と大学の教授では教育の自由（教授の自由）に大きな差があるのです。その理由として、判例（旭川学力テスト事件）は、㋐教育の機会均等や㋑全国的に一定水準の教育を確保する要請、㋒子どもの批判能力の欠如、㋓子どもには学校・教師の選択権がない等をあげています。しかし、そもそも教育とは、人格的な交わりを通して人の潜在的資質を引き出す創造的作用であることから、"私事性"が必要不可欠であるにもかかわらず、このように教育に対する国家の介入が大幅に認められてしまっています。それでは、教育

における個性や多様性を十分に確保することは非常に困難となります。その点で日本のやり方は再検討が必要でしょう。

　憲法23条は学問の自由を保障するとともに、「大学の自治」を制度的に保障していると解されています。この点、大学の自治とは、大学がその構成員の意思にもとづいて自主的に運営されることをいいます。そもそも大学とは学問の場であり、学問の中心は「真理の探究活動」なのですから、大学とは、本来、「真理の探究活動の場」ということになります。確か世界で最初の大学は、イタリアのボローニア大学だったと思いますが……。もちろん大学は、サークル活動の場でもなければ、恋愛の場でもなく、就職予備校でもありません（笑）。学生の皆さんはそのことを決して忘れないで下さい。そして、学問は歴史的に大学を通じておこなわれてきたのですから、いくら憲法で学問の自由を保障しても、国が税金を使って大学を設置し、大学の制度を適切に管理・運営してくれなければ国民に対する学問の自由の保障は十分にはなりません。そこで、憲法は国家に対して、国が税金を使って大学の制度を適切に管理・運営しろと命じているのです。これが大学の自治の保障です。しかし、もちろん大学の自治も公共の福祉による制約には服します。また、大学生は大学の自治の主体ではなく、基本的に大学施設の利用者と位置づけられます。とはいえ、大学当局は大学の管理・運営にあたり、学生の意見を最大限に尊重すべきことは言うまでもありません。この点、大学の自治に関する重要判例としては、東大劇団ポポロ事件（最大判1963［昭和38］年5月22日）があります。

　では、今日の授業はここまで。

# コラム 7　立川反戦ビラ配布事件

　表現の自由の制約が争われた重要判例である立川反戦ビラ配布事件を検討してみたいと思います。判決が認定した事実によれば、事件当時、イラク戦争がおこなわれており、自衛隊のイラク派遣が大きな国民的議論になっていました。その際、立川自衛隊監視テント村のメンバー 3 名が、関係者以外の立入りやビラ等の配布を禁止する旨が記載された出入り口の貼札を無視し、「自衛隊のイラク派兵反対！」等と書かれた反戦ビラ（Ａ４版・１枚）を自衛隊駐屯地の官舎の戸別郵便受けに投函しました。これまでも官舎の管理者や住人（自衛官とその家族）は、ビラの投函をやめるようたびたび注意や要求をし、立川警察署へ通報したり、被害届を提出したりしていました。今回も、住人との押し問答があり、管理人らは、禁止事項の貼札を設置する等したにもかかわらずビラの投函が行われたことを重視し、警察署へ被害届を提出しました。これに対して、立川警察署は、その 1 か月後、何ら警告等を発することなく、住居侵入の容疑で大規模な捜索・押収をし、ビラを投函した 3 名を逮捕しました。その後、 3 名は捜査機関の取り調べに対し、一貫して黙秘したことから、起訴され、保釈されるまで75日間も勾留されました。

　これに対して、第一審の東京地方裁判所八王子支部（2004［平成16］年12月16日判決）は、「被告人らが立川宿舎に立ち入った動機は正当なものといえ、その態様も相当性を逸脱したものとはいえない。結果として生じた居住者及び管理者の法益の侵害も極めて軽微なものに過ぎない。さらに、被告人らによるビラの投函自体は、憲法21条 1 項の保障する政治的表現活動の一態様であり、民主主義社会の根幹を成すものとして、同法22条 1 項により保障されると解される営業活動の一類型である商業的宣伝ビラの投函に比して、いわゆる優越的地位が認められている。そして、商業的宣伝ビラの投函に伴う立ち入り行為が何ら刑事責任を問われずに放置されていることに照らすと……防衛庁ないし自衛隊又は警察から正式な抗議や警告といった事前連絡なしに、いきなり検挙して刑事責任を問うことは、憲法21条 1 項の趣旨に照らして疑問の余地なしとしない。……法秩序全体の見地からして、刑事罰に処するに値する程度の違法性があるものとは認められない」として、無罪としました。

　しかし、最高裁（2008［平成20］年4月11日判決）は（東京高裁も同旨）、「確かに、表現の自由は、民主主義社会において特に重要な権利として尊重されなければなら（ない）、……しかしながら、憲法21条1項も、表現の自由を絶対無制限に保障したものではなく、公共の福祉のため必要かつ合理的な制限を是認するものであって、たとえ思想を外部に発表するための手段であっても、その手段が他人の権利を不当に害するようなものは許されないというべきである。本件では、表現そのものを処罰することの憲法適合性が問われているのではなく、表現の手段すなわちビラの配布のために『人の看守する邸宅』に管理権者の承諾なく立ち入ったことを処罰することの憲法適合性が問われているところ、本件で被告人らが立ち入った場所は、防衛庁の職員及びその家族が私的生活を営む場所であり、自衛隊・防衛庁当局がそのような場所として管理していたもので、一般に人が自由に出入りすることのできる場所ではない。たとえ表現の自由の行使のためとはいっても、このような場所に管理権者の意思に反して立ち入ることは、管理権者の管理権を侵害するのみならず、そこで私的生活を営む者の私生活の平穏を侵害するものといわざるを得ない」として、10万円から20万円の罰金刑という有罪判決を下しました。

　この立川反戦ビラ配布事件は、表現の自由（具体的には、ビラ配布の自由）についての重要判決で、高校の授業で耳にしたことがある人もいるかもしれません。やったことは、住民がやめてくれって言っているのに、集合住宅の個別郵便受けにＡ4のビラを投函しただけですが、突然逮捕され、裁判にかけられて有罪になったという事案です。皆さんはこれをどう思いますか？　学生にきいてみると、やめてくれと言っているのにやったのだから逮捕は当たり前だという人が結構多いです。最高裁も管理権者の意思に反して立ち入った点をきわめて重視しています。この点、住民はやめるようたびたび注意や要求をするとともに、禁止の貼札を設置し、押し問答までしています。さらに、警察署への通報や被害届の提出もなされています。それを無視してビラを投函したのですから、被告人は非難に値することは確かでしょう。

　しかし、表現の自由を考える場合には、「意思に反するかどうか」「嫌がっているかどうか」をあまり重視してはいけません。なぜならば、表現の自由にはいわゆる説得機能があるからです。すなわち、表現の自由を最大限に行使することによって相手を説得し、場合によっては相手の考えを180度、変

えることができるのです。それゆえ、相手の意思に反するからといって、相手が嫌がっているからといって、安易に表現行為を禁止してしまうならば、表現の自由の価値は半減してしまいます。例えば、恋愛のケースで考えてみましょう。まさに自分の理想にジャストフィットした女性がいて、どうしても彼女にして、ゆくゆくは結婚したいと思ったとします。その場合、まずは仲良くなるためにコミュニケーションをとるんじゃないですか？　まさに表現の自由の行使です。デートを申し込んでも、最初の 1, 2 回は「嫌だ！」とふられるかもしれませんが、誠心誠意、交際したいという気持ちを表現することによってやがてデートが可能になります。さらに、誠心誠意、結婚したいという気持ちを表現し、時間をかけてプロポーズしてゴールインになるんじゃないですか？　表現行為で女性の気持ちも180度変わりえます。まさに表現の自由の説得機能ですね。だけど、あまりやり過ぎるとストーカーになっちゃうから、引き際も大切で、気をつける必要がありますが……（笑）。本件の場合も、ビラを読むことによって、好戦的な自衛官の考えが反戦思想に一変することも十分にありうるのです。

　また、一審判決も述べているように、宅配ピザ屋や建売住宅等の「商業的宣伝ビラの投函に伴う立ち入り行為が何ら刑事責任を問われずに放置されていること」とのバランスも考慮しなければなりません。すなわち、このような政治的意見を主張するビラ（いわゆる政治ビラ）を配布して検挙・処罰されるのは、政権批判や反戦等の革新・左翼思想を訴える内容のものがほとんどです。"安倍首相頑張れ"や"天皇陛下万歳"というビラならば、同じ行為をしても黙認されてしまいます。これも非常に疑問です。しかも警察は、被告人に一度も警告を発することなく、行為から 1 ヶ月も経ってから75日間も身柄拘束して、過剰ともいえる家宅捜索や押収をおこない、裁判所は、罰金刑とはいうものの有罪判決を下しました。罰金刑とはいえ、これで被告人は前科者となります。第一審判決も指摘しているように、少なくとも警察は、一度は警告を発して改悛を促すべきでしょう。また、そもそも違法性には程度というものがあるのであり、本件における被告人の行為が違法であるとしても、刑罰に相当する違法性があるかどうかははなはだ疑問です。少なくとも最初は民事上の損害賠償責任を課すことで十分ではないでしょうか？　さらに、表現の場所や対象も考慮する必要があります。すなわち、このビラを小学校の校門の前で小学生に配ってもあまり効果はありません。ビラの内容に

かんがみるならば、このビラを配ってもっとも表現の効果があるのは、自衛隊員の宿舎においてその家族に対してです。そして、自衛隊員は公務員なのですから、一般市民からの苦情や批判を甘受しなければならない立場にあります。その点で、表現の自由がもっとも保護されるべき場所と対象と言えるでしょう。

やはりどう考えても、最高裁判決は疑問であり、第一審判決に合理性があると言わざるをえません。ぜひ両判決の原文をじっくりと読み比べてみて下さい。いずれも裁判官が下した判決ですが、その考え方の違いに驚くと思います。裁判とはこういうものなのです。

## 第八講 経済的自由権 と 人身の自由

　今日は、前回やった精神的自由権に引き続き、同じく自由権に分類される経済的自由権と人身の自由をやります。まずは、経済的自由権ですが、経済的自由権の代表選手は、職業選択の自由（憲法22条1項）と財産権（憲法29条）です。職業は、自己実現や自己満足の手段であることもありますが、その中心的意義は生活するためのお金を稼ぐことにあります。また、財産は、言うまでもなく金銭的価値に換算されます。このように、いずれもお金にかかわることなので、経済的自由権に分類されるのです。

　職業選択の自由（22条1項）は、①「職業を選択すること自体の自由」と、②「選択した職業を遂行する自由」とに分かれます。すなわち、自分がやりたい職業を自由に選べることと、自分が選んだ職業を他人に邪魔されずにできることとは、概念上、分けて考えることができます。「好きな職業を選んでよい」と言われてパン屋を選んだ人に、「でもパンを焼いてはダメ」というのではまったく意味がありませんね。そして、①で商売（営利活動）を職業に選んだ場合には、特に②の自由のことを「営業の自由」といいます。

　そして、従来の日本の最高裁は、職業選択の自由を制約する立法の合憲性判断基準として、いわゆる規制目的二分論を採用していると考えられてきま

した。この規制目的二分論とは、職業選択の自由に対する制約を、(1)消極
的・警察的目的からの制約（他者の生命・健康・財産に対して害悪が発生するのを防
止するための制約、すなわち内在的制約）と、(2)積極的・政策的目的からの制約
（弱者の救済等の社会・経済政策を実現するための制約）とに分け、(1)には厳格な合
理性の基準（より緩やかな規制によっては立法目的を達成できない場合のみ合憲）を
適用し、厳格な違憲審査をする一方、(2)には明白性の基準（あるいは合理性の
基準。法律による規制が著しく不合理であることが明白である場合に限り違憲）を適用
し、国会や内閣の判断や裁量を尊重すべきであるとする考え方です。(1)の規
制の例としては、医者や看護師の免許制が、(2)の例としては、中小の小売業
者の保護を目的として大店舗の出店を規制していた旧大店舗法があげられま
す。この点、判例としては、いずれも店舗の開設に関する距離制限の是非が
争われた、㋐小売商業調整特別措置法事件（小売市場の開設。最判1972［昭和47］
年11月22日）、㋑薬事法事件（薬局の開設。最大判1975［昭和50］年 4 月30日）、㋒公
衆浴場法事件（銭湯の開設。1955［昭和30］年 1 月26日、1989［平成元］年 1 月20日、
1989年 3 月 7 日の三つの最高裁判決）があります。距離制限規定による職業選択
の自由の制約を考える場合には、必須の判例といえます

　まず、薬事法事件では、薬事法の規定にもとづき距離制限を定めた条例
（新たに薬局を開設する場合には半径100メートル以内に既存の薬局がないことが許可の条
件）により、薬局開設の許可を得られなかった者が、距離制限を定める同法
や条例が憲法22条 1 項に違反するとして裁判をおこしました。その際、最高
裁は、「薬事法の適正配置規制は、主として国民の生命及び健康に対する危
険の防止という消極的、警察的目的のための規制措置である」ことを前提
に、「競争の激化―経営の不安定―法規違反という因果関係に立つ不良医薬
品の供給の危険が、薬局等の段階において、相当程度の規模で発生する可能
性があるとすることは、単なる観念上の想定にすぎず、確実な根拠に基づく
合理的な判断とは認めがたい」とし、「仮に右に述べたような危険発生の可
能性を肯定するとしても、例えば、薬局等の偏在によって競争が激化してい
る一部地域に限って重点的に監視を強化することによってその実効性を高め
る方途もありえないではなく、また、被上告人が強調している医薬品の貯蔵
その他の管理上の不備等は、不時の立入検査によって比較的容易に発見する

ことができるような性質のものとみられる」ことを理由に、「薬事法の規定は、憲法22条1項に違反し、無効である」と結論づけました。

　これに対して、小売商業調整特別措置法事件では、同法の規定を受けて、条例が近隣の小売市場との距離制限を700メートル以上と定めたにもかかわらず、これを無視し無許可のまま小売市場を開こうとして起訴された者が、距離制限を定める同法や条例が憲法22条1項に違反するとして裁判をおこしました。その際、最高裁は、「本法は、小売市場の乱設に伴う小売商相互間の過当競争によって招来されるであろう小売商の共倒れから小売商を保護するためにとられた措置である」と積極的・政策的規制と解し、「本法所定の小売市場の許可規制は、国が社会経済の調和的発展を企図するという観点から中小企業保護政策の一方策としてとった措置ということができ、その目的において、一応の合理性を認めることができないわけではなく、また、その規制の手段・態様においても、それが著しく不合理であることが明白であるとは認められない」ことを理由に、「本法の小売市場の許可規制が憲法22条1項に違反するものとすることができないことは明らかである」と結論づけました。

　いずれも距離制限であるにもかかわらず、薬事法事件では違憲、小売商業調整特別措置法事件では合憲と結論が分かれたのは、前者が消極的・警察的規制と解されたのに対し、後者が積極的・政策的規制と解されたことによるものと考えられます。しかし、法の規制目的がつねに合憲・違憲の結論を左右するとは限りません。すなわち、公衆浴場法にもとづき「設置の場所の配置の基準は、各公衆浴場間の最短距離が○○○メートル以上保たれていることとする」旨を定めていた条例（何メートルかは地域によって異なります）の合憲性が争われた公衆浴場法事件では、前述した三つの最高裁判決はいずれも合憲の結論をとっていますが、同法の規制を消極的・警察的規制と解するもの、積極的・政策的規制と解するもの、両目的の混在と解するものに分かれました。ぜひ三つの最高裁判例を読み比べて、最高裁がなぜそのような判決を下したのかを各自で研究してみて下さい。また、酒税法で酒類の販売が免許制になっていることの合憲性が争われた酒類販売業免許制事件（最判1992［平成4］年12月15日）において最高裁は、「酒税の適正かつ確実な賦課徴収を

図る」という規制目的が、消極的・警察的規制か積極的・政策的規制かを明示せずに、「立法府の政策的・技術的な裁量の範囲を逸脱し、著しく不合理かどうか」という立法裁量をかなり広く認める審査基準を用いて、酒類販売業免許制を合憲としました。この点、法の規制目的は必ずしも消極的・警察的規制と積極的・政策的規制に明確に分かれるわけではなく、規制目的二分論はあくまで判断の大枠に過ぎないという点には注意が必要です。

　憲法22条には、職業選択の自由の他に、居住の自由、移転の自由（同条1項）、外国移住の自由、国籍離脱の自由（同条2項）が規定されています。居住の自由は、好きな所に住んでもいいということであり、移転の自由は、好きな所に引っ越してもいいということです。皆さんは、そんなの当たり前だと思うかもしれませんが、決してそうではありません。封建社会では、人は生まれながらに土地に縛られ、職業に縛られていました。すなわち、原則として生まれた場所に住み続けなければならず、親の職業を継がなければなりませんでした。そこに自由はありませんでした。人間の歴史の中では、そのような束縛の時代の方がずっと長いことを忘れてはなりません。そして、外国移住の自由は、引っ越す場所が海外であり、国籍離脱の自由は、日本から完全に引っ越して日本とは縁を切ることです。居住の自由、移転の自由、外国移住の自由、国籍離脱の自由の四つの人権は、一見、無関係のように思えますが、実は相互に深い関係があるのです。

　これら四つの人権は、好きな場所に移動するという点で人身の自由の性格がありますし、好きな場所に移動して他者とコミュニケートするという点で精神的自由の性格もありますが、あくまで本籍地は経済的自由とされています。なぜ「好きな場所に住んでもいい」「好きな場所に引っ越してもいい」ということが経済的自由なのか、不思議に思う人もいるかもしれません。私も最初、不思議に思いましたが、その理由は、「好きな場所に住んでもいい」「好きな場所に引っ越してもいい」ということは、よい商売（すなわち、営利活動）をするための必須の条件だからです。少しでも安く売ってくれる人のところへ行って商品を仕入れ、少しでも高く買ってくれる人のところへ行って商品を売る。そのためには、居住・移転の自由が必要不可欠なのです。この点は、戦国時代に織田信長が関所を廃止して、人びとに移動の自由を認め

ることにより、琵琶湖の湖畔にあった安土城下の経済を発展させたことを想
起してもらうと、分かりやすいかもしれません。居住・移転の自由の制約の
具体例としては、①受刑者の拘禁、②土地収用法における強制移住、③伝染
病予防法にもとづく強制隔離、④破産者に対する居住制限などがあります
が、いずれも憲法22条には反しないとされています。

　それではつぎに、財産権に入ります。憲法29条を見て下さい。29条は条文
が３か条もありますが、すべて財産権についての条文です。憲法22条には条
文が２か条しかないのに、人権が５つも規定されていたのと比べ、少しアン
バランスな気もしますね（笑）。まず、１項は、財産権の内容として、財産
的価値を有する一切の権利が保障されることを意味しています。具体的に
は、①現に国民が保有する個々の財産が公権力により侵害されない権利と、
②私有財産制度という制度それ自体を保障しています（いわゆる制度的保障）。
土地や建物の登記の制度、自動車の登録の制度なども私有財産制度の一環と
言えるでしょう。例えば、共産主義の国は、原則的に財産の所有は認めませ
ん。土地や建物はすべて国家の所有物となります。しかし、自分の自由にな
る財産を持ちたいというのは人間の本能であり、私的所有を認めなければ国
民一人ひとりの幸福な一生はありえないでしょう。私は小説を読むのが大好
きですが、自分が好きな作家の本は、たとえ図書館で借りてタダで読めると
しても、自分で買って自分の所有物にしたいと思います。その欲求を正面か
ら認めるのが資本主義であり、日本国憲法は資本主義を前提にしています。
よって、憲法を改正しない限り、日本が共産主義国家になることはできませ
ん。この点、明治憲法にも所有権の規定は存在していました。

　また、２項は、「財産権の内容は……法律でこれを定める」として財産権
を制限する場合には「法律」でおこなわなければならないことを定めていま
す。この点、法律ではなく地方公共団体が定める条例によって財産権を制限
できないかが問題となりますが、条例による財産権の制限も許されると解す
るのが通説・判例となっています（奈良県ため池条例事件・最判1963［昭和38］年
６月26日）。⑦条例は法律と同じく選挙で選ばれた議員（例えば、市会議員や県会
議員）がつくるものだから、法律と同様の民主的基盤があること、また、⑦
円滑で適正な地方自治をおこなうためには、条例で財産権を制限する必要性

があること等が、その理由としてあげられています。

　そして、ここにいう「公共の福祉」も、職業選択の自由の場合と同様に、財産権が①消極的・警察的目的からの規制と②積極的・政策的目的からの規制の両方に服することを意味していると考えられています。すなわち、前述の規制目的二分論は、基本的に財産権にも適用されうるのです。しかし、これも職業選択の自由の場合と同様、裁判官はいつもこの基準にもとづいて判決を下すわけではありません。例えば、森林の持ち分が2分の1以下の共有者による分割請求は認められないとしていた旧森林法186条の合憲性が争われた有名な森林法共有林分割制限事件（最判1987［昭和62］年4月22日）で最高裁は、「財産権は、それ自体に内在する制約があるほか、立法府が社会全体の利益を図るために加える規定により制約を受けるものであるが、この規制は、財産権の種類・性質等が多種多様であり、また、財産権に対し規制を要求する社会的理由ないし目的も社会公共の便宜の促進、経済的弱者の保護等の社会政策及び経済政策上の積極的なものから、社会生活における安全の保障や秩序の維持等の消極的なものに至るまで多岐にわたるため、種々様々であり得る」との前提にたった上で、旧森林法186条の立法目的を「森林の細分化を防止することによって森林経営の安定を図り、ひいては森林の保続培養と森林の生産力の増進を図り、もって国民経済の発展に資することにある」として消極・積極の両目的を認定し、それをふまえて「森林法第186条の下における共有者間の紛争によって森林荒廃の事態を永続化させてしまうこと、同条には森林の範囲や期間の限定が設けられていないこと、現物分割においても、価格賠償など当該共有物の性質または共有状態に応じた合理的な分割が可能であり、従って共有森林について現物分割をなさしめても、直ちにその細分化をきたすものとはいえないことなどを考えると、森林法第186条による分割請求権の制限は、同条の立法目的との関係において合理性と必要性のいずれをも肯定することのできないことが明らかであり、従って同条は憲法第29条第2項に違反する」と結論づけました。この判例は、違憲判決という点でもきわめて興味深いものですので、ぜひ事案と判旨を十分に復習してみて下さい。

　最後に3項ですが、同項はいわゆる損失補償についての規定です。すなわ

ち、国民が所有している個々の財産（「私有財産」）は、国が正当な対価を支払えば（「正当な補償」）、みんなの利益になるもの（例えば、ダムや空港、高速道路など）をつくるために国は強制的に国民から奪ってもいいのです（「公共のために用ひることができる」）。一人の国民でも反対したらそれらをつくれないというのでは、まさに「公共の福祉」に反してしまうからです。ただし、国民の財産権を制限する場合につねに補償が必要とするならば、かえって国が円滑で適正な行政を執行することが困難になってしまいます。そこで、補償を要するのは、通常の受忍限度を超え、国民が「特別の犠牲」を強いられた場合と解するのが通説・判例であり、「特別の犠牲」といえるための要件としては、通常、㋐特定人に対する損失であることと、㋑財産権の本質にかかわる強度の侵害であること（例えば、財産の喪失や全面的利用禁止）があげられています（前述の奈良県ため池条例事件を参照）。明治憲法には損失補償についての規定は存在していませんでした。

　そして、「正当な補償」の内容については、完全補償説（収用の前後を通じて被収用者の財産価値を等しくならしめるような金額）と相当補償説（その当時の経済状態において成立すると考えられる価格にもとづき合理的に算出された金額）とが対立していますが、完全補償説を原則としつつ、個別具体的に判断されるとするのが通説・判例の立場といえます。この点は、農地改革事件（最判1953［昭和28］年12月23日）や1973［昭和48］年10月18日の最高裁判例を参照してみて下さい。また、私有財産の収用の根拠となる法律に損失補償に関する規定を欠く場合であっても、当該法律は直ちに違憲とはならず、憲法29条3項を直接の根拠として損失補償を請求できる余地があるとするのが通説・判例です（河川付近地制限令事件・最判1968［昭和43］年11月27日）。すなわち、憲法29条3項は、憲法25条の生存権とは違い、具体的権利性（直接の裁判規範性）をもった規定なのです。

　いよいよ本日の最後のテーマである「人身の自由」に入ります。これは身体的自由権ともいい、精神的自由権、経済的自由権とともに自由権の三本柱のなかの一つです。もっとも重要な条文は、人身の自由において一番の根本となる総則的条文である憲法31条です。同条は、適正手続の原則（デュー・プロセス［due process of law］の原則）を定めています。これは、イギリスのマ

グナ・カルタ（1215年）に由来するアメリカ憲法のデュー・プロセス条項を継受したものと言われています。条文上は、刑罰を科す場合には法律の定める手続に従わなければだめだということだけが書かれていますが（手続の法定）、解釈上、その手続要件の内容も適正でなければならないとされています。さらに、刑罰を科す手続要件のみならず、刑罰を科す実体要件も法定されなければならず、しかもその実体要件の内容も適正でなければならないと解されています。要するに、刑罰を科す実体要件と手続要件のいずれもが法定され、しかも内容が適正でなければならないのです。条文には書かれてはいませんが、適正手続の原則はこのように解釈によって内容が充実されているのです。そして、憲法31条を根拠にして認められるとされている人権が"告知と聴聞を受ける権利"です。告知とは、刑罰が科せられる理由および刑罰の内容をあらかじめ告げられることであり、また、聴聞とは、刑罰を科せられる者には弁明（言い訳）の機会が与えられることです。告知と聴聞が保障された手続がなければ、もはや適正手続とは言えないのです。"人権保障の歴史は手続保障の歴史である"という法格言もあるように、手続を保障することは人権にとって非常に重要なことなのです。

　人身の自由は、憲法31条から39条まで9か条も条文があり、人権の条文の約3分の1が人身の自由です。そして、条文を読んでもらえば分かりますが、人身の自由は、被疑者や被告人、すなわち、悪いことをした人あるいは悪いことをしたとして疑われている人の人権を保障するものです。しかも、きわめて詳細に、懇切丁寧に規定されています。これほど被疑者や被告人の人権を手厚く保障している憲法もめずらしいのです。私も憲法を学びはじめた時に、なんで悪いことをした人の人権をこれほど手厚く護るのだろうと不思議に思いました。皆さんはその理由がわかりますか？　その理由は大きく二つあります。まず、現代社会のように、社会が複雑化すればするほど、冤罪に巻き込まれる可能性は高くなります。痴漢の冤罪事件について皆さんも聞いたことがあると思います。皆さんは、自分は絶対に悪いことをしないから大丈夫と思っているかもしれませんが、冤罪は誰にだって起きる可能性があるわけで、まったく他人事ではないのです。いつ自分が痴漢や万引き犯人に間違えられて逮捕されるかもしれない、留置所にいれられるかもしれな

い、そう想像してみれば、憲法の人身の自由の保障は本当にありがたく感じられるのではないでしょうか。いざという時に憲法が皆さんを護ってくれるのです。

　また、過去の日本の捜査や取調べにおける人権軽視（拷問や自白の強要等）の歴史もその理由になっています。皆さんはプロレタリア作家として有名な小林多喜二をご存知でしょう。代表作の『蟹工船』を読んだことがある人も多いと思います。私は多喜二の小説が大好きで、学生時代にずいぶん読みました。今でも全集を持っています。その多喜二は、治安維持法違反の容疑で逮捕され、拷問をうけ、警察で殺されてしまいました。多喜二の死体の写真が残っていますが、全身があざだらけ、内出血で真っ黒です。思わず目を背けたくなります。見たければ「小林多喜二　死体」で検索すればネットで見ることができます。悪いことをした人、あるいは、悪いことをしたとして疑われている人の人権が一番脅威にさらされているのです。過去の日本の歴史を見ても、そういう人たちの人権は紙切れ一枚のように軽く扱われてきたのです。昔だったら容疑者を殴ったり、蹴とばしたりして、自白を取ることは当たり前におこなわれていました。皆さんだって、悪いことをした人が刑務所で多少、何をされようが、あまり文句は言わないと思います。悪いことをした人、あるいは、悪いことをしたとして疑われている人の人権が一番脅威にさらされているのですから、そのような人びとの人権ほど、十分に手厚く保障して護ってやらなければ、人権保障は達成されないのです。

　しかし、一方で、こういう原則をあまり厳格に適用し過ぎても問題であるということにも注意が必要です。皆さんは、"100人の凶悪犯人を逃しても1人の無辜を処罰してはならない"という法格言を聞いたことがありますか？　無辜とは、罪のない人、無実の人のことです。簡単に"無辜の不処罰"とも言いますが、これは刑事訴訟の大原則です。要するに、無実の人を間違えて処罰しては絶対にならないということです。しかし、確かに100人ならばそうかなと思いますが、それが1000人だったらどうですか、10万人なら、100万人でも、本当にそう言えますか？　100万人の凶悪犯人を逃しても1人の無実の人を処罰してはダメでしょうか？　じゃあ、100万人のテロリストを逃しても1人の無実の人を処罰してはダメかな？　どうですか？　もしかし

たら、100万人の命を救うためには1人の命が犠牲になっても仕方がないのではないですか？　100万人の凶悪犯人を捕まえるためには、無実の1人が間違えて処罰されても、やむをえないのではないでしょうか？

　皆さんは、『24─TWENTY FOUR─』（トゥエンティフォー）というアメリカのテレビドラマを知っていますか？　たぶん知っている人も多いと思います。私はあれが好きでシーズン5くらいまでは全部、観ました。このテレビドラマには、主人公としてジャック・バウアーという名前のテロ対策ユニットに所属する刑事がでてきます。ジャック・バウアーは、とにかく正義漢で、命がけでテロリストと戦います。彼は、テロの容疑者を捕まえると、殴ったり、蹴とばしたり、平気で暴力をふるいます。そして、容疑者は、鼻血で血だらけになります（笑）。まさに容疑者に対する拷問で、これは確実にアメリカ憲法の適正手続に違反します。そのため、周囲は「そんなことをやると憲法の違反になるぞ」と彼に忠告します。すると、ジャック・バウアーは「いやいや、今こいつに核爆弾のありかを吐かせないとロサンゼルスの数百万人の命が危険にさらされるのだ。数百万人の命を犠牲にはできない」と言って拷問を続けます……。ああいうのを観ていると、ある意味、すがすがしくなって、どんどんやれと思ってしまいますけどね（笑）。

　私が大学時代に憲法を学んだのはおじいさんの先生でしたが、その先生が現場のおまわりさんに聞いた話として、こういう話をしてくれました。知っている人も多いと思いますが、憲法では被疑者や被告人に黙秘権が保障されています（38条1項）。要するに、言いたくないことは言わなくていい権利が彼らには憲法上あるのです。しかし、現実には、黙秘権を完全に保障していたら取調べなんてできないそうです。お茶を飲んで終わりになってしまいます。皆さんみたいな善良な市民を相手にするのならまだ話しは別ですが、5人も6人も人を殺してへらへら笑っているヤクザに黙秘権なんて完全に保障していたら、当然、何も話しません。大声をだしたり、どなったり、机をたたいたり、椅子を蹴ったり、脅したり、すかしたり、そういうことやって初めて少しずつ話し出すわけです。憲法の原則なんかをあまりに厳格に遵守していたら犯人が捕まえられず、かえって悪者が社会に野放しになって、社会の利益に反してしまいます。何が言いたいかというと、"理想と現実"で

す。憲法は理想で、それを100パーセント実現できるのに越したことはない
ですが、それをあまり厳格に適用し過ぎると悪者が野放しにされて、かえっ
て善良な市民が不利益を受けてしまいます。悪いことをした者には適正な刑
罰を科し、社会の治安を守るという要請も決して無視できません。人権保障
も大事ですが、公益の確保も大事で、何事もバランスが大切なのです。両方
のバランスをとるという視点をつねに念頭に置いて下さい。

　最後に、人身の自由の分野における"適正手続の原則"以外の憲法原則や
具体的な人権をいくつか学んで今日の講義を終わりにしたいと思います。ま
ず、"罪刑法定主義（憲法31条、39条）"があげられます。この言葉を聞いたこ
とがある人も多いと思います。刑法を勉強すると最初にでてきますね。罪刑
法定主義とは、「いかなる行為に対していかなる刑罰が科せられるかは、あ
らかじめ法律で定められなければならないという原則」のことです。罪刑法
定主義の派生原理として、刑罰法規の明確性の原則や罪刑均衡の原則が導か
れます。判例としては、徳島市公安条例事件（最判1975［昭和50］年9月10日）
があります。また、"令状主義（憲法33条、35条）"があります。これも有名な
原則ですね。これは、「身柄拘束や捜索・押収など、強制的な捜査活動を行
う場合には、あらかじめ裁判所または裁判官が発する令状を必要とする原
則」のことです。不当な身柄拘束からの自由や住居の不可侵を保障するもの
です。令状主義の例外としては、現行犯逮捕や緊急逮捕などがあります。さ
らに、憲法は、刑事被告人の権利保障と刑事裁判の公正を実現するために、
①残虐な刑罰の禁止（36条）、②公正な裁判所の迅速な公開裁判を受ける権利
（32条、37条1項）、③証人審問権・証人喚問権（37条2項）、④弁護人依頼権
（34条、37条3項）、⑤不利益な供述の強要禁止・自白の証拠能力と証明力（38
条）、⑥遡及処罰の禁止・二重処罰の禁止（39条）等、詳細な人権規定を設け
ています。

　そして、人身の自由の保障（とりわけ適正手続の原則や令状主義）は、刑事手
続のみに適用されるものではなく、行政手続にも一定の基準により及ぶとさ
れています。行政手続というのは、例えば国税庁には査察部（いわゆるマル
サ）というのがあって、本来は税務署の職員だけれど脱税を摘発するために
尾行とか、張り込みとか、警察官と同じような捜査活動をしたりします。し

かし、彼らは、刑罰を科すのを目的にやっているのではなくて、あくまで脱税を摘発して税金を取り立てるという行政目的のためにやっているのです。この点、憲法における人身の自由の諸規定は、本来、刑事手続を前提にしていますが、刑事手続に類似する行政手続にも同様に適用して人権を保障しようということです。ただし、多種多様な行政活動のすべてに、つねに完全な保障が及ぶわけではなく、事例に応じた個別的判断が必要とするのが通説・判例の立場です。判例としては、川崎民商事件（最大判1972［昭和47］年11月22日）や成田新法事件（最大判1992［平成4］年7月1日）があります。判例は各自で自習してみて下さい。今日の講義はここまで。

## コラム 8　自由とは？

　"自由"というものを考えるにあたり、皆さんにぜひ頭に入れておいてほしい三つの話があります（すでに話したこともありますが、重要なことなので、復習をかねて重複をいとわずに再録します）。この自由についての三つの話は、自由権の講義の最初にいつも説明しています。レジュメには書いてありませんが、本当に重要なことはレジュメには書きません。もったいなくて書けません。書いたら授業が終わっちゃいますので……（笑）。

　まず一つ目は、「自由は数で決めてはダメ！　多数決で決めたら自由の意味がない。たとえ99人が反対しても1人の人がやりたいと言ったことを最大限に保障するのが自由」ということです。「おまえ一人が反対しているからみんなが迷惑しているんだ。みんなの意見に従えよ」というのは、日本人が大好きな論理です。皆さんもよく使うと思います。「和をもって貴しとなし、逆らうことなきを旨とせよ」という趣旨の条文で始まる聖徳太子の憲法17条を読めばわかる通り、古代の飛鳥時代の頃から日本人は、まわりとの調和を非常に大切にして生活をしてきました。日本は昔から農耕文化の社会で、みんなで力を合わせて田植えや稲刈りをしなければなりませんから、調和を重視せざるをえません。今でも"KY"（場の空気を読めない人間）は、日本では軽蔑されるでしょ（笑）。皆さんが部活やサークルで、お昼を食べに行くとします。そして、何を食べるか話し合っている時、みんながラーメンにしようと言っ

ているのに、一人だけ「ぼくカツ丼！」なんて言ったりしたら、「おまえ一人
だけカツ丼なんか食べるんじゃねえよ。みんながラーメン食べるんだから、
おまえもラーメンにしないとだめだ。そんな部費はないよ」って。これが日
本人のよく使う「おまえ一人が反対しているとみんなが迷惑するから、みん
なの意見に従え」式の論理の典型例ですが、これはまったく自由権や人権の
論理ではありません。みんながラーメンと言っている中で、一人だけカツ丼
が食べたい人がいたら、みんなと同じラーメンにしろと強制するのではなく
て、その人がカツ丼を食べられるように英知を結集してみんなで努力しま
しょうというのが自由権の発想なのです。結果として、カツ丼は無理だから
玉子丼になるかもしれないし、あるいはチャーシュー麺で我慢してくれと
か、あるいは、最終的におまえもラーメンしかだめっていうことも多いかも
しれませんが、とにかく数で割り切るのではなくて、みんなで考えてみよう
ということです。
　ある小学校の午後のクラスルームで、今日の放課後の掃除当番を誰にした
らいいかをみんなで話し合っているとします。そのときに、担任の先生が
「これは重要な問題だから、みんなで話し合って多数決できめよう」って。皆
さんは高校まで、「重要な問題はみんなで話し合って多数決できめ、その決定
に従う」ことが正しいと教わってきたはずです。すると、誰かが手をあげ
て、「今日の掃除当番は山田君がいいです。山田君のお父さんはクリーニング
屋で、山田君は掃除が得意です」と。そこで、多数決をとると全員が山田君
に賛成。先生は、「それでは今日の掃除当番は山田君にお願いします」と。そ
の次の日も、午後のクラスルームで、今日の掃除当番を誰にするかは重要な
問題だからみんなで話し合って多数決できめようと先生が言い、そしてまた
誰かが手を挙げて、「山田君のお父さんは、クリーニング屋で……、山田君が
いいです」。そして、多数決で掃除当番は山田君に決定。また、その次の日
も、同様に多数決で掃除当番は山田君に決定。さらに、その次の日も……。
実際、山田君はとても掃除が得意なので、山田君が掃除をすると、教室はピ
カピカでチリ一つ落ちていません。そのため、みんなは気持ちよく授業が受
けられて、学習効果はてきめん、まさに公共の福祉（社会公共の利益、みんな
の幸福）にかないます。しかも、みんなで話し合って多数決できめているので
す。とするならば、山田君に毎日、掃除当番をやらせていいのでしょうか？
もちろんダメです。いいわけがありません。では、皆さんは、なぜだかわか

りますか？　確かに、山田君が掃除当番をすることは多数決できめているの
だから民主主義には反しませんし、みんなの利益になるのだから公共の福祉
にもかないます。しかし、このようなやり方は、山田君の人権、とりわけ自
由権を侵害しているからダメなのです。たとえ多数決できまったとしても、
山田君に「俺の自由を侵害しているからやめて」と主張することを認めるの
が、人権であり自由権なのです。すなわち、人権、とりわけ自由権とは、「多
数者の多数決の濫用から、少数者の自由や権利を護る」ものなのです。そこ
で、多数決原理を持ち出して、多数決で割り切ってしまうならば、自由権を
認める意味がなくなってしまいます。繰り返しになりますが、「たとえ99人
が反対しても１人の人がやりたいということを最大限に保障するのが自由権
であり、決して数ではない」ということは、しっかりと頭に入れておいて下
さい。
　つぎに二つ目。"自由"という言葉は、非常に理想的で、高揚感がありま
す。また、耳あたりがよく、聞こえもいい言葉です。「君たちに自由を与え
る」と言われたら、ほっと安心するし、普通の人はたいてい喜ぶでしょう。
しかし、考えてみてください。本当に自由だったら弱肉強食で、強いヤツが
勝つだけで、まさに西部劇の世界になってしまいます。例えば、いま隣にす
わっている人を殴って財布から一万円を盗って、「おまえが弱いから盗ったん
だ。おまえがもっと強けりゃ盗らなかったよ。おまえがもっと強くなればい
いんだ。自由なんだから」と言っていえないことはないのです。自由を過度
に強調すると、結局、このような弱肉強食の世界になって、弱い者、能力の
ない者、財力のない者、才能のない者、知恵のない者などは一生うかばれな
い社会になってしまいます。アメリカは、戦後、戦争や武力行使を繰り返し
てきましたが、アメリカが戦争をやる理由はいつも「自由と正義」でした。
自由は、戦争を始める口実にもなるし、弱い者いじめを正当化する口実にも
なるのです。だから、自由は野放図に認めてはならず、適度に規制しないと
いけません。このように、自由の背後に潜む危険性には、たえず注意を払わ
なければなりません。弱肉強食の世界に住むことは、誰も望まないと思いま
す。
　さらに三つ目。自由についての三つの話のなかで、これが一番、皆さんに
聴いてほしい話です。すなわち、「自由だからこそ責任がある。自由のないと
ころに責任はない。自由と責任は表裏一体」ということです。これはどうい

うことかと言うと、高校までは、たとえ万引きしようが、痴漢をしようが、強盗をやろうが、放火をしようが、たとえ悪いことを何やっても「親が悪い、教師が悪い、学校が悪い、社会が悪い」と言っていればよかった。それで責任を逃れることができた。何で高校まではそれですむのかと言うと、自由が制限されていたからです。例えば、高校までは、髪の毛はパーマや茶髪はダメ、白ソックスじゃなきゃダメとか、夜10時以降は外出しちゃダメ、制服を着てこなければダメ、煙草も酒もダメだし、そうやって自由が制限されていた。だから、責任はなく、「親や教師が悪い」でよかったのです。これはまさに子どもの世界の論理と言えます。しかし、皆さんは今の自分を考えてみてください。もうほとんどそのような制約はないでしょう。パーマも茶髪もOKだし、どんな服で学校に来てもいいし、深夜に外出もできる。18歳選挙権で選挙も可能。20歳になっている学生なら、酒を飲もうが煙草を吸おうが自由。高校時代の制約はほとんどなく、自由が認められている。大学生は将来の日本を背負って立つのだから、もう大人扱いでいいのです。だからこそ自分で責任を負わなければならないのです。それが「自由と責任は表裏一体」ということの意味です。すなわち、大学生は大人であり、高校までの子どもの世界だったら何をやろうが親や教師、学校、社会が悪いで許されたが、今はもうそれではすまない。それが大人の世界の論理です。

　例えば、有名大学の学生がチカンや万引きなど悪いことをやって捕まったりすると、だいたい大学のエライ人、私みたいな最下層の人間ではなくて（笑）、学長とか教務主任とか偉い先生方が、「すいません、今後こういうことのないように指導します」って、マスメディアの前で頭をさげて謝罪するのが常です。しかし、私がもし学長だったら、私みたいなヤツは絶対に学長にはしてもらえないですが（笑）、皆さんがどんな犯罪をおかそうが私は絶対に頭をさげて謝りません。私なら、「大学生はもう大人なんだから、そんなことまで面倒を見切れません。文句があったら本人に言え」で終わりです。それが"大人扱い"であり、自由ということです。すなわち、大人は自由を与えてもらえるかわりに、責任もすべて自分で負う。それが、"自由と責任は表裏一体"ということの意味です。自由でなければ責任を負わなくていいのですから、むしろ自由でない方がかえって気楽だと思います。この点、ドイツの社会心理学者のエーリヒ・フロムが自由について論じた『自由からの逃走』という古典的名著がありますので、興味のある人はぜひ読んでみてください。

　私は今、タメ口で偉そうに話していますが、それは、「先生という立場で90分、憲法の話をしろ」って、お金をもらって雇われて講義をしているからです。もし皆さんと学校の外で偶然に会って話しをする機会があったとしたら、私は敬語で話します。なぜなら、皆さんはもう大人だからです。例えば、私は映画を観るのが好きで、よく映画館へ行きますが、もしその時に偶然、隣り合ったら、敬語です（笑）。それが"大人扱い"ということ。私は皆さんがこの教室の中で私語をすればもちろん注意しますが、学校の外であれば皆さんが何をしようと何も言いません。自分の判断でやりたいことをどんどん自由にやってもらい、その代わり、すべて自分で責任をとればいいのです。皆さんだって、今になって、私みたいなバカに「チカンをしちゃダメ」とか、「万引きをしちゃダメ」とか、説教されたくはないでしょ（笑）。何でも自由にやってもらって責任は自分でとればいいのです。その代わり、絶対に人のせいにしないでね。

　私はよく非常勤でレベルの低い大学で講義をすることがあります。レベルの低い大学で講義をすると、いくら注意をしても聞かず、平気でしゃべっている学生が必ずいます。そんな時に、「やる気がなかったら、出席扱いにしてやるから、出席カードを出して帰れ」と言うと、ハイと手をあげて、喜んで帰るヤツがいます。さすがこの群馬大学にはいませんけど（笑）。別に私は何も言いません。大学生はもう大人なのだから自分で判断してもらえばいい。でも、そういうヤツは、就職の時になるとうまくいくわけはないから、必ず泣くことになります。もちろん大学に入学して、授業にも出ないで遊んでばかりいて、就活がうまくいくわけがありません。すると、そういうヤツに限って、私のところに来て、「お前がいい加減にやっているからだ」とか、「お前が授業に出ろと言わなかったからだ」とか、そういう文句を言います。しかし、それは大間違いです。「自由にしてよい」と自由を認めてもらったのですから、その結果の責任はすべて自分で負わなければなりません。自分が好きで遊んでいて、結果が悪かったからといって、大学や教師が悪いって言うのは、まさに責任転嫁以外の何ものでもありません。それは"大人の論理"ではなく、まさに"子どもの論理"です。子どもは、「僕たちにも自由をくれ」なんて一人前のことを言っていながら、自分に都合が悪くなると「僕たちは子どもです」と責任逃れを始めます。しかし、自由を認めてもらった以上、自分ですべて責任を負って人のせいにはしないのが、"大人の論理"なの

です。子どもと大人の違いを十分に認識してほしいと思います。

　以前、こういうことがありました。大学のサークルのコンパで、20歳の女子学生がお酒を飲んで、その父親から「うちの娘が無理やり酒を飲まされ、体調を崩した。どうしてくれるんだ」と電話がかかってきました。もっと指導、監督を徹底しろというわけです。しかし、よく考えてみてください。鼻をつままれて口から酒を注ぎ込まれたというなら話は別ですが、自分の自由意思で好きで飲んだのではないですか？　未成年者ならまだしも、ハタチの大人なのですから、嫌ならハッキリ「嫌です」と断ればいいだけです。周りの雰囲気に流されてしまったのでしょうが、自分の責任であると言わざるをえないでしょう。少なくとも教師や学校の責任ではありませんね。そんな時に自分が嫌なことは嫌だとハッキリ断れる人格形成ができるように、学校のみならず家庭でもシッカリ教育しなければなりません。「ご家庭でも教育を徹底してください」と言おうかと思いましたが、やめました（笑）。この点、「自由だからこそ責任がある。自由と責任は表裏一体」という"大人の論理"は、最近、ないがしろにされつつあり、私が一番、強調したいことであります。ぜひ心しておいてもらいたいと思います（笑）。講義レジュメに書いてあることを覚えるよりも、今、私が話した三つのことを頭に入れて、今後、行動してもらう方が、よほど皆さんのためになると思いますが……。

第九講 社会権、受益権および参政権

　これまで包括的基本権（幸福追求権）、法の下の平等（平等権）、精神的自由権、経済的自由権、人身の自由と人権の講義をやってきて、先週、自由権が終わりました。今日の講義の中心テーマは、なんといっても社会権で、その後、時間の許す限りで受益権と参政権をやって、人権の学習が終了します。

　まず社会権ですが、社会権は大きく四つの人権に分かれます。すなわち、①生存権（25条）、②教育を受ける権利（26条）、③勤労の権利（27条）、④労働基本権（28条）です。条文では25条から28条まできれいに並んでいます。その中でもっとも基本的で重要性が高いのは、言うまでもなく生存権で、生存権はいわば"社会権のチャンピオン"です。この点、最初に押さえておいてほしいのは、自由権と社会権がきわめて対極的な人権であるということです。よって、両者の性質や権利内容を対比して理解すると非常に解りやすくなります。これまで学んできた自由権は、国家に対して"余計なことをせずにほっといてくれ"という権利（いわゆる不作為請求権、消極的権利）です。それゆえ、"国家からの自由"とも呼ばれます。これに対して、社会権は逆で、国家に対して"私のためにこういうことをやってくれ"という権利（いわゆる作為請求権、積極的権利）です。それゆえ、"国家による自由"とも呼ばれます。すなわち、おもに社会的経済的弱者が国家に対して助けて下さいと

主張するのが社会権なのです。社会権が憲法に登場したのは20世紀になってからで、1919年のドイツのワイマール憲法が最初と言われています。

　19世紀までは国家が市民の自由な生活を保障しさえすればよかったのです。イギリス名誉革命にしろ、フランス革命にしろ、近代市民革命は市民（ブルジョアジー、都市に住む裕福な商工業者）が王様に対して自由を求めて戦ったのですから、"自由が一番"というのが当時の市民の考え方でした。特に、ブルジョアジーにとって最大の関心事である財産権は"神聖不可侵"の権利とされました。ですが、本当に自由だと弱肉強食になって、強い者が勝つだけで、弱い者は強い者の食い物になってしまい、一生うかばれません。すなわち、社会が"豊かな者と貧しい者"あるいは"勝ち組と負け組"に二極化してしまい、極端な格差社会になってしまいます。そして、実際、19世紀後半から20世紀前半にかけて欧米の社会は、本当にそうなってしまい、多くの餓死者さえ発生しました。

　それゆえ20世紀になってから、国家が社会的経済的弱者を放置していてはダメだ、国家が税金を使って助けなければダメだと考えられるようになったのです。そこで社会権が登場することになりました。しかし、ここで注意してほしいのは、社会権を実現するにはお金と手間暇がかかり、自由権よりも保障するのが困難という現実です。すなわち、弱い者を救うためには予算もかかりますし、公務員もたくさん雇わなければなりません。また、弱い者を救うやり方にはいろいろあって、どれをとるのかは国の現在の状況をふまえた上で、政策判断や政治判断が必要になります。しかし、裁判官は、法律のプロで法的判断は得意ですが、現在の社会状況を詳しくは把握していませんので、政策判断や政治判断は苦手なのです。そこで、裁判官としては社会権の裁判ではどうしても国会や内閣（政治部門）の判断を尊重せざるをえません。このように、裁判で社会権を保障するには制約や限界があることを理解して下さい。この点、国家に対して"余計なことをせずにほっといてくれ"という自由権の場合には、政策判断や政治判断は不要ですし、その実現にお金はかからないので、裁判官にも十分に判断可能ですが、社会権の場合にはそうはいかず、裁判官も配慮せざるをえないのです。よって、結果的に、生存権の実現はおもに政治部門に任されることになるのです。

　生存権を規定する25条（特に第1項）は、トリプル A ランクの条文ですので、ぜひ暗記してほしいです。25条1項は、「すべて国民は、健康で文化的な最低限度の生活を営む権利を有する」と規定していますが、この条文はつぎのように読み込みます。すなわち、お金がなくて、失業しちゃって、ケガをしちゃって、病気になっちゃって、ヨボヨボのお年寄りになっちゃって等、様ざまな理由で、健康で文化的な最低限度の生活ができなくなった社会的経済的弱者は、国に対して助けてくれと言えるということです。具体的には、生活保護をくれとか、失業手当をくれとか、年金制度を整備してくれとか、国に対して私のためにこういうことをしてくれと請求できるということです。

　憲法25条に関する一番重要な論点は、"生存権の法的性質"です。この問題は、憲法の教科書には必ず書いてあります。もし書いてない憲法の教科書があったら捨てた方がいいです（笑）。これは、国民は裁判において、生存権を根拠に国に対してどの程度の規範的な主張（どこまでの強制力ある主張）ができるのかという問題です。例えば、25条のみを根拠にして国民は、「生活保護の金額を倍にすること」を国に対して強制できるのでしょうか？　あるいは、25条は政治的道徳的な規定で強制力はないのでしょうか？　この問題については、㋐プログラム規定説、㋑抽象的権利説、㋒具体的権利説、㋓給付請求権説（言葉どおりの具体的権利説）の四つの学説の対立があります。

　まず、㋐プログラム規定説は、一般に判例の見解とされ（朝日訴訟や堀木訴訟等）、「25条は立法府に対する政治的指針ないし道徳的綱領を示す規定にすぎず、法的な拘束力を持たない。よって、国がその努力を怠った場合、政治的・道義的責任は問われることはあるにしても、法的責任は問われない。法的な具体的権利は、個々の法律（生活保護法等）によって付与される」とします。生存権の判例の中でもっとも有名で中学や高校の社会科の教科書にも載っているのが朝日訴訟（最大判1967［昭和42］年5月24日）です。この朝日訴訟というのは、病気で働けなくなったので、国立療養所に入所し、生活保護を受給して生活していた朝日茂さんという方（すなわち、朝日は人名）が主人公です。朝日さんは、当時、生活保護で支給される日用品費（歯ブラシ、石けん、タオル、ちり紙などを買うお金）の月額がわずか600円にとどまり、これでは

とても「健康で文化的な最低限度の生活」を営むことができないとして、25条違反を主張し、裁判をおこしました。この点、第一審の東京地裁は、朝日さんの全面勝訴としましたが（1960［昭和35］年10月19日）、第二審の東京高等は、朝日さんの敗訴としました（1963［昭和38］年11月4日）。そして、最高裁も結果的に朝日さんの主張を認めませんでした。その際に、最高裁が根拠としたのが生存権についてのプログラム規定説でした。すなわち、「憲法25条1項はすべての国民が健康で文化的な最低限度の生活を営み得るように国政を運営すべきことを国の責務として宣言したにとどまり、直接個々の国民に対して具体的権利を賦与したものではない」とし、国民の権利は法律（生活保護法等）によって初めて与えられるとしました。そして、「何が健康で文化的な最低限度の生活であるかの認定判断は、厚生大臣の合目的な裁量に委されて」おり、政府の政治責任が生じることは別にして、違法の問題は生じないと結論づけたのです。

　このプログラム規定説をわかりやすく説明するとすれば、こういうことです。いま、山田さんの家で一番偉いお父さんが"山田家の憲法"をつくったとします。そして、なんとその25条には「山田家の子どもは1ヶ月のお小遣いとして10万円をもらう権利がある」と規定してあります。お父さんがこの憲法を発布した場合、皆さんが山田家の子どもだとしたら、当然、月が改まり1日になれば、山田家の財布を預かっている財務省であるお母さんのところに行って、「憲法25条には『1ヶ月のお小遣いとして10万円をもらう権利がある』と書いてあるのだから今月分の10万円をください」と請求すると思います。皆さんは、たぶん10万円をもらえることに何の疑問も持たないでしょう。しかし、その時、お父さんとお母さんはこう言って10万円の支払いを拒絶するのです。「25条はあくまで政治的・道義的な努力目標なんだ。子どもが1ヶ月のお小遣いとして10万円をもらうことができるくらい山田家が裕福な家庭になるように両親が一生懸命に努力しろという意味だよ。子どもに具体的な請求権までは認めていないよ」。

　このように、憲法が明文で「権利」と規定しているにもかかわらず、権利性を否定し、政治的・道義的な努力目標と読み替えてしまうのがプログラム規定説です。ですが、皆さんはこの論理に納得ができますか？　当然、

「はっきり『権利』と書いてあるのだから、それはちょっとおかしい」と考えると思います。でもそれが判例の立場なのです。ただし、プログラム規定説も決して根拠がないわけではありません。プログラム規定説を支える最大の根拠は、資本主義社会のもとにおける"自助の原則"にあります。自助の原則とは、資本主義は市民に自由な経済活動を認めているのだから、原則として自分の生活は自己責任でまかなうべきとするものであり、生活に困ったからといって、国家に助けを求めるのは背理とします。また、前述したように、社会的経済的弱者を救うのにはお金と手間暇がかかりますが、もちろん予算にも制約や限界があるのです。

　しかし、資本主義における自由競争に敗れた者をできうる限り救済することはむしろ健全な資本主義の発展につながるし、また、予算を根拠に人権救済を拒むことこそ背理と言えます。そこで、プログラム規定説ではダメだということになり、①抽象的権利説という学説がでてきたのです。この抽象的権利説は、通説の見解とされ、「25条1項によって国民には法的権利としての生存権が保障される。しかし、この規定を直接の根拠として裁判所に訴訟を提起して具体的権利を主張することはできない。そのためには、立法による具体化が必要である。立法によって具体化されれば、25条は裁判規範性を持つ」とします。前述したように、弱者を救うやり方はいろいろあって、予算の制約や政策的考慮がともないます。しかし、憲法25条の条文はきわめて抽象的であり、何が「健康で文化的な最低限度の生活」であるのかを裁判官が判断する基準は、まったく示されていません。そこで、まず国会が法律でその権利内容を具体化して、国会の意思を示せ、そうすればそれを判断基準にして裁判をしてあげますというのがこの学説です。例えば、まず国会で生活保護をいくらにしたらいいのかという判断基準を法律で決めてくれれば、裁判所はその基準が合憲か違憲かを25条を使って判断することになります。実際には、生活保護法、児童福祉法、国民年金法とか様ざま社会福祉立法がつくられていますので、それらの法律と憲法25条とが一体となって、国民の生存権の実現に効力を発揮することになります。

　しかし、この抽象的権利説では、法律が存在しない場合には救ってもらうことができません。例えば、東日本大震災にともなう福島の原発事故で今で

も避難している人は何万人もいます。その中には、爪に火をともす生活を余儀なくされ、健康で文化的な最低限度の生活ができない人も多いと思います。ですが、原発事故によって健康で文化的な最低限度の生活ができない人の生存権を手厚く保障する法律はありません。このように法律が制定されていなければ、抽象的権利説で救うことはできません。よって、この説では、法律の不備によって弱者の救済が否定されるという不当な結果になりかねません。そこで、⑰具体的権利説という学説が主張されるようになりました。具体的権利説は、有力説とされ、「生存権は国民の具体的権利であって、裁判によって即座に具体的内容を実現しうるとは言えないまでも、立法府の不作為の違憲確認を裁判所において主張しうる」とします。この説では、原発事故によって健康で文化的な最低限度の生活ができない人が数多く存在し、それが生存権を侵害していると言える場合には、そのような人びとを救済する法律を国会が制定しないことが憲法25条に違反するという「立法府の不作為の違憲確認」を裁判所において主張し、そのような判決をもらうことが可能になります。その点で、抽象的権利説よりも弱者救済に資することになります。

　しかし、「立法府の不作為の違憲を確認する判決」というものを得たとしても、その後、国会が法律を制定してくれなければ実際に救済を受けることはできず、具体的権利説は救済方法としてあまりに迂遠であり、実効性の点で疑問であるという批判を受けることになります。そのため、考えだされたのが㊤給付請求権説なのです。この給付請求権説は、生存権の強化のために近時、主張されるようになった最新学説であり、「国民の生存権の実現が妨げられている場合には、その国民は、25条1項を直接の根拠として、国に対して生活保護等の具体的な給付請求ができる」とします。この学説が一番人権保障にあついと言えます。すなわち、社会的経済的弱者は、法律の規定とは関係なく憲法25条のみを直接の根拠にして、「生活保護のお金が足りないから上げろ」とか、「もうちょっと年金を上げろ」とか、「出産休暇を増やせ」とかいう裁判をおこしうるという、まさにプログラム規定説とは真逆の学説です。

　しかし、この学説は、ちょっと過激な考え方であり、これではみんなが裁

判をおこして大変なことになりかねないという批判を受けています（いわゆる濫訴の危険）。皆さんはどう思いますか？　例えば、「今のこの豊かな日本で餓死なんてあるわけがない」と考えている人が多いと思いますが、厚生労働省『人口動態統計』によれば、2016（平成28）年に、餓死者（「食糧の不足」が原因で死亡した者）は15人もいて、そのうちの10人は、40〜50代の現役層だそうです。「おにぎりが食べたい」などと日記に書き残した親子が4畳半の部屋で餓死して白骨化していたとか、たまにニュースになることもあります。自分の力ではどうにもならず餓死しそうな人がいたら、その人は憲法を使って助けてって言えるようにした方がいいのではないでしょうか？　そのような憲法的主張を認めることは、決して行き過ぎとは言えないと思います。もちろんどこまで直接的な給付請求を認めるのかという点については、明確な要件を定立しなければなりませんが、それは裁判官が判決の中で示せばいいでしょう。生存権強化の社会政策的な要請からして、給付請求権説は望ましく、十分に成立可能な学説であることから、今後の研究・発展が強く待たれます。

　つぎは、憲法26条の教育を受ける権利です。まず1項ですが、本項はどこにも書いてはありませんが、“子どもの学習権”を保障した規定と解することに判例・学説上、ほぼ争いはありません。この点、旭川学力テスト事件最高裁判決（1976［昭和51］年5月21日）でも明示されています。要するに、未成熟であり可塑性に富んだ子ども（児童）が、国を含めた大人一般に対して、人格的にも精神的にも肉体的にも、一人前の大人になるために必要な学習（教育）の機会を自分に与えてくれと請求できる権利が26条なのです。ポイントは、①権利の主体は子どもであり、②請求の相手方は国を含めた大人一般、具体的には、国家、学校の教師、親、教育委員会等の地域社会の人びと等、③請求の内容は一人前の大人になるために必要な学習という点です。もちろん、大人の「教育を受ける権利」が保障されていないというわけではありませんが、大人の場合には憲法23条の学問の自由さえ十分に保障されれば、自分で学習して人格を発展・向上させることができます。しかし、子どもは自分ではそれができませんから、特に「教育を受ける権利」が必要になるのです。

　また、2項前段は、"子女に普通教育を受けさせる義務"が規定されています。「子女」とは、自分の息子と娘、また、「普通教育」とは、義務教育（小中学校における教育）のことです。皆さんは、憲法には国民の義務が3つあるのを知っていますか？　これは憲法の基礎知識なので、知らないとマズイです（笑）。言うまでもなく、①納税の義務（30条）、②勤労の義務（27条1項）、そして、この③子女に普通教育を受けさせる義務です（国民の三大義務）。自分の子どもを持った場合、最低限、小中学校の義務教育までは受けさせないと処罰の対象になりえます。ただし、憲法に規定された国民の三大義務は、あくまで道徳的・訓示的な義務であり、国民を法的に強制するものではありません。例えば、親から莫大な遺産を相続して働かなくても生活できるならば、働かなくても何ら問題はありません。また、脱税をしていた場合、また、理由なく子どもを小学校に通わせなかった場合には処罰の対象になりますが、それは法律でそのように定められているからです。憲法は国家権力を縛るもので、国民を縛るものではありません。

　さらに2項後段は、"義務教育の無償"を規定しています。この点、憲法が要求している無償の範囲はどこまでなのかが問題となりますが、授業料のみの無償（教育の対価の不徴収）と解するのが、判例・通説の立場と解されています。以前、同条項が教科書の無償まで要求しているのかが争われた訴訟において、最高裁は授業料のみの無償であることを明示しています（教科書費国庫負担請求事件、1964［昭和39］年2月26日）。そうすると、皆さんの中には疑問に思う人もいると思います。「小中学校は教科書もタダだったけど……」。私も高校になると自分で教科書を買いましたが、中学までは教科書をもらいました。しかし、実はそれは憲法の要求ではなく、国家の恩恵、サービスなのです。よって、もし時の政府が政策を変更して小中学校の教科書を有料にしても憲法違反にはならないことになります。

　学説では、この⑦授業料無償説以外に、⑦さらに少なくとも義務教育の教科書を無償にするのも憲法の要求と考える学説（義務教育教科書無償説）や⑰無償の範囲は国会の法律で定めるべきとする学説（無償範囲法定説）があります。また、もっとも人権保障を徹底する学説として、㊤教育に必要な一切の費用の無償と解する一切無償説も主張されています。この見解は、例えばラ

ンドセルを買えない子どもにはランドセル、給食費を払えない子どもには給食費、遠足代金を払えない子どもには遠足代金等、教育に必要な一切の費用をタダにすることが憲法の要請であると考えます。もちろん親に払える資力があれば親が負担するのであり、それができない場合にはという条件つきです。私はこの最後の学説がもっとも適切であると思っています。あまりに貧しい子どもに対しては、国が親の役割を果たしてあげるべきでしょう（いわゆる国親思想）。

　ただし、心配なのは、モンスター・ペアレンツの存在です。お金があり、お父さんがポルシェに乗っているのに給食費を払わない親がいると聞いたことがあります。「給食を食わせてくれって頼んだおぼえはない」からって（笑）。そういう親さえいるらしい。昔だったらいくら貧しい家でも、たとえ親が夕食をぬいても、子どもには給食費を持たせたものです。いじめられたらかわいそうだし、変な目で見られないように子どものためを思って。確かに、払えるのに払わない親がいるような現状では、一切無償説は厳しい面がありますが、あくまで子どもの人権を第一に考えるならば、一切無償説を実現する努力を国は怠ってはならないでしょう。

　憲法26条で一番重要な論点は、"教育権の所在"という問題です。前述したように、子どもたちは大人一般に対して一人前の大人になるための教育をほどこせと請求できるわけですが、その際、子どもにほどこす教育の内容を決定する権限（教育権）を持つのは国なのか、国民なのか？　この点、学説では、大きく国家教育権説と国民教育権説との対立があります。判例でも、第一次家永教科書裁判・東京地裁1974（昭和49）年7月16日判決（高津判決）のように国家教育権説にたつものもあれば、第二次家永教科書裁判・東京地裁1970（昭和45）年7月17日判決（杉本判決）のように国民教育権説にたつものもあります。皆さんはどちらが教育権を持つべきだと思いますか？

　国家教育権説は、子どもにほどこす教育の内容は国家が決めるべきと考える見解であり、教育は"国家百年の大計"であり、国家的事業として取り組む必要性を強調します。日本人は、古来より"お上意識"が強く、国が教育に責任を持って関与してくれた方がいいと考えがちで、そのため国家教育権説に対する支持も決して少なくはありません。これに対して、国民教育権説

は、国民全体（具体的には、親とその信託を受けた教師、地域の教育委員会など）が決めるべきと考える見解です。そもそも教育は、人格的接触を通じて人の潜在的資質を引き出す創造的作用であり、きわめて個人的・個性的なものであること（教育の私事性）を根拠とします。実際、アメリカやイギリスでは、国民教育権説の立場から、基本的に国家が教育内容に干渉することはありません。

　日本における高校までの先生は、教科書検定をとおり文科省がお墨つきを与えた教科書を使って、文科省が定めた学習指導要領に沿って授業をやらなければなりません。それに対して、大学の先生には、完全な教授の自由が保障されており（憲法23条の学問の自由）、そのような制約は一切、ありません。講義の内容に、国はもちろん大学当局も一切、干渉しません。この憲法の講義内容も、私がまったく勝手に決めてやっているのであり、テストをするかどうか、レポートを課すかどうか等も、私が自由に決めることができます。このように日本では、高校までの先生と大学の先生では、その権限に大きな違いがあるのです。このような違いは、日本では国家教育権説的な立場で高校までの教育行政が行われていることを示しています。この点、前述した通り、アメリカやイギリスでは国民教育権説がとられており、高校までの先生にも大学の先生と同様、大幅な教育の自由が認められています。もちろんアメリカやイギリスには、国による教科書検定や学習指導要領は存在しません。

　この教育権の所在という問題に対して日本の最高裁は、旭川学力テスト事件において、つぎのように判示しています（最大判1976［昭和51］年5月21日）。すなわち、「国民教育権説と国家教育権説のいずれも極端かつ一方的であり、そのいずれをも全面的に採用することはできない」という趣旨の前提を述べた後、「一般に社会公共的な問題について国民全体の意思を組織的に決定、実現すべき立場にある国は、国政の一部として広く適切な教育政策を樹立、実施すべく、また、しうる者として、憲法上は、あるいは子供自身の利益の擁護のため、あるいは子供の成長に対する社会公共の利益と関心にこたえるため、必要かつ相当と認められる範囲において、教育内容についてもこれを決定する権能を有する」としました。そして、その理由としては、㋐子どもの批判能力の欠如、㋑子どもには学校・教師の選択権がない、㋒教育の機会均等、㋓全国的に一定水準の教育を確保する要請等をあげています。

最高裁が示した「国家と国民の両方が教育権を分掌するが、国も必要かつ相当な範囲で教育内容決定権を持つ」という点は原則としては妥当なものと解されますが、結果的に国家の広範な教育への介入権を肯定し、国家教育権説にたつかのような教育行政が行われ、正当化されていることは大いに問題があると言わざるをえません。確かに、お上意識の強い日本では国家が教育に関与することも一定限度では認めるべきですが、しかし、少なくとも日本の高校までの教育は国家が介入し過ぎだと思います。これでは教育が画一的になってしまい、個性的な人間が育ちません。教育の私事性にもとづき、教科書検定や学習指導要領による国の教育統制を緩和し、教える者の個性や自由がより尊重される教育に変えていくべきでしょう。

　社会権の最後は、勤労の権利（27条）と労働基本権（28条）です。勤労の権利として、まず原則として雇用は権利として保障されなければならず（勤労権）、使用者の解雇の自由は制限されます（1項）。また、労働条件は法律によって適正に確保されなければなりません（2項）。そのため、労働基準法が制定されています。さらに、児童の酷使は禁止されます（3項）。子どもを労働力として酷使することは今でも発展途上国ではよく行われていることであり、昔の日本も同様でした。憲法は、子どもの人権を保障するため、この規定を設けたのです。

　労働基本権（労働三権、28条）とは、団結権、団体交渉権、団体行動権の総称です。団結権とは、労働者が労働条件の維持・改善のために使用者と対等な交渉能力を持つ労働団体（労働組合）を結成する権利です。団体交渉権とは、労働者が労働条件の維持・改善のために使用者と対等な交渉をする権利です。団体行動権とは、労働者が労働条件の維持・改善の要求を貫徹するために団体行動を行う権利です。代表的なものとしては、争議権（ストライキをおこなう権利）があります。それ以外に、サボタージュやロックアウトもあります。ただし、団体行動は使用者の財産権を侵害しかねないことから、内在的制約に服し、目的と手段・態様の両面で正当性と相当性を有するものだけが免責の対象になることには注意が必要です。

　そして、この点で以前から激しい議論の対象になっているのは、「公務員の労働基本権」についてです。公務員も事業に使用されて賃金を支払われて

いるのですから、労働者に該当することはもちろんです。しかし、その職務
には高度の公共性があり、制約される必要性が高いのも間違いありません。
それゆえ、特に一定の国家公務員については、労働基本権がすべて否定され
ています（警察職員、消防職員、自衛官など）。日本における公務員に対する労働
基本権の制限は、他国に比べてきわめて厳しく、判例でもしばしばその妥当
性が争われてきました。重要判例としては、①全逓東京中郵事件（最大判
1966［昭和41］年10月26日）、②都教組事件（最判1969年［昭和44］年4月2日）、③
全農林警職法事件（最大判1973［昭和48］年4月25日）などがあります。前二者
の判例が最大限に公務員の人権を保護しようとしているのに対して、後者の
判例がきわめて国家的利益の保護を重視している点で、対照的であり、この
問題の困難さを端的に示すものと言えます。

　受益権は、国務請求権とも言い、他の人権を確保するための手段となる基
本権です。すなわち、これまで学んできた平等権や自由権、社会権などが侵
害されないように、また、侵害されてしまったときに救済するために認めら
れている人権なのです。具体的には、①裁判を受ける権利（32条）、②国家賠
償請求権（17条）、③刑事補償請求権（40条）、④請願権（16条）がこれにあた
ります。①裁判を受ける権利がありますから、私たちは裁判を受けずに処罰
されることはありません。②国家賠償請求権とは、公務員の違法行為により
損害を受けた場合、国または地方公共団体にその賠償を求めることができる
権利のことです。これに対して、③刑事補償請求権とは、身体の拘束を受け
た者が裁判で無罪の判決を受けた場合、国に対して補償を求めることができ
る権利のことです。例えば、間違って痴漢の容疑をかけられて刑務所に入れ
られてしまったら、1日あたり最大12,500円もらえます。でも、私はたとえ
いくらもらっても刑務所には入りたくありませんが……（笑）。そして、④
請願権とは、国や地方公共団体に対して権力の行使につき希望や苦情、要請
等を述べることができる権利です。例えば、「税金をもっと安くしてくれ」
とか、「学校を建て直してくれ」とか、行政にお願いしても何の不利益も受
けません。そんなことは当たり前だと思うかもしれませんが、決してそうで
はありません。封建社会の江戸時代ならば、えらいお役人への直訴はご法度
で打ち首や獄門になることさえありました。

　いよいよ人権の最後は、参政権です。参政権には広狭いくつかの意味があります。まず、広義の参政権は、狭義の参政権および公務就任権（公務員に就任しうる資格、いわば"公務員になる自由"）からなります。狭義の参政権は、選挙権（いわば"投票する自由"）および被選挙権（いわば"立候補の自由"）です。そして、最狭義の参政権は、選挙権のみを意味します。参政権は15条が基本的な規定となっていますが、さらに国政に関する規定として、44条および47条があります。また、地方政治については93条2項があり、これが基本的な規定となっています。参政権については、①選挙に関する五つの基本原則と②選挙権の法的性質という二点は必ずおさえてほしいところです。まず、①選挙に関する五つの基本原則とは、(1)普通選挙（性別・財産・収入などを選挙権の要件としない原則）、(2)平等選挙（一人一票の原則）、(3)自由選挙（棄権しても罰金や公民権停止などの制裁を受けない原則）、(4)秘密選挙（誰が誰に投票したかを秘密にする原則）、(5)直接選挙（選挙人が直接に公務員を選挙する原則）をいいます。また、②選挙権の法的性質については、基本的権利であるとともに公務でもあるという二元説が通説・判例と言われています。ただし、選挙権はもっぱら権利とのみ考えるべきとする権利一元説も有力に主張されています。少なくとも人権論としては権利性を強調して考えていくべきでしょう。

　これで人権の分野は終了です。来週からは統治の分野（政治のしくみ）に入ります。内容が大きく変わりますので、楽しみにしていて下さい。今日の授業はここまでです。

## コラム　9　法とは何か？

　これまで繰り返し述べているように、憲法という法は、国家の根本法で、最高法規で、法のチャンピオンです。だから、どこの出版社がだしている六法全書でも必ず憲法が最初に書いてあります。憲法が法のチャンピオンだとしたら、それでは法とは何か？　そもそも法とは、"人を説得して争いを解決する道具"です。よって、争いが生じた時が法の出番となります。だから、

　法の出番は、少なければ少ないほどいいのです。人びとが仲良く暮らしていれば、法の出番はありません。警察官や裁判官、弁護士など、法を扱っている人が暇で暇でしょうがないならば、むしろそれはいい国の証なのです。"良き法律家は悪しき隣人" という法格言もありますね。しかし、法はなるべく使わない方がいいとは言っても、日本国民は1億人以上もいますからそうはいかないです。皆さんも経験している通り、人間は3人集まればケンカが始まります。だからケンカは絶えないし、警察官も裁判官も弁護士も忙しくてしょうがないのです。このように、法は争いを解決する道具であり、日々出番が絶えないからこそ法を学ぶ意義があるのです。

　皆さんの友達のAさんとBさんが喧嘩を始めたとします。その場合、皆さんのような大学という最高学府で憲法という最高法規を学んだ法学徒は、「私が法を使って解決してあげよう」と考えます。法は争いを解決する道具ですから、そこで法の出番になります。だが、その時には、法的な紛争を解決するやり方、手順があるのです。いわば紛争解決のレシピみたいなもので、それは法学的には決まっているのです。皆さんには、最初にこの紛争解決の作法を理解してもらう必要があります。

　まず、紛争解決のための一つ目の武器は、何と言っても条文です。法的思考の出発点は条文。だから、法律の学習には六法全書は絶対に必要なので、必ず持ってきてください。法学部だったら「六法全書を持ってこい」と必ず言われます。高校時代、英語の授業では英和辞書を、古典だったら古語辞典を絶対に持ってこいと言われたはずです。それと同じです。ラケットがないとテニスができないし、グローブがないと野球ができないし、ボールがないとサッカーができません。同様に、条文がないと法律学習はできないのです。条文を抜きにして法的思考は始まらないのです。紛争解決の出発点としては、まず六法全書をひもといて問題になっている争いに関係する可能性がある条文を探してください。

　皆さんは法の初学者で法律のシロウトだと思いますが、このようなイメージを持ってはいませんか？　「条文を探して、数学の公式のように機械的に事件にあてはめて適用すれば、すべての事件は解決できる。だから、法律の学習というのは、条文を覚えることである。裁判官や弁護士は、きっと六法全書の条文を全部暗記しているのだろう。たいしたものだ……」。そんな感覚が法律のシロウトにはあります。「法律の学習は条文の暗記」という感覚を持っ

ている人は非常に多いですし、私も高校時代まではそうでしたが、本当は決
してそうではないのです。まず六法全書をひもとき条文を見つけることは正
しいのですが、ほとんどの事件は、それでは解決できません。条文に書いて
あることは大原則のみです。民法なら民法の、刑法なら刑法の大原則が書い
てあるだけです。確かに条文を見つけて事件に適用すればすぐに結論がでて
事件が解決できる場合もありますが、それはむしろ少数なのです。日本で裁
判所に持ち込まれる事件は年間数百万件ありますが、それらの事件は条文を
形式的に適用しただけでは解決できないからこそ裁判所が必要となり、事件
が裁判所に持ち込まれるのです。言葉を換えれば、条文を形式的に適用した
だけで解決できるような事件は裁判以前に解決されて裁判所には持ち込まれ
ないのです。持ち込まれるのは、原則と原則とがぶつかりあう問題であった
り、そもそも原則だけでは解決できない問題とか、原則の応用問題であった
り、原則と原則のすきまの問題であったり……。よって、条文は決して完璧
なものではなく、条文の形式的な適用では事件解決に限界があるのです。考
えてみれば、あらゆる事件を事前に想定して条文を用意しておくことなどで
きるわけがないのです。

　条文の足らないところを補い、紛争解決のために使える二つ目の武器は、
判例です。判例とは、過去の裁判官がした判断の集積です。裁判官が過去に
こういう事件でこういう判断をしましたよという先例のようなものです。憲
法が施行されてから70年間、裁判所において裁判官がいろいろな判例をだし
てきました。とくに、"憲法の番人"で"人権保障最後の砦"である最高裁の
判例がもっとも権威があり重要です。過去に似たような事件が最高裁で争わ
れており、すでに判例がでている事件であれば、今回の事件もその最高裁判
例にしたがって解決されることになるのです。このように判例は条文の足ら
ないところを補うものですから、法の学習では最高裁判例をはじめとする重
要判例を学ぶことは必要不可欠なことなのです。とくに、憲法は条文が103
条しかなく、また、条文がきわめて抽象的ですから、判例はより重要なもの
となります。よって、判例をあつめた判例集も六法全書と同様に、法の学習
に必携なものなのです。例えば、2014（平成26）年7月の安全保障法制の
閣議決定に始まる安保関連法の国民的議論の中で（同法は翌年9月可決成立）、
たびたび砂川判決に言及がなされましたが、同判決は50年以上も前の最高裁
判決なのです（最高裁1959［昭和34］年12月16日大法廷判決）。このように40

年、50年前の判例が現在でも命脈を保ち、生きていて、紛争解決に使われることは決して珍しいことではありません。法学は非常に息の長い学問なのです。だから、判例も勉強しないと法を勉強したことにならないと言えます。

　それでは、判例を使えば争いをすべて解決できるかと言えば、これもまたそうではありません。判例にだって限界があります。すなわち、判例は変わるのです。判例というものは、その当時の裁判官の判断であって、裁判官は絶えず入れ替わっており、裁判官が替われば判断や結論も変わりうるのです。世の中が変われば、時間が経過すれば、人びとのものの見方や考え方、社会の制度や風習も変わります。世の中の考えが変わると、正解は変わり、判例も変わるのです。法学は、政治学や経済学と同様、社会科学であり、社会科学とは結局、どうしたら社会をうまく運営できるかを追究する学問ですから、時代や国によって正解は変わりうるのです。理科系人間には信じられないと思いますが……。社会科学では、正解が一つでなかったり、正解が途中で変わったり、何が正解なのか分からなかったり、そもそも正解がなかったり。社会科学は、確実に存在する客観的事実をめざす自然科学と発想法が大きく異なることには、十分に注意しなければいけません。また、他人の空似はあるかもしれませんが、世の中にあなたとまったく同じ人間はいないのと同様、まったく同じ事件というものもなく、すべての事件には個性があります。較べてみれば細部は微妙に違っているものなのです。よって、過去に似た事件について最高裁判例がでていたとしても、それをそのまま現在の事件に適用していいのかは別個、慎重な考慮が必要となります。結果的に適用できないという結論にいたることも決して少なくはないのです。さらに、社会が進歩・発展すれば、これまでにはなかったような新しい事件が発生しますが、そのような事件には当然、判例はありません。このように、判例を使った事件解決にも限界があるのです。

　条文と判例の両者を使っても事件を解決できない場合に、紛争解決のために使える三つ目の武器は、学説や法理論（以下、まとめて学説と表現します）です。東京大学名誉教授とか京都大学名誉教授とかの有名な先生が、条文にも判例にもないような事例について、この場合にはこういう理由でこう考えた方がいいとか、アメリカの最高裁はこう考えているとか、様ざまな学説を教科書や学術書の中で主張していますが、それを紛争解決の参考にするのです。図書館にいくと、『憲法概説』なんて表紙に記されたぶ厚くて厳めしい本

がずらりと並んでいますが、あれを読むのです。偉い先生方が書いた本でこの場合どう考えた方がいいのかを学ぶのです。裁判官も弁護士も、法律家はみなその法分野の第一人者の学者が書いた教科書や学術書をしっかりと読み込んで勉強しています。憲法で言えば、古くは宮沢俊義先生や芦部信喜先生、伊藤正己先生、最近では佐藤幸治先生や樋口陽一先生とか……。

　法的紛争は、①条文、②判例、③学説、この三つを武器として使って解決します。しかも使うのも、この順番です。まずは条文、つぎに判例、そして学説となります。その順番も忘れてはいけません。さらに、ここで気をつけなければならないのは、"答えは一つではない"ということです。どういうことかというと、AさんとBさんが殴り合わんばかりの大喧嘩をしているとします。いくら話し合っても、いくら六法全書を読んでも、仲直りできないから裁判所にかけ込むんです。そのような事例は、AにもBにも法的には一理あり、どちらを勝たせてもいい場合がほとんどなのです。"盗人にも三分の理"ということわざにもある通りです。さっきも言ったように法は、"人を説得して争いを解決する道具"ですが、その時に大事なのは結論ではなく理由です。そのことをつねに念頭に置いてください。極論すれば、どちらを勝たせてもいいのです。両当事者（とりわけ裁判に負けた方）が理由に納得すれば事件は円満に解決できます。紛争を解決するために重要なのは、どちらを勝たせるのかではなく、なぜそちらを勝たせるのかについての説得的な理論的理由の有無なのです。理由さえしっかりしていれば争いは解決できます。理論的理由として、いかに説得的な論理を組み立てられるか、それを考えるのが法学といえます。"答えは一つではない"というのは、そのような意味です。

　ここで考えてみてください。弁護士は、法律家の代表選手で、法を使って紛争を解決することを仕事にしています。この場合、弁護士は、Aさんから弁護を依頼されることもあれば、Bさんから弁護を依頼されることもあるのです。どちらから依頼されたかで、弁護士の主張は180度、変わります。弁護士にとってそもそも結論はどちらでもいいのです。弁護士は、通常、自分を雇い、お金を支払ってくれる依頼者の味方になります。そして、依頼者に少しでも有利に事件を解決することを目指します。このように、自分にお金を支払ってくれる依頼者の味方になって、依頼者が勝てる理論的理由を考え、裁判官を説得するのが弁護士の仕事です。すなわち、先ほど説明した①条文と②判例と③学説を駆使して、裁判官を説得することができれば、裁判

に勝ち、お金がもらえて、"いい弁護士"と呼ばれるのです。この点、①条文と②判例と③学説という三つを踏まえた議論でないと、法律論ではなく子供の議論になってしまいますから、裁判では使えません。そのことは裁判官でも同様です。AさんとBさんが大喧嘩しているときに、たとえ裁判官がAさんに軍配を上げて勝たせたとしても、その理由に説得力があるならば、裁判に負けたBさんも納得するはずです。「さすが裁判官だ。そんなことは考えもしなかったが、確かにその通りだ。この場合は私の方が謝るべきだった……」。このように裁判に負けた方が納得すれば、紛争は円満解決を迎えることができます。そもそも法は紛争解決の道具であり、紛争解決には結論より理由が大事、"どちらを勝たせるのか（結論）"ではなく、"なぜそちらを勝たせるのか（理由）"に意を払えということは、いくら強調してもし過ぎることはありません。法を学ぶ場合には、そのことをつねに意識してください。

第十講

国　会

　時間が来たので始めます。今日から統治、すなわち政治のしくみの話になります。まずは、第4章の国会からですが、今後の予定を確認しますと、来週以降、第5章の内閣、第6章の司法と国の政治の柱である三権を学んでいきます。そして、その後、第7章の財政になります。お金がなければ政治はできず、1ミリたりとも政治が動きません。まさにお金は政治を動かす燃料というわけです。財政というのは、そのお金の流れから政治を見ていく分野です。財政学という、一つの独立した学問にもなっていますね。続けて、第8章の地方自治をやります。ここでは憲法が国の政治とは別に認めている地方の政治を見ていきます。そして、最後に第9章の憲法改正をやってこの教養・日本国憲法の講義は大団円となります。憲法改正は、近時、非常に議論が沸騰しているホットな分野ですね（笑）。今後、そういう順番でやっていきますので、頭に入れておいてください。

　統治の分野では、それぞれの章の最初の条文がその章の大原則や特徴を端的にあらわしており、非常に重要になります。すなわち、国会の最初の条文は、国会の地位と権限を定めた41条ですが、内閣なら65条、司法なら76条、財政なら83条、地方自治なら92条、憲法改正なら96条です。まず、それぞれの章の最初の条文を押さえてください。また、日本国憲法が三権分立の原則

をとっていることは皆さんも当然にご存知だと思いますが、三権分立という言葉は、憲法を読んでもどこにも書いてありません。嘘だと思ったら憲法を通読してみてください（笑）。憲法には直接には三権分立の原則は書いてありませんが、三権分立の原則は解釈から導かれるのです。すなわち、国会、内閣、司法の最初の条文、41条、65条、76条、その3つの条文を読めば（国会に立法権が、内閣に行政権が、裁判所に司法権が付与されている）、日本国憲法が三権分立の原則を採用していることが解釈により導かれるのです。

　この41条には、国会が国権の最高機関であることと、国の唯一の立法機関であることが規定されています。また、43条には国会が全国民の代表機関であることが規定されています。それゆえ、憲法上、国会には①国権の最高機関、②唯一の立法機関、③国民の代表機関という3つの地位があると言われています。これは中学3年生の公民の教科書でも、太字で書いてあり、高校入試にも頻出の基礎知識です。中学生の教科書に載っているのですから、必ずおぼえてください。大学生が中学生に負けるわけにはいきませんから……（笑）。

　まず、国会の組織ですが、日本の国会は、二院制をとっています。両院制ともいいます。二院制のもとでは、国会が2つの会議体に分かれていて、原則として、2つの会議体の意思が一致しなければ、物事が決まりません。よって、通常、審議・議決を2回やらなければなりません。例えば、国会の一番の仕事は法律をつくることですが、国会が法律をつくる場合、日本では原則として衆議院と参議院でそれぞれ審議・議決をする必要があります。日本では、大日本帝国憲法（明治憲法）でも衆議院と貴族院の二院制でした。ただし、衆議院は現在と同様、公選制でしたが、貴族院は天皇の任命制でした。先進国は二院制が多いです。例えば、アメリカは上院と下院、イギリスも上院と下院、ドイツは連邦参議院と連邦議会、フランスは元老院と国民議会の二院制です。これに対して、一院制をとる国としては、お隣の韓国、中国、台湾などがあります。一院制をとっている国も結構あります。各自で調べてみてください。

　それでは、なぜ日本をはじめ先進国は二院制をとっているのだと思いますか？　2回の審議・議決をやらなければいけないよりも、1回で決まった方

が、意思決定が速いので、一院制の方が、物事がかなり速く進みます。よって、臨機応変かつ迅速に案件を処理し、機動性あるスピーディーな政治を実現できます。それゆえ、現代社会のように社会変化のスピードが激しい時代には、一院制の方が望ましいとも言えます。また、一院制の方が人件費や選挙実施費用といった必要経費も削減できるでしょう。しかし、それにもかかわらず先進国で通常、二院制がとられているのには、大きく二つの理由があります。

　まず、①2回の審議・議決を通じて、意思決定を慎重にすることにより、"誤りをなくす"ためです。これは誰でもわかると思いますが、1回の審議・議決で決めるよりもメンバーを変えて2回やった方が、意思決定が慎重になって、間違いが少なくなります（もちろん衆議院議員と参議院議員の兼職はできません）。例えば、皆さんの家庭内のことも、すべてお父さんが決めるよりも、お父さんとお母さんの意見が一致したときに決まる方が、面倒くさいけど、間違いがないと思います。今度のゴールデンウィークにどこに行くのか、年末の家族旅行にはどこに行くのかを決める場合には、お父さんとお母さんの意見の一致を要求した方がお父さんの暴走を防げて安心ですね（笑）。家庭内の決定事項も国会の議決事項もその点では同じなのです。

　また、もうひとつの理由は、②選出方法を異にする議院を設けることにより、多様な国民の意思を政治に反映させるためです。要するに、"多様な民意の反映"ということです。例えば、この中で、「ラーメンが好きな人を選んだ場合とカレーが好きな人を選んだ場合」、あるいは、「数学が好きな人を選んだ場合と英語が好きな人を選んだ場合」、選ばれてくるメンツやその個性はまったく違うと思います。この点、選び方を変えれば、選ばれてくる人の質も変わるのです。そこで、2つ会議体をつくって、構成員の選出方法を変え、質の異なる構成員で審議・議決をすれば、なおさら2回やる意味がでてきます。すなわち、議員の選出方法を変え、各議院を質の異なる議員で構成すれば、多様な民意がより良く反映され、二院制の真価がより発揮されるのです。

　その観点からすれば、現在の日本の選挙制度はあまりよくありません。衆議院も参議院も選挙制度がほとんど同じになってしまっています。すなわ

ち、衆議院は小選挙区比例代表並立制ですが、参議院も比例代表と都道府県ごとの選挙区の選挙（一人区が32）を併用しています。これは時の権力者に都合がいい選挙制度だからでしょう。しかし、このように国会議員の選挙制度が衆議院と参議院とで大差がなくなれば、多様な民意の反映という二院制の趣旨が没却されてしまいます。やはり衆議院と参議院とで選び方をドラスティックに変える必要があります。

　これは私の意見ですが、衆議院は小選挙区だけでやればいい。各都道府県を基本的に 5 から10くらいの選挙区に分けて、それぞれ 1 人を選ぶ。そうすると、小選挙区では地域の名士（名望家）が選ばれます。すなわち、A 市の住民は誰でも知っていて A 市を牛耳っている人だけれど、B 市の人は誰も知らないというような、その地域の顔役みたいな人が小選挙区では選ばれてくることになります。このように衆議院議員には「地域代表」の性格を持たせるのがいいでしょう。それに対して、参議院は比例代表だけでやればいい。比例代表では、広範な支持基盤や全国的な知名度、専門的な知識等がないと当選はできません。よって、農業協同組合や日本医師会の代表とか、テレビに出ているタレント、あるいは法律家とか大学の先生とかが比例代表では選ばれてきます。このように参議院議員には「利益代表や職能代表、専門家集団」の性格を持たせるのがいいでしょう。選び方や構成を変える、そうするとなおさら二院制の意味がでてきますが、全然そうなっていないのは、前述したように時の権力者に都合がいいからです。選挙制度は法律事項なので（憲法47条）、その改正には国会の議決が必要となりますが、国会議員にとって選挙制度はまさに死活問題ですから、どうしても自分の都合を優先してしまい、改正はだらだらと先延ばしになってしまいがちで、そこが大問題なのです。選挙制度の改正を国会議員に任せているだけならば、いつまでたっても抜本的な改革はできないと思います。私は一院制よりも二院制の方がよいと考えますが、両院の選挙制度は大きく変えるべきです。そのためには、国民が現在の選挙制度の問題点を十分に理解して、その改正の声をあげ続ける必要があるでしょう。

　つぎに、国会を構成している 2 つの議院の組織を見ていきます。まず、衆議院は定数465人（小選挙区289人・　比例代表176人）、任期 4 年で解散があり、

被選挙権（要するに、立候補できる年齢）は25歳以上、これに対して、参議院は定数248人（選挙区148人・比例代表100人）、任期6年（3年ごとに半数を改選）で解散はなく、被選挙権は30歳以上です。そして、選挙権は2015（平成27）年の改正により20歳から18歳に引き下げられています（いずれも公職選挙法）。よって、参議院議員の場合は選ばれたら6年やれますが、衆議院議員は任期4年で、しかも解散があればいつでも選挙になってしまいます。実際、衆議院議員が任期満了まで4年間やったことは現憲法のもとでは1回しかありません。通常、2年半くらいやると、解散になっています。現憲法のもとで在職期間がもっとも短かったのは、半年足らずの165日です（第4次吉田茂内閣の時）。いわゆる衆議院の優越は、任期の長短と解散の有無に関係があることは後に見る通りです。そして、議院の役員としては、議長、副議長、常任委員長、特別委員長、事務総長等が存在しています。また、議院ではアメリカの制度にならい委員会制度がとられており、常任委員会(17)と特別委員会（8つ程度）が設置されています（国会法）。それぞれの国会議員は、自分の得意分野の委員会に入り、活動することになります。私ならば、法務委員会か文部科学委員会に入りたいですね（笑）。

　憲法上、国会議員の地位についても3つが規定されています。すなわち、①不逮捕特権（50条）、②免責特権（51条）、③歳費受領権（49条）です。まずは、①不逮捕特権からいきます。憲法50条には、国会議員は、法律の定める場合を除き、国会の会期中逮捕されず、会期前に逮捕された議員は、その議院の要求があれば、会期中これを釈放しなければならないと規定されています。そして、法律の定める場合として、国会法には⑦院外における現行犯罪の場合と、④所属する議院の許諾がある場合とが規定されています。この「国会議員は国会が開かれている間はたとえ殺人の容疑があっても原則的に逮捕されない」というルールについては、初耳でビックリ驚いている人もいるかもしれません。このようなことは一般人では絶対に考えられないことです。

　それでは、このような不逮捕特権の趣旨はどこにあるのでしょうか？　この点も、大きく2つの趣旨があると言われています。まず、①政府の権力によって議員の職務の遂行が妨げられないように、"議員の身体の自由を保障

する”ということです。不逮捕特権はヨーロッパで発達した制度ですが、中世のヨーロッパでは、権力者が対立する野党議員を政治犯等として不当に逮捕したという歴史があり、それが不逮捕特権の由来となっています。これは具体的にどういうことかというと、昔、こういうことがよくありました。すなわち、ある野党議員が権力者のスキャンダルを国会で追及することがわかった場合（例えば、大統領や首相の愛人問題や脱税問題）、権力者は部下である警察官に命じ、その野党議員を政治犯として、あるいは、痴漢等の濡れ衣を着せて不当に逮捕させ、国会に行けないようにしてしまうのです。大統領や首相などの行政の長から見たら、警察組織は部下なので、そのようなことは容易にできました。今だったら、スマホで情報発信が容易にできますので、闇に葬られることはないと思いますが、昔のテレビもラジオもなく、今のように情報通信機器が発達していない時代には、自分にとって都合の悪い議員を逮捕させ閉じ込めてしまえば、権力者のスキャンダルが闇に消えてしまうことも多かったのです。そこで、国会議員には不逮捕特権を認めて、そのような権力者の不正行為を防止しようとしたのです。現代の日本ではおよそ考えられませんが……。

　そして、もう一つの趣旨が、“議院の正常な職務遂行を保障する”ということです。これはどういうことかというと、たとえその国会議員が本当に悪いことをやったとしても（例えば、選挙違反や収賄、脱税等）、その人に国会に来て仕事をしてもらわないと議院の職務（例えば、法案の審議）に支障が生じるという場合があります。例えば、その国会議員が今、国会でつくろうとしている法律について誰よりも詳しく、これまでもっとも中心的な役割を果たしてきた場合、その人が明日、国会に来てくれないと、国民にとって最良の法律がつくれないから、国会に来て役割を果たしてもらわなければ困るのです。国会議員が国民から直接に選挙で選ばれた政治エリートである以上、余人をもって代えがたいということも少なくはないでしょう。そこで、「逮捕してもらっては困る」、「国会に来てもらわないと困る」という場合にも議院の正常な職務遂行を保障できるように、不逮捕特権が憲法で定められたのです。

　それではつぎに、②免責特権にいきます。51条には、国会議員は、議院で

行った演説、討論または表決について、院外で責任を問われないと規定され
ています。この免責特権は、国会議員の職務に関する表現の自由（憲法21条
1項）を特に厚く保障するのが趣旨であることは言うまでもありません。そ
もそも国会議員は国会において国民のために十分な議論をしなければ、いい
法律もいい予算もつくれません。そこで、国会議員が国会の中で十分に議論
を尽くすことができるように、国会の中で職務に関してしゃべったこと等に
対して、国会の外では一切責任を問われないことを保障したのです。この
点、市会議員や県会議員等の地方議会の議員は、ここまで保障されていませ
ん。しかし、免責特権にも当然、限度があり、例えば、職務とは関係なく、
隣の家のおじさんの悪口を言った場合には免責されず名誉毀損となり、もち
ろん処罰の対象になります。免責特権についての有名な最高裁判例として
は、衆議院における委員会の質疑において、ある国会議員がある病院の院長
がハレンチな行為をおこなっているなどと名誉を棄損する発言をしたとこ
ろ、その院長が翌日、自殺したため、その妻がその国会議員と国に対して国
家賠償請求をした事案があります。最高裁は、免責特権を考慮して、このよ
うな場合に国家賠償請求が認められるためには、「当該国会議員が、その職
務とはかかわりなく違法又は不当な目的をもって事実を摘示し、あるいは、
虚偽であることを知りながらあえてその事実を摘示するなど、国会議員がそ
の付与された権限の趣旨に明らかに背いてこれを行使したものと認め得るよ
うな特別の事情があること」が必要であるとして、国会議員の国会内での発
言について国家賠償請求が認められる範囲をきわめて限定しました。また、
同判例は国会議員の個人的な損害賠償責任についても明確に否定しています
（最判1997［平成9］年9月9日）。

　最後に、国会議員の歳費受領権ですが、憲法49条は、国会議員が国庫から
相当額の報酬（「歳費」）を受けることを認めています。ただし、裁判官と異
なり（憲法79条6項、80条2項）、減額されないことまでは保障されていませ
ん。この点、第2章ですでに述べたように、国会議員の給料は月額約130万
円で、様々な手当を合計すれば年収は4,000万円を越え、相当な報酬とい
えます。しかも国会議員になると、税金で秘書を3人つけてもらえます。皆
さんが国会議員になったとしたら、その3人の秘書は皆さんの言いなりで

す。また、国会の近くにある議員会館の中に事務所を持てます。都内の一等地にある議員宿舎に格安で住めます。黒塗りの高級公用車を自由に使えます。議員バッチを胸につけ、まわりの人はみんな「先生、先生」と頭を下げてきます。かなりうらやましい待遇ではあります。

　もし皆さんのなかで、うらやましいと思い、オレが日本を洗濯してやろうという坂本龍馬のようなやる気のある人は、ぜひ国会議員になってもらいたいと思います。今の若者には国会議員になりたいという人はあまりいませんが……。でも、「嘘もつけない、虫も殺せない」では絶対に政治家にはなれません。ヤクザの組長みたいな、パンチパーマでイレズミだらけみたいな人たちから、脅迫電話や、殺害予告の手紙が送られてきたりする。どこの政治家だって多かれ少なかれそんな経験はあると思います。ヤクザに脅されて怖いのだったら、政治家なんかやらない方がいいです。ヤクザに脅されようが、命を狙われようが、政治家は逃げるわけにはいかないのです。国会議員は、現在および将来の国民の幸福のために、それこそ命がけで政治をしなければいけないのです。歴史ある日本国と1億人以上の日本人の将来がかかっているのですから……。極論すれば、平気で嘘がつけ、平気で人を殺せる人間が政治家だと思います。

　皆さんは、毛沢東（もうたくとう）を知っていますか？　漢字では「けざわひがし」と書きます（笑）。1949年に中華人民共和国をつくった人で、今の中国の生みの親です。現在の中国では、お札の肖像になっています。毛沢東は今の社会主義の中国をつくるために「黄河が真っ赤に染まるくらい人を殺した」と言われています。事実かどうかは分かりませんが、毛沢東は、戦前・戦中は抗日運動で日本と戦い、戦後は蒋介石の国民党との権力闘争で戦いました。まさに戦いにつぐ戦いの人生です。それができるのが政治家です。私は今の中国は「黄河が真っ赤に染まるくらい」の犠牲の上に成り立っていることは間違いないと思います。

　日本に目を向ければ、徳川家康だって、かわいいはずの長男の信康に切腹を命じました。家康は時の絶対的権力者の織田信長に、「おまえのせがれは行いがよくないから、腹を切らせろ」となかば嫌がらせで命じられたのです。家康は、自分がのちのち天下をとるために泣く泣く命令に従ったので

す。政治権力を握るためには、親兄弟なんて言っていられない、親兄弟に時には平気で切腹を命じるぐらいでないと天下はとれないのでしょう。武田信玄だって親を追放して領主になりました。歴史を見れば、そんなことは絶え間なく繰り返されています。それだけの度胸と覚悟がある人は、ぜひ政治家になって日本を変えてください。期待しています。

　国会の活動については、まず国会の種類をおさえてください。4つあります。すなわち、①通常国会（常会、憲法52条）、②臨時国会（臨時会、憲法53条）、③特別国会（特別会、憲法54条1項）、④参議院の緊急集会（憲法54条2項）です。①通常国会は、毎年1月中に召集され、原則150日間、開催されるもので、もっともメインとなる国会です。そこでの一番の仕事は、3月末までの年度内に来年度の予算案を審議・議決し、予算を成立させることです。②臨時国会は、その名の通り、臨時の必要がある場合に召集される国会です。例えば、大震災が起きて、直ちに新しい法律をつくらなければならなくなった場合などに開かれます。③特別国会は、衆議院の解散・総選挙があった後に召集される国会です。そこでの一番の仕事は、総選挙において示された最新の民意にもとづいて、首相を新しく選び直すことです。そこで選ばれた新たな首相が、新内閣を組閣することになります。④参議院の緊急集会は、衆議院解散中（よって、衆議院議員はいない）、緊急事態が生じた場合のみ参議院議員だけで開かれる国会です。

　国会を構成している衆議院と参議院は、憲法上、原則として同等の権限を有するとされていますが、例外的に衆議院に優越的な権限が付与されている場合があります。これを一般に"衆議院の優越"と呼んでいます。なぜこのようなことが認められているのかというと、衆議院（4年）は参議院（6年）より任期が短く、また、解散もあることから、衆議院議員の方が国民による選挙の洗礼を受ける回数が多くなります。よって、衆議院は参議院より国民の意思を反映しやすいと考えられますから、迅速に決定しなければ国民の利益を損なう場合や国民の意思をより強く反映する必要がある場合には、衆議院の判断を優先すべきなのです。

　具体的には、(1)議決の効力における優越として、①法律案の議決（憲法59条）、②予算の議決（憲法60条）、③条約の承認（憲法61条）、④内閣総理大臣の

指名（憲法67条）の４つが規定されています。この点、②③④は、衆議院と参議院とで意見が異なった場合、最終的には衆議院の意見がすんなり通ることになっていますが、①だけは「衆議院で出席議員の３分の２以上の多数で再び可決」するという衆議院の"ひと手間"が要求されています。この点、予算と条約と総理大臣の指名について、基本的に衆議院の意見が通るとされているのは、それらは国家の命運を左右しかねない重要な政治的事項で、すんなり決まらないと、政治が滞り、国民の利益をいちじるしく害しかねないからです。すなわち、予算が決まらなければ政治にお金が使えませんし、条約の取り扱いは外交に大きな影響を及ぼします。また、内閣総理大臣は内閣の首長で政治のリーダーですから、不在では政治ができません。これに対して、法律案にはそれほどの重要性はなく、迅速性もあまり要求されませんので、参議院の意見も尊重して、衆議院の再議決を要求することによりハードルを少し上げたのです。また、(2)権限事項における優越としては、①予算先議権（憲法60条）と②内閣不信任決議（内閣信任決議）権（憲法69条）があります。まず、内閣が作成して国会に提出した予算案は、衆議院が先に審議・議決することになっています。そして、内閣不信任決議（内閣信任決議）権は、衆議院にのみ認められています。この点、参議院も内閣に対する不信任決議（通常、"問責決議"と呼ばれる）をすることができますが、法的効果を持たず、政治的責任を問うにとどまります。憲法69条は非常に重要な条文ですが、これは内閣の条文なので、来週の内閣の講義で詳しく説明することにします。

　いよいよ国会の憲法上の権能です。７つもあっておぼえるのが大変ですが、しっかり頭に入れてください。①法律案の議決権（憲法59条）です。これは、法律を制定するという国会のもっとも基本的な権能です。②予算案の議決権（憲法60条）です。予算案の作成および国会への提出は内閣の権能に属しますが（憲法73条５項）、国会がこれを議決することにより予算が成立します。③条約の承認権（憲法61条）です。条約の締結は内閣の権能に属しますが（憲法73条３号）、事前に時宜によっては事後に、国会の承認を要します。④内閣総理大臣の指名権（憲法67条）です。これは各議院の独立した決議によります。⑤弾劾裁判所の設置権（憲法64条）です。その設置は国会の権能ですが、弾劾裁判そのものは弾劾裁判所が行います。弾劾裁判とは、非

行をした裁判官を国会で罷免する制度です。裁判官の身分保障のため、行政機関による懲戒処分が禁止されているので（憲法78条）、裁判官の懲戒は裁判所自身が行います。しかし、特に重い懲戒処分である罷免については、国会による民主的統制を図るため、国会が設置した弾劾裁判所で決定することになっています。弾劾裁判では、裁判長役も検察官役も国会議員が務めます。実際に、盗撮や児童買春、ストーカー等で罷免された裁判官が過去にいました。この点、大日本帝国憲法には規定はありませんでした。⑥財政監督権（憲法60条）です。内閣が持つ財政権（憲法65条、財政権は行政権の一環）の行使を国会の民主的コントロールの下に置こうとするものです。財政立憲主義（憲法83条）のあらわれと言えます。⑦憲法改正の発議権（憲法96条）です。国家の最高法規である憲法（憲法98条）の改正手続は、「各議院の総議員の3分の2以上の賛成」で国会が発議をしない限りスタートしません。これは安易な憲法改正をいましめるためです。

　最後に、議院の権能について概観し、本日の講義は終わりになります。衆議院と参議院は、それぞれ他院とは個別に独立して行使できる権限が憲法によって認められています。まず、(1)議院自律権として、①内部組織に関する自律権と②運営に関する自律権が認められています。①としては、㋐会期前に逮捕された議員の釈放要求権（憲法50条）があります。これはさきほどやった不逮捕特権の話で、各議院は国会が始まる前に逮捕された所属議員がいた場合、「国会が始まったから釈放してくれ」と警察や検察に要求できるということです。そして、㋑議員の資格争訟の裁判権（憲法55条）があります。これは、要するに、選挙に当選したとして国会に来ている人が本当に国会議員になる資格があるかどうかをそれぞれの議院（衆議院議員は衆議院、参議院議員は参議院）で裁判できるということです。例えば、18歳の高校生が、なぜだかは分からないけれど衆議院選挙にでて、なぜだかは分からないけれど当選してしまって、なぜだかは分からないけれど国会に来てしまった場合、25歳未満なので衆議院議員の資格（被選挙権）がないから、衆議院で「議員の資格がない」ことを裁判で明確にして、その方にはお帰り頂くという制度です。こんなことはめったにないので、この裁判はまだ一度も行われたことはありません（当選後に日本国籍を失ったような場合には、この裁判も十分にありえま

す）。さらに、⑰役員選任権（憲法58条1項）があります。各議院でそれぞれ議長、副議長、常任委員長、特別委員長、事務総長等の役員を選任します。もちろん衆議院議長は参議院に口を出すことはできません。

　②運営に関する自律権としては、㋐議院規則制定権（58条2項）があります。衆議院規則は衆議院内だけで、参議院規則は参議院内だけで効力を持ちます。ただし、法律である国会法は、議院規則に優越すると解されています。そして、㋑議員懲罰権（憲法58条2項）もあります。院内の秩序を乱した議員を懲罰するものです。例えば、居眠りばかりしている議員を懲罰するような場合です。懲罰の種類としては戒告、陳謝、登院停止、除名などがあります。この点、戒告はいわば厳重注意、陳謝は議場での謝罪、登院停止は一定期間、国会に来てはいけないこと（学生で言えば停学）、除名は議員たる身分の剥奪です（学生で言えば退学）。除名の場合には、「出席議員の3分の2以上の多数」の議決が要求されています。

　また、議院の権能として、(2)国政調査権（憲法62条）の存在も忘れることはできません。これは、議院がその権限を行使する上で必要な情報を収集するため、国政に関する調査を行う権能です。すなわち、衆議院と参議院は、それぞれ別個に、この調査権を使って、利害関係者や専門家、経験者等を国会に強制的に呼んで、証言や記録の提出を要求できます。ただし、国政調査権は、議院が立法権や行政監督権などの本来的な権能を有効・適切に行使できるように補助する権能であり、調査はそれに必要な範囲に限定されます（補助的権能説）。例えば、国会が原発についての法律をつくる場合、良い法律がつくれるように、電力会社の人や地域住民、法律や原子力の専門家などを呼んで、いろいろな意見を聞いたりします。また、ロッキード事件やリクルート事件等の疑獄事件が発生した場合にも、その政治的な解明のために、この国政調査権が使われます。国政調査権を使えば証人を強制的に呼び出して問い質すことができ、証人が嘘を言えば偽証罪に問われますので、かなり強力な権限と言えます。ぜひ各議院は、この国政調査権を有効・適切に行使して国民のために頑張ってもらいたいと思いますね。今日はここまで。

# コラム 10 日本国憲法と大日本帝国憲法

　今日からいよいよ統治（政治のしくみ）を学んでいくことになりましたが、日本国憲法における統治の制度がどのようなものかを理解するためには、大きく、大日本帝国憲法（明治時代につくられたことから明治憲法と通称されていますので、以下、明治憲法と呼びます）と比較して考えてみるのが最適です。そこで、ここでは、明治憲法と日本国憲法の比較研究をしていきましょう。

　明治憲法は、1889（明治22）年2月11日に公布され、翌1890（明治23）年11月29日に施行されました。明治22年ですから、明治の中頃になります。ちなみに、明治27年（1894年）には日清戦争が始まっています。有名な伊藤博文が今のドイツ、当時のプロシアに行って学び、帰ってきてつくった憲法です。これに対して、わが日本国憲法は、第二次世界大戦終結後の1946（昭和21）年11月3日（今は文化の日）に公布され、翌1947（昭和22）年5月3日（今は憲法記念日）に施行されました。私は、日本国憲法に対する敬意を込めて、5月3日を "憲法誕生日" と呼んでいます。皆さんもこれからはぜひ憲法誕生日と呼んで下さいね（笑）。

　この二つの憲法を比較したときの最大の違いは "主権の所在" にあります。すなわち、明治憲法は天皇主権であり、憲法の目的も国家の目的も、天皇に満足して喜んでもらえる政治を実現することにありました。天皇は現人神（あらひとがみ。「人間の姿で現れた神」）なのですから、当然そのようになります。これに対して、日本国憲法は、国民主権であり、憲法の目的も国家の目的も、国民一人ひとりの幸福な一生を実現し、国民に満足して喜んでもらえる政治を実現することにあります。二つの憲法の違いはすべてここから生まれてくるといっても過言ではありません。

　前述したように、天皇主権の明治憲法のもとでは、われわれは国民ではなく臣民（しんみん。要するに、天皇の家来、しもべ）であり、当然、生まれながらに権利や自由はありません。あくまで権利や自由は天皇から恩恵としてたまわるものでした。すなわち、天皇からお情けで恵んでもらう限度でしか権利はありませんでした。だから当然、若者も天皇が御国のために戦争へ行って死んでくれと言ったら死なざるをえません。もし天皇の命令に逆らえば、大逆罪で、厳罰に処せられてしまいます。太平洋戦争では皆さんのように前

途有望な多くの若者が"天皇陛下万歳"を叫びゼロ戦でアメリカの艦隊に突っ込んでいきました（いわゆる"神風特攻隊"）。もちろん私は象徴天皇制には賛成ですし、日の丸・君が代も認めます。私は大学の研究室に日の丸を掲揚していますし、大相撲の千秋楽では君が代を歌います。自宅の床の間には天皇陛下の肖像も掲げています。しかし、それとは別問題として、過去の歴史は決して忘れてはならないと考えています。「過去に目を閉ざす者は現在にも盲目になる」（ワイツゼッカー元ドイツ大統領）からです。過去を謙虚に踏まえることがひいては天皇制の末永い存続につながることは間違いないでしょう。

　まず、①軍備や戦争についてですが、明治憲法では、われわれ臣民には兵役の義務が課され、天皇に陸海軍の統帥権がありました。また、宣戦大権も天皇が持ちました。よって、天皇の命令なしに戦争が開始されることはありません。これに対して、日本国憲法では、すでに学習したように、徹底した平和主義が採用され、戦争の放棄・戦力の不保持・交戦権の否認という平和のための三つの原則が宣言されています。

　つぎに、②国会についてですが、明治憲法では、衆議院と貴族院の二院制が採用され、衆議院議員は選挙でえらばれていましたが、貴族院議員は皇族や華族などのほか、天皇の任命制でした。そして、国会は、天皇の協賛機関（天皇の意思を法律にする機関）でした。これに対して、日本国憲法では、衆議院と参議院の二院制が採用され、いずれの議員も選挙でえらばれています。そして、国会には、国権の最高機関、国民の代表機関、唯一の立法機関という三つの憲法的地位が認められ、国民の意思を最大限に政治に反映することが求められています。

　また、③内閣についてですが、明治憲法では、国務大臣についての規定はありましたが、内閣や内閣総理大臣についての規定はありませんでした（それらはあくまで法律事項でした）。そして、国務大臣は、あくまで天皇の輔弼機関（ほひつきかん。天皇のお助け役）でした。これに対して、日本国憲法では、内閣は行政権を担当する国家機関であり、国民の代表機関である国会に対して連帯責任を負います。もちろん内閣や内閣総理大臣の制度も規定されています。そして、内閣は、議院内閣制のもとで国会を通じて国民による民主的コントロールを受けます。

　さらに、④裁判所についてですが、明治憲法では、司法権も天皇にあり、

裁判はあくまで天皇の名において行われました。そして、大審院（現在の最高裁）を頂点とする裁判所は、民事と刑事の裁判権のみを有し、行政裁判所、軍法会議、皇室裁判所などのいわゆる特別裁判所の設置が広く認められていました。それゆえ、法の支配はきわめて不徹底でした。これに対して、日本国憲法では、裁判所は司法権のすべてを掌握する機関であり、明治憲法と異なり違憲審査権も認められています。そして、特別裁判所の設置は原則的に禁止され、法の支配は厳格につらぬかれています。特に最高裁判所は"人権保障最後の砦""憲法の番人"としてきわめて高い権威を持ち、国民から厚い信頼を寄せられる機関となっています。

　明治憲法では、行政に文句を言う裁判、すなわち行政裁判は、通常の裁判所には提起できず、特別に設置された行政裁判所に提起しなければなりませんでした。しかも、その行政裁判所はどこにあるのかといったら、行政の中にあったのです。それで公正な裁判になるわけがありませんね。泥棒を捕まえて裁判所に連れていったら、裁判官が石川五右衛門だったみたいなものです（笑）。まともな裁判にはなりません。さらに、明治憲法のもとでの裁判制度では、われわれ臣民は行政の権力的な行使に対して裁判を提起することはできませんでした。例えば、現在の日本国憲法のもとでは、県警の警察官に理由もなく殴られた場合には、国民は行政（県）を相手に国家賠償の裁判を提起することができます。しかし、明治憲法のもとでは、そのような場合、国家無答責（国家無責任）の法理が支配し、"行政は悪をなさず"として、司法的救済は認められませんでした。「おまわりさんは天皇陛下のために一生懸命に仕事をしているのだから、我慢しろ。それくらいのことで裁判など起こすな」ということでしょう。よって、臣民が行政を訴えてもまず裁判で勝つことはできませんでした。

　日本国憲法における裁判所には、明治憲法とは違い、違憲審査権が認められていますが、これは裁判所にのみ与えられた"伝家の宝刀"であり、とてつもない権限です。例えば、国会がつくった法律を裁判所がくつがえして、ちゃら（無効）にすることができるのです。国会議員は、衆議院と参議院を合わせれば約700人もいて、しかも国民から直接選挙でえらばれています。その国会議員が国会という公開討論の場で話し合って多数決で制定した法律なのに、選挙でえらばれてもいない、わずか15人の最高裁の裁判官がその違憲無効を決定してしまうのです。内閣や総理大臣のなした行政決定も然りです

（詳細は、裁判所のところでやります）。

　最後に、⑤地方自治制度についてですが、明治憲法には規定がなく、あくまで法律事項でした。そして、その目的は、主権者である天皇の命令を全国津々浦々に行き渡らせて、それに従わせることにありました。すなわち、地方自治はわれわれ臣民を支配・服従させるための手段に過ぎないものだったのです。これに対して、日本国憲法では、地方自治制度が明文で保障されています。そして、その目的も国の政治とは別に地方の政治を認めることにより、国民一人ひとりの幸福な一生を実現することにあり、明治憲法とはまったく基本理念を異にしています。このように、日本国憲法と明治憲法とでは、徹頭徹尾、基本理念がまったく異なります。まさに大違いなのです。

　イギリスでは1689年にジェームズ 2 世が無血で王位から追放されましたし（名誉革命）、フランスでは1789年にルイ16世がギロチンにかけられて処刑されました（フランス革命）。このようにヨーロッパには200年以上も前に絶対王政が市民によって打倒された歴史があります。しかし、日本では70数年前に日本国憲法ができるまで絶対王政が続いていたのです。確かに日本はアジアの中では進んでいたかもしれないけれど、ヨーロッパのスタンダードから考えたら、いかに日本が政治的には後進国だったかがわかると思います。日本は70年でここまで変わりましたが、ボケっとしていたら、70年後にはまた明治憲法に戻ってしまうかもしれません。今、憲法を改正しろと叫んでいる人の中には、「明治憲法が理想的だ」と言っているような人も決して少なくありません。大学の先生でも、「明治憲法の方がいい。できる限り明治憲法にもどしましょう。明治憲法の精神を復活させましょう」と言う人がいます。政治家のなかにさえそのような人はいます。まさに日本国憲法の最大の危機といえます。もし社会が少しでも明治憲法の体制に回帰しようとするならば、その時こそ、皆さんのように大学でしっかり憲法を学んだ国民が勇気をもって反対の声をあげなければなりません。そうしなければ暗黒の時代が繰り返されてしまいます。ぜひそのことを心に銘記して下さい。

第十一講

# 内　閣

　それでは、本日の講義を始めます。今日のテーマは、第5章の内閣です。内閣についての憲法の条文は、65条から75条まで全部で11か条あります。前回に言った通り、統治の分野では各章の最初の条文が大事になります。この点、最初の条文である65条は、日本国憲法において一番短い条文で「行政権は、内閣に属する。」とわずか12字しかありません。十分にテレビのクイズ番組の問題になりますね（笑）。内閣が行政権を行使する国家機関であるということは、小学生でも習うようなことなので皆さんも当然、ご存知だと思いますが、ここでまず最初に押さえなければならないのは、それでは「行政権」とは何かということです。皆さんがもし小学生から「行政権ってなんですか？」と尋ねられたら、どのように答えるでしょうか？

　「行政権」の概念は分かっているようで、いざ説明しろと言われるとなかなか答えにくいかもしれません。この点、行政権とは「行政に関する国家権力」であり、ここにいう行政とは「国家の作用から立法と司法を除いたもの」と解するのが通説的見解と言われています（いわゆる行政控除説）。ですが、皆さんはこの定義はおかしいと思いませんか？　私は、大学の講義で初めてこれを習った時に、国家権力から立法をひいて司法をひいて残ったものが行政というように、なぜ引き算で定義するのか不思議に思いました。もっ

と積極的に表から定義できないのかと疑問でした。皆さんの中にも、そのように思った人がいると思います。例えば、男性とは何ですかといわれたら、人間から、女性やLGBTなどの中性の人びとを除いた者と答えることは、決して間違いではないですが、そういう引き算による定義の仕方を普通はしませんし、ちょっとおかしいと思う人も多いかもしれません。しかし、これには理由が大きく2つあります。なんで引き算による定義である行政控除説が通説なのか、それを理解することは学問的には非常に重要なことなのです。

　まずは、①歴史的・沿革的な理由です。ヨーロッパにおける絶対王政の時代には、王様が立法権・司法権・行政権のすべてを掌握し、絶大な権力をふるっていました。やがて天賦人権思想にめざめた市民が団結して王様に抵抗し（近代市民革命）、王様から権力を順次、奪っていくことになるのですが、三権のなかで市民が最初に王様から奪ったのが立法権であり、その後に司法権を奪いました。そして、三権のなかで最後まで王様が頑なに手放そうとしなかったのが行政権なのです。よって、国家作用から立法と司法を除いた残りを行政とする行政控除説は、このような歴史的な経緯にかなった考え方なのです。しかし、これは、歴史的・沿革的なもので、それほどたいした理由ではありません。

　この点、もう一つのより重要な②実質的理由もあります。すなわち、そもそも行政活動はきわめて多種多様です。例えば、スピード違反を取り締まるのも、貧しい人びとに生活保護を与えるのも、ドロボウを捕まえるのも、市民体育祭を開催するのも、戦争を始めるのも、免許証やパスポートを発行するのも、ごみの収集も、婚姻届を受理するのも、戸籍の管理も、道路の管理も、狂犬病の予防注射をするのも、すべて行政の働きです。このような多種多様な行政活動を短い言葉で簡潔に定義するのは、ほぼ不可能に近いのです。特に行政法の先生がさかんに行政を積極的に定義づけることにチャレンジしていますが、まだ誰も成功していません。定義というものは、必要なものは全部含めて、いらないものは全部排除して、過不足なく含めなければいけないのです。しかもそれを、なるべく短い言葉で表現しなければなりません。そういうことはなかなか難しいのです。これが行政の定義のお話です。

　そして、日本国憲法は、三権分立を前提に、政治制度としていわゆる議院内閣制を採用しています。この点、行政府のあり方には大きく議院内閣制と大統領制の二つがあります。議院内閣制とは、イギリスで発達したもので、内閣（行政府）が議会（立法府）の信任を存立の基盤として、議会に対し責任を負う制度のことをいいます。内閣と議会との協働関係を重視するところに特徴があり、内閣不信任と解散の制度があるのが通例です。これに対して、大統領制とは、アメリカで発達したもので、立法府と行政府がともに直接国民の信任を存立の基盤とし、直接国民に対して責任を負う制度のことをいいます。権力分立を重視するところに特徴があり、内閣不信任や解散の制度はありません。

　それでは、両制度の本質的な違いはどこにあるのでしょうか？　そもそも議院内閣制というのは、立法府が兄、行政府が弟の立場にたち、行政府と立法府が基本的に仲良くやっていくのが前提の制度です。人間の世界と同様、弟は兄の言うことにはなかなか逆らえないのです（笑）。それに対して、大統領制は違って、立法府と行政府が対等で、基本的には対立し張りあいながら、切磋琢磨してやっていくのが前提の制度です。そのような違いが生じるのは、議院内閣制では立法府の信任にもとづいて行政府がつくられ、もともと行政府は立法府から民主的コントロールを受ける立場にあるのに対して、大統領制の下では大統領も国会議員も国民から直接に選挙でえらばれているので、いずれにも強固な民主的基盤があるからです。

　これは"二頭立ての馬車"に例えて説明すると分かりやすくなります。皆さん、二頭立ての馬車を思い出してみてください。議院内閣制はつぎのように説明できます。大きな馬車を二頭の馬が引っ張って走っていますが、その二頭の馬は縦に並んで走っています。前を走る馬が小さい馬で、後ろが大きい馬です。小さい馬は大きい馬にコントロールされています。その馬車が国、前を走る小さい馬が内閣、後を走る大きな馬が国会、そして、ムチを持って馬車を運転している御者が国民です。しかし、その御者のムチは前を走る小さな馬には届きません。すなわち、国民は首相とか大臣を直接、選べないのです。ですが、ムチは後を走る大きい馬には届きます。国会議員は国民が直接、選べるのです。要するに、国民のムチは国会には届くが、内閣に

は届かないことになります。だから大きい馬と小さい馬が立ち止まってケンカを始めたら、御者がムチで決着をつけることはできません。いくら仲の良い兄弟の馬でも、時にはケンカすることもあります。御者がムチで決着をつけようとしても、前を走る小さな馬（内閣）には届かないので、馬同士がケンカして動かない場合に備えて、ケンカを解消するための武器をそれぞれの馬に持たせたのです。大きい馬から小さい馬、国会から内閣に対して使われる武器が内閣不信任制度であり、反対に小さい馬から大きい馬、内閣から国会に対して使われる武器が解散制度なのです。

　それと対比すると、大統領制はつぎのように説明できます。大きな馬車を二頭の馬が引っ張って走っていますが、その二頭の馬は大きさが同じで、今度は横に並んで走っています。もちろん馬車が国、二頭の馬が立法府と行政府、そこにムチを持って乗っている御者が国民ですが、同じ大きさの二頭の馬が横に並んで走っているから、御者のムチは両方に当たります。すなわち、大統領制の下では、国民は大統領も国会議員も選挙で直接、選ぶことができます。馬同士が立ち止まってケンカを始めたら、御者がムチで決着をつけることができるのです。国民は大統領にも国会議員にも選挙というムチを入れられるわけです。アメリカでは、大統領選挙は4年に1回、国会議員選挙も2年に1回は必ずあります。要するに、2年に1回は必ず国政選挙があるのです。よって、大統領制では、立法府と行政府のケンカは国民が選挙を通じて直接、仲裁ができるので、議院内閣制のように内閣不信任や解散の制度がなくてもまったく問題はないのです。

　自分の意見を人前で強く主張することを控え、まわりとの調和を大事にする日本人の文化にかんがみるならば、日本では、国民の声を直接、行政府に反映させる大統領制よりも議院内閣制の方がいいでしょう。我われ国民が国会議員を選んで、国会議員の中から首相をはじめとする内閣の主要メンバーを決めて、国会に内閣をコントロールさせるのです。国民が直接、内閣をコントロールしないで、国会というワンクッションを置いておく方が日本の文化にあっていると思います。

　日本国憲法のどの条文にも、「議院内閣制」という言葉は書いてありませんが、日本国憲法が議院内閣制を採用しているということに争いはありませ

ん。それでは、なぜ日本国憲法が議院内閣制を採用しているということが分かるのかというと、以下の条文を読めば、日本国憲法が議院内閣制を採用しているということが解釈によって導かれるのです。すなわち、①総理大臣、国務大臣の議院出席権および出席義務（63条）、②内閣の国会に対する連帯責任（66条３項）、③総理大臣は国会議員の中から国会の議決で指名される（67条１項）、④国務大臣の過半数は国会議員でなければならない（68条１項）、⑤衆議院の内閣不信任決議に対して内閣が総辞職する（69条）、⑥衆議院議員の総選挙後、内閣は総辞職しなければならない（70条）。

　そのなかで一番わかりやすい条文は、憲法66条３項です。同条は、「内閣は、行政権の行使について、国会に対し連帯して責任を負ふ」と述べていますが、これは議院内閣制にしかありえない条文です。これがもし大統領制ならば、「大統領（府）は、行政権の行使について、国民に対して直接責任を負う」となっているはずです。すなわち、大統領制では、行政府も立法府も国民に対して直接責任を負うのです。よって、憲法を改正して、首相を選挙でえらび（いわゆる首相公選制）、内閣が国民に対して直接責任を負うことを明記すれば、実質的には大統領制に大きく近づくことになります。

　日本の場合は、首相や大臣が国会内に座席を持ち、国会に出席するのが原則です。また、首相はもちろん大臣の過半数は国会議員です。この点、議院内閣制の発祥の地であるイギリスは、首相と大臣の全員が国会議員でなければなりません。内閣の国会に対する連帯責任にかんがみれば、イギリスの方が議院内閣制のあるべき姿と言えますが、日本国憲法は、国会議員以外に大臣に適任な人材がいる場合もあることを考慮したのです。これに対して、アメリカの大統領制の場合は、大統領も長官（省庁の長。例えば、国務長官、司法長官）も国会内に座席はありませんし、国会議員であってはなりません。また、国会に出席する権利も義務もありません。大統領は、国会に法律の制定等の施策を要請することができますが（これを「教書」という）、教書は文書の形式で国会に送達されます。国会によって特に招待された場合のみ、大統領は国会で「教書演説」ができます。このように、大統領制では、行政府の立法府に対する連帯責任という考え方はまったくなく、大統領と国会は原則として独立・対等に職務を遂行することになります。この議院内閣制と大統領

制の違いは、統治の分野の重要論点ですので、しっかり理解しておいてください。

　つぎも重要論点の一つである「衆議院の解散」です。解散には“69条解散”と“7条解散”とがあります。まず、憲法69条を見てください。同条は、衆議院で内閣不信任案が可決（または、内閣信任決議案が否決）された場合に、内閣がとりうる2つの選択肢、すなわち、①10日以内に衆議院を解散することと、②総辞職をすることを規定しています。条文上は「内閣」が行為の主体となっていますが、解釈上、解散権は“首相の専権”とされていますので、「内閣」は内閣の首長である「首相」と読み替えることになります。この点、具体例をあげて説明します。衆議院で A 首相をやめさせるべきかどうかについて決議をとって、やめさせるべきだという議員が過半数をしめた場合（内閣不信任案の可決）、A 首相がとりうる手段は2つです。自分の政治が悪かったと反省するのであれば、ごめんなさいと言って素直に首相を辞め、A 内閣を解散すればいい。これが総辞職。しかし、A 首相は、それほど素直ではなく鉄面皮なので、そんなことをするわけがありません。必ず10日以内に反対に衆議院を解散するでしょう。これは、「俺がやっている政治は正しいはずだ。お前たちの方がもう一度、国民に選ばれてこい」という A 首相の衆議院議員全員に対する意思表示に他なりません。そうすると40日以内に、いよいよ政治決戦、“総選挙”になります（憲法54条1項）。その際、国民は、A 首相に首相を続けてほしいと思えば、A 首相を支持する与党の候補者に投票すればいいし、A 首相を辞めさせたいと思えば、野党の候補者に投票すればいいのです（野党が過半数の議席を制すれば、通常、野党第一党の党首が新首相となります）。国民はそこで間接的にではありますが首相を選ぶことができるのです。総選挙があると、その後、30日以内に特別国会が開かれます（憲法54条1項）。そして、その特別国会の冒頭で、総選挙で示された最新の民意にもとづいて新たに首相を選び直します（いわゆる首班指名選挙）。よって、衆議院解散に打って出た首相も、特別国会の冒頭で結局いったんは辞めないといけません（憲法70条）。ですが、総選挙で A 首相を支持する候補者が過半数、当選して議員になっていれば、そこで選び直しても A がまた首相に指名されますから、結果として A 内閣は存続することになり

ます。これに対して、国民が野党を選択していれば、通常、野党第一党の党首が新しい首相になり、A内閣は消えていく運命となります。このように、日本の政治制度のもとでは、確かに大統領制のように国民が直接、行政の長を選ぶことはできませんが、国民の政治的意思が首相の選択にかなり反映するようにはなっています。例外はありますが、衆議院選挙で過半数を制した政党、あるいは比較第一党の政党の党首が首相になります。これは非常によくできた制度と言え、十分に理解しておいてください。

　衆議院の解散には、衆議院で内閣不信任決議が可決された場合の69条解散の他に、必要に応じて民意を問うための7条解散があります。この点、憲法7条は、内閣の助言と承認により天皇が国民のために行うことができる国事行為として、その3号に衆議院の解散を規定しています。7条を素直に読めば、天皇が解散の主体であり、天皇に実質的な解散権があるように思えますが、もちろん象徴天皇制（憲法1条）のもとではそのような解釈は許されません。天皇の解散権はあくまで形式的・儀礼的なものであり、実質的な解散権は「助言と承認」権を根拠にして内閣にあると解されています。すなわち、天皇は内閣の進言を拒むことはできず、内閣の言った通りに解散するしかないから、内閣の実質的解散権はここから読み取ることができるということです。ただし、この場合にも「内閣」は内閣の首長である「首相」と読み替えることになります。よって、首相は、政治課題について国民の意見を聞きたい時には、7条3項を根拠に天皇の口を通して自由に解散できることになります。しかし、近時は、首相が党利党略や私利私欲にもとづいて正当な理由もないのに自分の有利な時期に解散することの是非が問題になっています。この点、首相の解散権の濫用をいかに憲法的に抑止するかが今後の大きな課題といえるでしょう。

　今度は、内閣の構成や組織について見ていきます。まず、内閣の首長である内閣総理大臣（首相）は、国会が指名し（憲法67条1項）、天皇が任命します（憲法6条1項）。資格要件は国会議員であることと（憲法67条1項）、文民であること（憲法66条2項）です。国会議員であればよく、衆議院、参議院を問いませんが、これまで参議院議員で内閣総理大臣になった人はいません。やはり衆議院の優越ですから、「首相は衆議院から」というのが〝憲政の常道〟

という判断だと思います。また、「文民」とは要するに「軍人でない者」ということですが、その具体的解釈については学説上、争いがあります。この点、「過去に軍国主義思想に深く染まった職業軍人の経歴を持たない者、および、現在自衛官でない者」と解するのが政府見解であり、通説的見解でもあります。「過去に職業軍人の経歴を持たない者」とは、日本軍が存在した明治憲法の時に軍人でなかったという意味です。「現在自衛官でない者」だから、すでに自衛隊を退職した人は文民たりうることになります。実際、元自衛官であった国会議員が大臣になったことがあります。この文民条項は、まさに文民統制（シビリアン・コントロール。軍事力に対する民主的統制）の原則の現れといえます。

　これに対して、国務大臣は、内閣総理大臣が任命し（憲法68条1項）、天皇が認証します（憲法7条5号）。資格要件は過半数が国会議員であることと（68条1項）、全員が文民であること（憲法66条2項）です。憲法には、国務大臣の定数は規定されていませんが、内閣法では、現在、原則は14人、ただし、特別に必要がある場合には17人に、さらに復興庁および東京オリンピック推進本部が置かれている間は19人にできるとされています。実際、現在、国務大臣は19人います。そして、総理は大臣を選んだら、通常、その大臣が得意とする分野の行政官庁を任せて、仕事を分担させます。「おまえは法律に詳しいから法務大臣をやれ、おまえは英語ができるから外務大臣、おまえは学校の先生だったから文科大臣……」。例えば、法務省を任せられた国務大臣が法務大臣、外務省を任せられた国務大臣が外務大臣というように、国務大臣は任せられた役所の名前をつけて呼ばれます。しかし、役所を任せられず、仕事を分担しない大臣も置くことができます。仕事をやらなくてよいから形だけ来てくれと招いて、仕事を分担させないのです。これを無任所大臣といい、通常、単に“国務大臣”と呼びます。無任所大臣は、総理経験者や重鎮議員、長老議員等を内閣のお目付役として、三顧の礼で招いて入閣してもらい、ニラミをきかせてもらう場合などに置かれます。

　内閣は合議体（総理と19人の大臣、計20名）の行政庁で、“閣議”によって意思を決定します。内閣の最高意思決定機関である閣議は、内閣の首長である内閣総理大臣が主宰します（内閣法）。閣議は、多数決ではなく慣習上、全会

一致で議決することになっています。皆さんは、全会一致が要求されるので
は物事が決まらず困るのではないかと思うかもしれませんが、それは杞憂で
す。なぜなら、日本国憲法上、内閣総理大臣の権限は絶大だからです。すな
わち、明治憲法では内閣総理大臣は憲法上の制度ではなく法律上の制度に過
ぎず、また、「同輩中の首席」としてその地位は、あくまで他の国務大臣と
対等でした。しかし、日本国憲法では、内閣総理大臣は内閣の首長として、
内閣を代表する地位にあり（憲法66条）、内閣を組織する権能として、国務大
臣の任命権・罷免権を持っています（憲法68条2項）。総理は、この権限を
まったくの自由裁量で行使でき（「任意に」）、閣議決定は不要とされていま
す。また、その行使についても、政治的責任を負うにとどまり、法的責任は
負いません。例えば、イビキがうるさいことを理由に大臣を罷免しても、総
理に法的責任は生じません（ただし、国民やマスメディアから政治的責任を厳しく追
及されるでしょうが……）。よって、各国務大臣は、総理に反対意見を言うこと
はあっても、罷免されたくなければ最後は総理の意見に従わざるをえないの
です。総理が持つ国務大臣の任命権・罷免権は、まさに総理を内閣の首長た
らしめている権力の源泉と言えるでしょう。また、閣議は非公開とされてい
ます。閣議では、国家機密や外交上の秘密に当たるようなことも話し合うか
ら公開はできないのです。例えば、北朝鮮とどうやって拉致問題の交渉をす
るかということを公開の場所で議論したら、秘密が漏れてしまいますね。

　それ以外の内閣総理大臣の憲法上の権限としては、内閣を運営する権能と
して国務大臣訴追の同意権（憲法75条）があります。さらに、内閣を代表す
る権能としては、①議会への出席発言権・出席義務（憲法63条）、②議案の国
会への提出権（憲法72条）、③一般国務・外交関係の国会への報告権（憲法72
条）④行政各部の指揮監督権（憲法72条）、⑤法律・政令への連署（憲法74条）
があります。この点、②につき、条文上は総理大臣が内閣を代表して議案の
提出を行いますが、これは内閣の提出権を総理大臣が代表して行うものと解
されています。また、⑤につき、この場合、主任の国務大臣は「署名」（憲
法74条）をします。なお、連署・署名は効力要件ではなく、内閣としての執
行責任を明確にするのが趣旨です。

　最後に、内閣の権能ですが、行政権に固有の権限については、憲法73条に

まとめて規定されています。すなわち、①法律の誠実な執行と国務の総理（1号）、②外交関係の処理（外交権、2号）、③条約の締結（条約締結権、3号）、④官吏に関する事務の掌理（公務員の人事行政権、4号）、⑤予算案の作成と国会への提出（予算作成提出権、5号）、⑥政令の制定（政令制定権、6号）、⑦恩赦の決定（恩赦決定権、7号）、⑧他の一般行政事務（憲法73条本文）がそれにあたります。この点、③につき、「条約」とは、国家間または国家と国際機関との間で結ばれる文書による法的な合意のことです。国会が条約承認権を持ち（憲法61条）、内閣は事前または事後に国会の承認が必要となります。また、⑤につき、「予算」とは、一会計年度における国家の歳入と歳出等についての財政行為の準則のことです。国会が予算承認権（憲法61条）を持ち、内閣が国会に提出した予算案は、国会の承認により予算として成立することになります。つぎに、⑥につき、「政令」とは内閣が制定する命令のことです。もちろん国会が制定する法律より法的効力は劣ります。政令に罰則を設ける場合には、法律の委任が必要とされています。さらに、⑦につき、「恩赦」とは、一定の政策的な目的から国家の刑罰権の全部または一部を消滅もしくは軽減させる制度です。例えば、新天皇の即位などの国家的な慶弔の機会に国家の慈悲による恩恵として行われたりします。内閣が恩赦の決定を行いますが、恩赦の認証は天皇の国事行為として行われることになっています（憲法7条6号）。そして、行政権は内閣に属するのですから（憲法65条）、行政機関は内閣の指揮命令に服するのが原則です。しかし、特定の行政作用については、直接に内閣の指揮命令を受けず内閣から独立して、その職権を行使することが認められる合議制の行政機関も存在しています。これを独立行政委員会といい、例えば人事院、公正取引委員会、国家公安委員会などがこれにあたります。

　天皇に対する権限としては、すでに言及した天皇の国事行為に対する助言と承認（憲法3条、7条）があります。条文上は天皇が主体的に持っている国会招集権（憲法7条2号）や衆議院解散権（憲法7条3号）はあくまで形式的・儀礼的な権限で、実質的決定権は「助言と承認」権を持つ内閣にあることは再度、確認してほしいです。また、国会に対する権限としては、①臨時国会の召集の決定（憲法53条。これは通常国会や特別国会についても類推されると解されて

います）、②衆議院の解散（憲法7条3号）、③参議院の緊急集会の要求（54条2
項）があります。さらに、その他の権限としては、①最高裁判所長官の指名
（憲法6条2項）、その他の裁判官の任命（憲法79条、80条）、②予備費の支出（憲
法87条）、③決算の提出および国の財政状況の報告（憲法90条、91条）がありま
す。

　今日の講義はここまでですが、必ず復習で各条文をもう一度、よく読んで
確認してください。よろしく！

## コラム11 小さな政府と大きな政府

　以前から行政府には、大きく分けて、"小さな政府" と "大きな政府" とい
う二つのモデルケースがあると言われてきました。最近はあまり聞かなくな
りましたが、私は現在でもこの二つのモデルケースをもとにあるべき行政府
の姿を考察することは意味のあることであると考えています。今日はこの行
政府についての二つのモデルケースについて考えてみたいと思います。

　まず、小さな政府ですが、平等よりも自由を重視し、経済に占める政府の
規模を可能な限り小さくし、国家の機能を安全保障や治安維持など最小限に
とどめるべきとする国家観をいいます。イギリスの経済学者で『諸国民の富
（国富論）』を書き（1776年）、"近代経済学の父" と呼ばれるアダム・スミス
の考え方に立脚します。すなわち、市民社会において市民に自由な経済活動
を最大限に保障すれば、「神の見えざる手」が働いて社会は予定調和的に進
歩・発展すると考えます。政府の市場への介入を最小限にし、個人の自己責
任を重視する伝統的な自由主義（市場主義）に立脚し、より少ない歳出と低い
課税による低負担・低福祉を志向します。よって、公務員は削減され、民営
化が奨励されます。これは、アメリカの伝統的考え方です。例えば、アメリ
カには、オバマ前大統領が2010年に無保険者を解消する医療保険改革法を成
立させるまで、国営の国民皆保険制度はありませんでした（今でも決して十分
な内容とは言えません）。また、戸籍のような家族単位の国民登録制度も用意さ
れていません。そのような国家による市民への干渉は自由を損ないかねず、

余計な事なのです。実力主義の自由競争社会こそ活力を生み、社会を進歩・発展させるのであり、貧困や格差社会はある程度、やむをえないとします。日本では、自由民主党の考えに近いと言えます。この点、ドイツの政治学者であるフェルディナント・ラッサールがこのような国家を「夜警国家」（夜回りの警察官の仕事しかしない国家）と呼んで批判したことは有名な話ですね。

　怠けて遊んでいたら、いつホームレスになってしまうかもしれないけれど、頑張って努力して実力をつければ誰でも大金持ちや有名人になれる可能性が開かれている、このようなアメリカンドリームをめざす自由競争が、社会を進歩・発展させるのは、確かにそうだと思います。人は明日の我が身が不安だから一生懸命に今日この時に頑張るのであり、その頑張りが世の中の活力、発展のみなもとになるのです。しかし、自由競争や自己責任を過度に強調することは、弱肉強食の世界につながります。すなわち、社会的・経済的弱者（能力のない者、才能のない者、財産のない者……）にとっては“競争に負ける自由”でしかありえず、一生うかばれないということになりかねません。世の中が勝ち組（持てる者）と負け組（持たざる者）とに二極化し、激しく対立してしまいます。実際、19世紀後半の世界（特にアメリカやヨーロッパ）はそのようになってしまい、餓死者すら続出しました。このように、社会的・経済的弱者の切り捨てにつながることが小さな政府の最大の問題点と言えるでしょう。

　これに対して、大きな政府ですが、自由よりも平等を重視し、社会保障制度の整備や財政政策、雇用政策等を通じて国民の生活の安定を図るなど、国家が一定の理念の実現を目指して国民の生活、経済活動の在り方に積極的に介入すべきとする国家観をいいます。これまたイギリスの経済学者で『雇用・利子および貨幣に関する一般理論』を書き（1936年）、“20世紀を代表する経済学者”と呼ばれるジョン・メイナード・ケインズの考え方に立脚します。すなわち、アメリカでもっとも偉大な大統領と評価の高いフランクリン・ルーズベルトが世界恐慌（1929年）を克服するために世界で初めてケインズの理論（有効需要の原理）を取り入れて行った経済政策（ニューディール政策）がその最初と言われています。政府が市場へ積極的に介入し、社会的公正を実現する福祉主義に立脚し（いわゆる社会国家）、高負担であるかわりに高福祉となります。よって、公務員は多くなければならず、基幹産業は原則として国営化されます。これは、スウェーデン等の北欧諸国の伝統的考え方で

す。例えば、スウェーデンは、学校の授業料は大学院まで無料であり、医療費も格安ですが、間接税は現在25パーセント程度（日本はようやく10パーセント）であり、所得税の最高税率も60パーセント程度（日本は45パーセント）ときわめて重税となっています。日本では、社会民主党の考えに近いと言えます。この点、第二次世界大戦後から1970年代までのイギリスは労働党政権のもとで、「ゆりかごから墓場まで」（生まれてから死ぬまで国が手厚く面倒を見てくれる）というスローガンを掲げ、大きな政府の典型的な国でした（私の中学時代の社会科・公民の教科書にはそのことが明記されていました）。

　しかし、イギリスはその後、大幅に路線転換を迫られることになりました。すなわち、国家による高負担・高福祉の手厚い社会保障と国営化による産業保護政策は、国家の借金を増大させる一方、イギリスの経済成長を停滞させ、国際競争力をいちじるしく奪ったのです（いわゆる"英国病"）。というのも、いくら頑張ってもたくさん税金で取られてしまう一方、困った時にはいつも国が税金で助けてくれるなら、頑張っているふりをしていた方がいいし、やる気を失ってしまいます。少しでも楽な方へと考えてしまうのが人間なので、本当にイギリスはそうなってしまいました。「ゆりかごから墓場まで」とやっていたら、経済は発展せず税収はあがらないのにもかかわらず、社会保障費はどんどん増え、税金ではまかないきれなくなり、国の借金はふくらみ、国家の財政は火の車になってしまったのです。そして、それがさらに経済の足を引っ張るという悪循環でした。これではやってはいられないと、国営企業の民営化に向かっていきました。このように、経済成長を停滞させる一方、社会保障費を増大させ、借金国家につながることが大きな政府の最大の問題点と言えるでしょう。

　それでは、皆さんはどちらの国に住みたいですか？　それを考えるにあたり、ここでもう一言いっておきたいのは、これは決して二者択一の問題ではないということです。どちらをどの程度、取り入れるかという、コーヒーではないけれどもブレンドの話なのです（笑）。例えば、アメリカだって、貧弱だけれども社会保障制度があり、大きな政府の考えがまったくないわけではありません。また、スウェーデンだって、経済を成長させるために小さな政府の考えも取り入れています。どちらに軸足をおき、他方をどの程度、取り入れて政治をやっていくのかという政策判断の問題なのです。この点、アメリカは小さな政府の考え方が8割、大きな政府の考え方が2割、スウェーデ

ンはその逆といったところでしょうか。戦後の日本の政治をほぼ一貫して担当してきた自民党は、規制緩和とか民営化とかの政策がまさに小さな政府の考え方といえます。現在の自公政権も小さな政府に軸足を置き、小さな政府の考え方が６割で大きな政府の考え方が４割くらいといえると思います。しかし、私はあくまで大きな政府に軸足を置いた方がいいと思います。大きな政府を基本にしつつも、経済を発展させるために小さな政府をいれるのです。わたしの考え方でいったら大きな政府の考え方を６割、小さな政府の考えを４割という路線が最適なバランスだと思います。やはり国は社会的な公正や平等のために積極的に市民生活に介入すべきであり、自由や自己責任を過度に強調して国が責任逃れをすることは許されません。この点、自由が大好きで小さな政府の典型的な国であるアメリカで、民主社会主義者を公言するバーニー・サンダースが、格差是正や国民皆保険制度の実現、教育支援制度の充実等の大きな政府の政策を掲げて、前回2016年の大統領選挙で若者や貧困層の支持を集めて大善戦したことは、特に注目に値する出来事といえましょう。今後は"社民主義の復権"がキーワードになるような気がします。

　18歳選挙権が実現したことによって、大学生はみんな有権者となりましたが、選挙へ行って投票しようと思っても誰に投票したらいいのか、どの政党に投票したらいいのか、なかなか判断できないと思います。そのような時に、この"大きな政府か、小さな政府か"という点が一つの判断基準になると思います。すなわち、自分がどちらの国に住みたいのかを考えて、それに近い政策を主張している候補者や政党に入れるのです。そういうことを考慮して投票してもいいかもしれません。例えば、ドナルド・トランプとバーニー・サンダースが候補者だとしたら、私は迷うことなくバーニー・サンダースに一票を入れますね（笑）。小さな政府に住みたい人は、自民党のような、小さな政府を主張している政党に入れればいい。大きな政府ならば社民党でしょうか。以前の民主党政権は、子ども手当とか、高校の無償化とか、農家の個別所得保障とか、最低保障年金とか、かなり大きな政府寄りの政策をとっていました。私は今でも政策のセンス自体は悪くはなかったと思っています。いろいろと反論はあるでしょうが……（笑）。大きな政府と小さな政府という二つの対極的な国家観は、最近ではほとんど議論されなくなってしまいましたが、政府のあり方や国家像を考える際にぜひヒントにして下さい。

## 第十二講　裁判所

　それでは、今日の講義を始めます。今回は、裁判所、すなわち司法権が
テーマですが、三権のなかで私が一番好きで、皆さんにもっとも聴いてほし
い分野はこの司法権です。法は、"人を説得して紛争を解決する道具"です
が、法の持っているパワーが最高度に発揮されるのが、司法権が行使される
現場である裁判所なのです。法を専門的に学んでいる人にとっては、法の働
きや効力を実感することができ、非常に興味深いところであります。

　「第六章　司法」の条文は、76条から82条までの７か条ですが、もっとも
重要な条文は、最初の76条です。そして、その１項には、すべての司法権が
最高裁判所を頂点とした裁判所に属することが規定されています。要する
に、裁判所のみが司法権を行使すると書いてあるわけです。それでは、裁判
所が行使する司法権とは、具体的にはどのような作用なのでしょうか？
"司法"とか"裁判"という漢字は小学校３,４年くらいで習うと思います
が、その言葉の意味を弟や妹、甥っ子や姪っ子から尋ねられたら、皆さんは
なんと答えますか？

　まあ、この場合、「司法権とは、裁判所で裁判官に法を使ってケンカを解
決してもらうことです」と説明すれば、どうにかなるでしょう（笑）。すな
わち、「ケンカをして、どうしても仲直りできない場合に、裁判所というと

ころに行って、裁判官というちょっと偉そうな人に、法という決まりを使っ
てケンカを解決してもらうのです」。それで普通の素直な小学生なら、納得
してくれるでしょう。

　しかし、大学生の場合には、それではもの足りません。もうちょっと深く
考えねばなりません。裁判所が行使する司法権が"紛争を解決する作用"で
あるという点はいいとして、それでは裁判所はどんな争いでも解決してくれ
るのでしょうか？　例えば、サンタクロースは本当にいるのかどうか、巨人
と阪神のどちらが強いのか、AKB のメンバーで誰が一番かわいいのかなど
の問題で、殴り合いのケンカになってしまったとします。その場合、仲直り
できないからといって、裁判所に行っても、そんな判断を裁判官がすると思
いますか？　そんな問題について裁判官に判断を求めても、「いい加減にし
ろ、そんな暇じゃないぞ」と言われてしまいます（笑）。そんな判断を裁判
官がするはずありません。それは皆さんでも常識で分かると思います。この
点、そもそも裁判所で裁判官によって解決してもらえる争いには限界がある
のです。言葉を換えれば、裁判所はあらゆる争いを解決するわけではなく、
一定の要件を満たした紛争しか裁判しないのです。そこで、裁判所に解決し
てもらえる紛争であるためにはどのような要件が必要なのかが問題になるの
です。要するに、司法権が発動されるための要件という問題です。

　その問題を考えるにあたっては、"司法権の概念"という本質論から考え
ていく必要があります。これは、日本国憲法における「司法権」（76条 1
項）、および、それを受けて規定された裁判所法における「法律上の争訟」
（3条 1 項）の解釈問題でもあります。この点、そもそも司法権の概念は論理
的に出てくるものでなく、それぞれの国の文化や伝統、国民のものの見方や
考え方、規範意識、裁判官が果たしてきた役割等を踏まえて、歴史的、沿革
的に形成される概念であることに注意してください。よって、その内容はそ
れぞれの国により大きく異なっています。

　例えば、フランスでは、フランス革命以前の裁判所が絶対王政擁護の立場
にたち、裁判官が王様と一緒になって市民を弾圧したという歴史がありまし
た。その歴史を踏まえ、フランスの法哲学者であるシャルル・ド・モンテス
キューは、その著書『法の精神』の中で「かくも恐るべき裁判権」と司法権

が濫用された場合の恐怖に言及し、「裁判官は法を語る口でなければならない」、すなわち、裁判官は法を解釈せず、ただ適用するだけでいいと主張しました。ここには、立法府が国民の総意として制定した法律をそのまま適用するのが司法権であり、裁判官にはなるべく権力を与えるべきでなく、裁判官の恣意は一切排除すべきであるという考え方が横たわっています。フランスの伝統として、裁判官は信用できないという歴史があるのです。このように、フランスでは、歴史的、沿革的に裁判官不信、司法権不信の法文化が形成され、司法権は限定的、抑制的に解されてきました。

　そして、このモンテスキュー以来の司法権の概念は、今でもフランスに根強く残っています。例えば、違憲審査権を行使する機関は（特別の憲法裁判所をつくるかどうかはさておき）裁判所であり、具体的には裁判官がその権限を行使するのが多くの国々のやり方ですが（日本も然り）、フランスでは裁判所や裁判官に違憲審査権を委ねず、憲法院という特別の機関をつくりその権限を行使させています。しかも憲法院は司法ではなく行政の一機関として位置づけられています。この点、フランスの違憲審査制度は非常にユニークと言えます（違憲審査権については後に詳述）。

　例えば日本なら、お父さんやお兄さんが裁判官だといったら、すごいですねと言われると思います。裁判官というと偉くて、近寄りがたくて、悪いことを一切しないような “正義のかたまり” みたいなイメージが日本にはあります（笑）。それは、つぎに述べるように日本国憲法がイギリスやアメリカの伝統を受け継いでいるからなのです。逆に、フランスでは裁判官はあまり尊敬されていないというのですから、日本とは大違いですね。

　フランスに対して、イギリスでは、すでに中世（日本でいったら鎌倉・室町時代）に、いわゆる “中世法優位の思想”（絶対的な君主も従わなければならない高次の法［すなわちコモン・ロー（根本法）］があるという考え）が芽生えていました。この思想がやがて近代になって、法によって権力を縛るという “法の支配” の原則として確立することになるのです。この点、中世イギリスの法学者・ブラクトンの「王様といえども神と法のもとにある」という有名な法格言は、現在では法の支配を象徴する言葉としてしばしば引用されています。皆さんもぜひ覚えておいてください。

　このようにイギリスでは、法によって王様の権力を縛るという考えが古く
から根づき、裁判官はそういう考えのもと、イギリス国民の権利や自由を護
るために大活躍しました。よってイギリスでは、フランスとは異なり、司法
は人びとから期待され、裁判官は人びとから尊敬される存在でした。そうい
うイギリスの伝統的な法文化は、イギリスの植民地であったアメリカに引き
継がれました。そして、それをアメリカを通して受け継いだのが日本国憲法
なのです。だから、我われ日本人は、司法権や裁判官に期待するのです。特
に、人権保障最後の砦、憲法の番人としての最高裁には、非常に大きな期待
をよせるのです。よって、違憲審査権は当然、裁判所が行使することになり
ます。

　以上の議論を踏まえ、通説は、日本国憲法上の司法権の概念について、
「具体的な争訟事件について、法を適用し、宣言することによって、これを
解決する国家作用」と解しています。そして、それを前提に、「具体的な争
訟事件」として司法権が発動されるための要件（いわゆる「事件性の要件」）に
ついては、①当事者間の具体的な権利義務または法律関係の存否（刑罰権の
存否を含む）に関する紛争であることと、②法の適用により終局的に解決で
きるものであることの2つをあげています。判例も同様の立場にたつものと
解されています。この点、日本国憲法における司法権がこのようなものであ
るということについては、おおかた理解の一致をみていると言って差し支え
ないですが、その根拠としては、通常、㋐日本国憲法はアメリカ憲法を受け
継いでいますから、日本国憲法の司法権はアメリカ流のものであるという歴
史的経緯（いわば歴史的・沿革的理由）と、㋑具体的紛争の当事者がそれぞれ自
己の権利・義務をめぐって理をつくして真剣に争うことを前提に、公平な裁
判所がそれに依拠して行なう法原理的決定に当事者が拘束されるという司法
の構造（いわゆる裁判所の法原理機関性）の担保（いわば理論的理由）があげられて
います。

　それでは、この2つの要件が裁判所で裁判をしてもらうために必要とされ
る理由について、事例をもとにもっと具体的に考えてみましょう。まず、要
件①に「当事者間の」とあるように、「当事者間の紛争」でないと裁判所は
裁判をしてくれません。例えば、私が皆さんの彼女を理由もなく殴って、重

傷を負わせて病院送りにしたとします。なんと彼女は意識不明！　当然、皆さんは烈火のごとく怒って、「この馬鹿野郎、俺の彼女になんてことをするんだ、俺がカタキをとってやるぜ」と、病院送りになってしまった彼女にかわって、皆さんは私に対して損害賠償の民事裁判を起こそうとします。それではこの場合、そのような裁判が認められると思いますか？　当然できるはずだと思う人も多いかもしれませんが、残念ながら皆さんは紛争の「当事者」ではないので、彼女のために裁判を起こすことはできません。いくら深く愛し合っていても、恋人同士の段階では法的にはお互いに赤の他人です。他人のために裁判はできないのです。すなわち、その紛争に法的利害関係を有し、その紛争が自分の法的権利・義務に関係する「当事者」しか裁判はできません。この点、もし夫婦ならば、夫婦は民法上、相互の代理権を持っていますので（761条）、当事者性がでてきますから話は違ってきます。また、弁護士は職務上の訴訟代理権が認められていますので（弁護士法）、当然に他人（依頼者）のために裁判を起こすことができます。要するに、その紛争に法的利害関係があれば「当事者」として裁判することは可能ですが、法的利害関係のない紛争については「当事者」とは言えず裁判することができないのです。

　皆さんは、なんでこういう要件があるのか考えてみてください。他人のために裁判できない理由はなんなのでしょうか？　確かに余計なお世話だというのはあります。誰かがいつの間にか、皆さんのかわりに皆さんのために裁判を起こしていたとしたら、当然、皆さんは「余計なことはやめてくれ」と言うでしょう。「頼まれてもいないのに、余計なことをするな」と。しかし、前述した弁護士等は別にして、通常はたとえ本人から頼まれた場合でも他人のために裁判はできないのです。例えば、前述の例で、皆さんの彼女が病院送りにされる際に、「私のかわりにヤツを裁判に訴えて慰謝料をたくさんとってね」と、虫の息の彼女から直接、頼まれたとしても、皆さんは彼女のために裁判を起こせません。紛争の「当事者」から頼まれてもダメなのです。

　これはなぜかというと、深い理由があります。裁判官がやっていることは、本当は神様にしかできないことです。例えば、10年前に A が B を本当にそこで刺したのかとか、あるいは、15年前に A が B に本当に100万円を貸

したのかとか、裁判官はそういう難しい判断を迫られます。そんなことは、本当は神様にしかわかりません。しかも、裁判官は、相撲の行司のように、必ずどちらかに軍配をあげなければなりません。職業柄、「わかりません」とか、「中立です」とは決して言えないのです。人間である裁判官が、本来、神様にしかできない"真実の発見"をしなければならないのです。裁判官が真実を発見するためには、やはり紛争の両当事者が一生懸命やってくれないとダメです。いい加減にやっていたら、真実には絶対に行き着けません。ですが、悲しいかな、人間は自分の損得、利害に関係がないことは一生懸命やらないのです。

　例えば、巨人と阪神のどっちが強いかなんて、そんなのどっちが強くても、自分の権利や義務に無関係だから、そんな裁判の当事者になっても、通常は一生懸命やりません。しかし、皆さんが訴えられて裁判の当事者になって、もしこの裁判で負けたら、すべてを失い無一文のホームレスになってしまうとします。そういう状況になったら、いい加減な裁判は絶対にしないはずです。できる限り、いい弁護士を選んで、裁判官を説得するために、少しでも自分に有利な証拠を血眼になって探しだして、自分が考えられる限りの主張をすると思います。そうやって両当事者が真剣にぶつかりあわないと、裁判官は真実を見つけられないのです。裁判官は自分で証拠を探すことはできず、あくまで当事者の出した証拠と当事者のした主張にもとづいて判断するしかありません。裁判官は基本的には法廷の椅子にドカッと座っているだけなので、真実を発見するためには、訴訟の両当事者が一生懸命に自分の意見を主張するとともに、できる限り多くの証拠を提出する必要があるのです。だから、裁判は「当事者」でなければダメなのです。前述の根拠①が「具体的紛争の当事者がそれぞれ自己の権利・義務をめぐって理をつくして真剣に争うこと」を前提にしているのも、このような趣旨にもとづくのです。要件①の「当事者」という訴訟要件には、実に深い意味があります。

　つぎに、要件①で「具体的な権利義務または法律関係の存否に関する」ことが、また、要件②で「法の適用により終局的に解決できる」ことがそれぞれ求められていますが、それではどうして「権利義務や法律関係に関し、法で解決できる争い」でないと裁判の対象にならないのでしょうか？　もちろ

んこれにも意味があります。裁判官は通常、大学では法学部で法律を学び、難しい法律の試験である司法試験を優秀な成績で突破しています。すなわち、裁判官はあくまで法律のプロなのであり、それ以外のことは決してプロではありません。それゆえ、法的な権利義務や法律関係に関する争いだけを、また、法で解決できる争いだけを持ってきてください、それ以外の争いは勘弁してくださいということです。だから、この 2 つの要件が訴訟要件として求められているのです。例えば、サンタクロースが本当にいるのかどうかという争いを裁判所に持ち込んで、裁判官に判断してもらおうとしても無理です。なぜなら、その争いは法的な権利義務や法律関係とは無関係ですし、法で解決することもできないからです。よって、2 つの事件性の要件のどちらかを欠く場合には、裁判所の審査が及ばず、裁判することはできません。その場合、裁判所は訴訟を受理せず、門前払いの判決（訴訟却下判決）を下すことになります。この点、抽象論だけだとわかりにくいので、実際に判例で問題になった具体例で考えてみましょう。具体例を見てもらうとよく分かると思います。

　まず、⑴抽象的に法令そのものの解釈または効力をあらそう場合には、要件①を欠くので裁判することはできません。この点、判例としては、警察予備隊違憲訴訟があげられます（最大判1952［昭和27］年10月 8 日）。警察予備隊というのは、現在の自衛隊の前身です。昔、自衛隊ができた当初は警察予備隊といったのです。1950（昭和25）年に朝鮮戦争が起きて、当時、日本を占領していた GHQ（実質はアメリカ軍）が、日本に再軍備させて、また戦争できる国にしようと、方針転換した時に、自衛隊の前身である警察予備隊がつくられました。そのとき、ある野党の議員が「警察予備隊は憲法の平和主義（9 条）に反する」として裁判を起こしました。それでは、皆さんはそのような裁判ができると思いますか？　この問題は、自衛隊で考えても同じなので、一人の国民が「自衛隊は憲法 9 条に違反する」と裁判ができるか、という問題に置きかえて考えてもらっても結構です。

　そもそも法律ができた段階では、まだ誰もその法律に個人的利害関係がありません。よって、要件①の「具体的な権利義務または法律関係の存否に関する」紛争がいまだ発生していないので、誰も「当事者」にはあたらず、裁

判に訴えることはできないことになります。実際、警察予備隊違憲訴訟は訴
訟却下判決で終結しています。この点、2015（平成27）年に成立した集団的
自衛権を限定的に認める安全保障関連法について、現在、全国各地で違憲訴
訟が起こされていますが、残念ながらそのほとんどは警察予備隊違憲訴訟と
同様に訴訟却下判決で終わると思います。ただし、世界のどこかで有事が起
きて、特定の自衛官が安保関連法にもとづいて戦地への派遣を命じられた時
に、その派遣を命じられた自衛官が「安保関連法は違憲だから、オレにはそ
んな戦地にいく職務上の義務はない」と裁判を起こしたとします。その場合
には、要件①の「当事者」「権利義務または法律関係の存否」いずれの要件
も満たしますので、事件性が肯定され、裁判官は原告の主張内容について裁
判しなければならないことになりますね。

　また、⑵学問上の論争や技術上の問題、単なる事実の存否等は、「法の適
用により終局的に解決」できないので、要件②を欠き、裁判することはでき
ません。例えば、「邪馬台国はどこにあったのか」という争い（学問上の論
争）、あるいは、「サンタクロースは本当にいるかどうか」という争い（単な
る事実の存否）は裁判の対象にはなりません。この点、判例としては、国家試
験の合否判定（学問上、技術上の問題）が争われた技術士国家試験訴訟があり
ます（最判1966［昭和41］年 2 月 8 日）。事案は、技術士国家試験で不合格に
なった人が「自分は合格するに足る技術も能力もあるはずだから結果を合格
に変更しろ、もしそれができないならば損害賠償を支払え」と裁判を起こし
たものです。

　皆さんは、国家試験に不合格になった人がこのような裁判を起こせると思
いますか？　おそらくほとんどの人は、常識的に考えて「ありえない！」とい
う意見だと思いますが、それではそれはなぜか、その理由を考えてみてくだ
さい。この場合、国家試験に不合格になった「当事者」が、合格者としての
「法的な権利」（国家資格）を要求しているのですから、要件①は満たします。
しかし、その人が本当に国家資格にふさわしい技術や能力があるかどうかの
合否判定は、試験実施機関が最終判断をするのです。それには原則として他
者は口を出せません。そうでなければ、試験制度自体が成り立たなくなって
しまいます。また、その人が本当に国家資格にふさわしい技術や能力がある

かどうかは、「法の適用により解決」はできません。よって、要件②を欠くから裁判はできないのです。もちろん何らかの不正行為や違法行為があったなら話は別です。例えば、受験生の親がお金を支払ったから不合格が合格に変更されたような場合には、もちろん試験実施機関の合否判定に異をとなえる裁判を起こすことはできますが、そのような場合でないならば、試験実施機関の判断が最終判断だということです。この点、最高裁も「国家試験における合格、不合格の判定も学問または技術上の知識、能力、意見等の優劣、当否の判断を内容とする行為であるから、その試験実施機関の最終判断に委せられるべきものであって、その判断の当否を審査し具体的に法令を適用して、その争を解決調整できるものとはいえない」と判示しています。要するに、これはそもそも法を使って解決できる問題ではないということです。

　さらに、(3)信仰の価値や宗教上の教義に関する判断自体を求める訴え、宗教上の地位の確認も、「法の適用により終局的に解決」できないので、要件②を欠き、裁判することはできません。この点、判例としては、「板まんだら」事件があります（最判1981［昭和56］年 4 月 7 日）。昔、ある有名な宗教団体内で起きた事件です。どういう事件かというと、ある宗教団体が「板まんだら」を安置するための本堂をつくるから寄付してくれと、会員に寄付を募りました。「板まんだら」とは、その宗教の本尊で、信仰の対象みたいなものです。仏教なら大仏や半跏思惟像、キリスト教ならマリア様やキリスト様の銅像みたいな、そういうものです。これに対して、ある会員が多額の寄付をしました。そしてその後、本堂が完成し、本尊「板まんだら」を安置して、いよいよお披露目となりました。「寄付のおかげで、こんなにいい本堂ができました」と。そうしたら、なんとその寄付をした会員が、「その板まんだらは偽物だから、お金を返せ」と裁判を起こしたのです。ただし、実際の事件をかなりデフォルメして説明していますが……（笑）。

　皆さんは、そのような裁判ができると思いますか？　結果からいうとできません。なぜかというと、その「板まんだら」が本物か偽物かは、その宗教の教義によって判断されるべきことで、法を使って判断はできないので、②の要件を欠くからです。最高裁も、「板まんだら」が本物か偽物かといった宗教上の問題については、どちらが正しいか法を使って判断して終局的解決

をすることができないから、この事件は法律上の争訟に当たらないとして、訴え却下判決を下しました。例えば、こういうふうに考えてもらえば分かりやすいと思います。皆さんが初詣に行き、神社で200円だして「おみくじ」を引いたとします。そうしたら、なんと「大凶」で、とんでもなく不吉なことがたくさん書いてある。その場合、そのおみくじは「デタラメで、偽物だからお金を返せ！」と言えるでしょうか？　もちろん無理ですね。考えてみれば、おみくじに書いてあることが嘘八百、デタラメに近い場合も実際にはあるかもしれません。その場合には、詐欺みたいなものと言えないこともないでしょう。しかし、そのおみくじが偽物かといったら、決してそうではなく、そのおみくじが正しいかどうかは、その宗教の教義で判断することであり、その神社が本物だと言えば本物なのです。それがその神社の正しい"神のお告げ"なのでしょう。あとはその人がそれを信じるかどうかの問題です。宗教的価値とはそういうものです。まさに"信じる者は救われる"のです。だから、そのおみくじが「デタラメで、偽物だから200円を返せ！」と後になって叫んでもダメなのです（笑）。要するに、「板まんだら」が本物か偽物かも、法では判断しかねるから裁判できませんよ、だから宗教団体の中で教義にもとづき判断してくれ、ということです。

　それでは、今度は「司法権の限界」という話に移ります。その紛争が前述の事件性の2要件を満たし、法律上の争訟に該当する場合であっても、その事柄の性質上、裁判所の審査が及ばない場合があり、それを司法権の限界といいます。すなわち、さきほどやったように事件性の2要件を満たさなければ、もちろん裁判所は裁判しません。しかし、事件性の2要件を満たせば、必ず裁判するかというと、決してそうではなく、たとえ事件性の2要件を満たしていても、第3の何らかの理由で裁判の対象から除かれる場合があるのです。この司法権の限界の具体例もぜひ押さえておいてほしいところです。

　まず、①憲法が自ら明文で認めている限界として、国会議員の資格争訟裁判（憲法55条）と裁判官の弾劾裁判（憲法64条）があります。いずれもすでに学びましたね。それぞれ、前者は議院の権能であり、後者は弾劾裁判所の権能です。どちらの裁判に不服があっても、通常の裁判所で裁判してもらうことはできません。

　また、②行政府や立法府の自由裁量行為に関する紛争は、その当・不当が問題とされても、裁量権をいちじるしく逸脱するか、濫用する場合でない限り、司法審査は及ばず、裁判の対象にはなりません。すなわち、立法権は国会が、行政権は内閣が行使しますが、国会や内閣がこれらの権限を行使する場合、その判断にはある程度の裁量の幅が与えられており、その裁量の幅は解釈で導くしかないのですが、その幅の範囲内なら裁量権を逸脱するか、濫用する場合でない限り、裁判所は口を出さず、裁判しないということです。例えば、生活保護の金額をいくらにするかは、最終的には厚生労働大臣が判断することになっていますが、これまで月額15万円だったのを14万に切り下げたとしても、その程度なら、厚生労働大臣に認められた裁量の幅の範囲内なので、裁判所は裁判しません。13万円にしても正当な理由があれば裁判所は口を出さず、内閣の判断に任せます。しかし、これまで月額15万だったのをいきなり1万円に切り下げたら、もうそれはどう考えても、行政裁量の範囲を超えているとしか考えられませんから、裁判所は口を出し、裁判するのです。

　つぎに、③議事手続（憲法56条、57条）や議員の懲罰（憲法58条）などの各議院の内部における自律権にかかわる紛争については、原則として司法審査は及びません。この点、裁判所は、衆議院・参議院それぞれの自律的な判断を尊重し、口を出さず、裁判をしないのです。

　さらに、④部分社会の法理があります。これはもうすでに富山大学単位不認定事件で学びましたね。復習すると、部分社会の法理とは、一般市民社会において自律的な法規範を有する特殊な部分社会における法律上の争いは、一般市民法秩序と直接の関係を有しない内部的な問題にとどまる限り、原則として裁判所の司法審査の対象にはならないという理論をいいます。要するに、大学、政党、宗教団体、労働組合、地方議会などの団体の内部抗争については、原則として団体の自律的な解決に委ねられ、裁判所は裁判しないということですね。

　最後に、⑤統治行為があります。統治行為とは、直接、国家統治の基本に関する高度に政治性ある国家行為で、法律上の争訟として裁判所による判断が可能であっても、司法審査の対象から除外される行為のことです。判例と

しては、砂川事件と苫米地事件があります（これはコラムで取り上げます）。

　裁判所の組織と構成についてですが、憲法は、最高裁判所と下級裁判所の設置を定めているだけで、その他の裁判所の組織については法律で定めるとしています（憲法76条1項）。これを受けて、「裁判所法」で、高等裁判所、地方裁判所、家庭裁判所、簡易裁判所の設置を定めています。また、最高裁判所の構成としては、1名の最高裁判所長官は内閣の指名にもとづいて、天皇が任命しますが、14名の最高裁判所判事は内閣が任命し、天皇が認証します。いずれも法律の定める年齢に達したときには退官し、任期はありませんが、国民審査による罷免の可能性はあります（憲法79条、6条、7条）。これに対して、下級裁判所の裁判官は、最高裁判所の指名した者の名簿によって内閣が任命し、任期は10年で再任されることができます（憲法80条）。

　また、"特別裁判所"や"行政機関による終審裁判"の禁止もぜひ押さえる必要があります。日本国憲法では、特別裁判所は禁止されています（憲法76条2項前段）。特別裁判所とは、「特別の人間または事件について裁判するために、通常の裁判所の組織・系列から独立した権限をもつ裁判所」のことです。例えば、明治憲法下での行政裁判所や皇室裁判所、軍法会議がそれにあたります。前述の家庭裁判所は、担当する事件が最高裁にあがるルートが確保されており、通常の裁判所の組織・系列に属すると言えるので、特別裁判所には該当しません。この点、国会が組織する弾劾裁判所は憲法が例外的に明文で認めた特別裁判所です。また、行政機関による終審裁判も禁止されています（憲法同条同項後段）。ただし、禁止されているのはあくまで「終審」裁判であり、「前審」（判決に対して通常裁判所に不服申立てができる段階）としてなら裁判を行うことができます。実際、特許庁、労働委員会、人事院等は、準司法的作用として前審としての裁判（通常、「審判」や「審決」と呼ばれます）を行っています。これは、行政に関する争いには専門的・技術的なものも多いですから、第一次的解決を行政機関に委ね、紛争の迅速な解決を図ろうとするものです。結論に不服があれば、通常裁判所に訴える途が確保されている以上、人権保障に問題はありません。

　"司法権の独立"も裁判所を根底から支えている大原則です。司法権の独立とは、「裁判所、あるいは個々の裁判官が、他のいかなる者からも圧力・

干渉を受けずにその職権を行使すること」をいいます（憲法76条3項）。具体的には、①裁判所の独立（司法権が他の国家機関から独立していること）と②裁判官の独立（裁判官は憲法および法律と良心だけに拘束されること）の両者を含む概念です。ただし、両者は目的（②）と手段（①）の関係にあります。すなわち、あくまで②裁判官の独立が目的であり、①裁判所の独立はそれを実現するための手段に過ぎないのです。そして、①裁判所の独立を実現するために、最高裁判所には規則制定権が認められています（憲法77条）。最高裁判所規則とは、訴訟手続、弁護士、内部規律、司法事務処理に関する裁判所内のルールのことです。また、②裁判官の独立を実現するために、裁判官の身分はきわめて保障されています。すなわち、(1)㋐職務不能の分限裁判（憲法78条前段、裁判官分限法）、㋑弾劾裁判（憲法64条）、㋒国民審査（最高裁の裁判官のみ。憲法79条）でなければ罷免されません。(2)定年が法定されています（裁判所法で最高裁・簡裁の裁判官は70歳、その他の裁判官は65歳）。(3)行政機関による懲戒は禁止されています（憲法78条後段）。(4)定額の報酬が保障され、在任中は減額されません（憲法79条6項、80条2項）。

　今日の授業の最後に、裁判所に違憲審査権という強大な権限を認める違憲審査制（憲法81条）について見ていきたいと思います。違憲審査制とは、公権力が憲法に従って行使されることを確保するために、公権力の行為の憲法適合性を審査する権限（違憲審査権）を裁判所等に付与する制度をいいます。この制度により"法の支配"を担保することが可能となります。この点、日本国憲法にその理論的根拠を求めるならば、①憲法の最高法規性の確保（98条）と、②国民の基本的人権の保障（11条、97条等）の2つがあげられます。すなわち、①憲法が最高法規であるためには、憲法に違反する国家行為はすべて違憲無効としなければなりません。また、②憲法に違反する国家の人権侵害行為はすべて違憲無効としなければ、国民の基本的人権は保障されません。

　そして、違憲審査制を比較憲法的にみた場合、①付随的（具体的）違憲審査制と②抽象的（客観的）違憲審査制という2つの類型があります。まず、①付随的違憲審査制は、具体的な法律上の争訟を裁判するにあたり、必要な限度で違憲審査権を行使する制度です。アメリカが採用するタイプで、日本の違憲審査制も付随的違憲審査制と解されます。これは司法消極主義（付随

的審査制を前提として、裁判所の違憲審査権の行使は消極的な行使にとどめるべきとする立場）を根拠とします。これに対して、②抽象的違憲審査制は、具体的な訴訟事件とは関係なく違憲審査権を行使できる制度です。ドイツやフランス、韓国が採用するタイプで、通常、憲法裁判所という特別な裁判所を設置し、違憲審査を行わせます。これは司法積極主義を根拠とします。ただし、フランスは憲法裁判所ではなく、憲法院という行政機関に違憲審査権を行使させることは前述した通りです。

　さらに、違憲判決の効力についても、①個別的効力説と②一般的効力説という対照的な 2 つの学説の対立があります。まず、①個別的効力説は、最高裁の違憲判決がなされても当該事件についてのみ法令等の適用が排除されるにすぎず、法令等の改廃があるまでは当該法令等は依然として効力を有するとする見解です。この説の根拠としては、㋐一般的無効とするならば、裁判所に立法権（いわゆる消極的立法権）を与えたことになり、国会の唯一の立法機関性（憲法41条）に違反するし、㋑違憲審査権は司法作用の一つとして具体的事件の裁判に関してのみ行使されるべきことがあげられています。この個別的効力説が通説であり、裁判実務でもとられています。これに対して、②一般的効力説は、最高裁の違憲判決の確定により、当該法令等は改廃を待たずに当然に失効するとする見解です。この説の根拠としては、㋐個別的効力説を採れば、法的安定性を欠くし、㋑法の下の平等（憲法14条）にも反することがあげられています。しかし、最高裁が違憲と判決すれば国会等は当該法令等の改廃をすみやかに行うのが通常ですから、個別的効力説で問題はないと思います。では、今日はここまで。

## コラム 12　統治行為論

　統治行為とは、通常、「『直接国家統治の基本に関する高度に政治性のある国家行為』で、法律上の争訟として裁判所による法律的な判断が理論的には可能であるのに、事柄の性質上、司法審査の対象から除外される行為」をい

います。そして、統治行為論とは、わかりやすくいうと、あまりに政治的な
事柄については、裁判官は判断しないという原則のことです。この点、学説
においては、①肯定説と②否定説とが対立し、肯定説のなかでも㋐自制説、
㋑内在的制約説、㋒機能説など様ざまな見解が主張されています（これらの学
説の詳細にはここではふれません。興味のある人は各自で自習して下さい）。です
が、学説では統治行為を認めるのが通説といえます（ただし、認める範囲の広
狭については争いがあります）。私も統治行為は一定限度で認めざるをえないと
考えています（ただし、安易に司法権の限界を認めることは妥当でないので、範囲
は限定する必要があります）。

　それでは、なぜあまりに政治的な事柄については、裁判官は判断しないの
でしょうか？　この点、前述したように学説ではいろいろと難しい議論がな
されていますが、実質的にはつぎの二つがその理由と考えられると思いま
す。①裁判官はあくまで法律のプロであって、政治については素人・アマ
チュアで詳しくないから、裁判官が判断すべきではないのです。また、②政
治的な事柄は裁判官が判断しなくても、国民が選挙で意思を示すことができ
るので、判断する必要もないのです。すなわち、政治的な事柄は国民の多数
意思にもとづいて判断すべきですが、裁判官は選挙で選ばれているわけでは
ありませんから、国民の多数意思を反映すべき立場にはありません。むしろ
裁判官は誰が何と言おうが、法と良心にてらして判断をしなければなりませ
ん。例えば、国民全員がＡは有罪だと言っても、裁判官が法と良心にてらし
て無罪と判断したならば、無罪でいいのです。裁判は国民の多数意見に従う
必要はなく、国民の多数意思を反映するものでもないのです。むしろ多数決
で踏みにじられている人びとを救い、人権を保障するのが裁判所の役割で
す。裁判所が非民主的機関と言われるのはそのためです。よって、裁判所は
政治的な事柄を判断すべきではないし、判断する必要もないのです。

　それでは、つぎに統治行為についての二つの重要判例、①砂川事件と②苫
米地事件を見ていきましょう。いずれも50年以上も前の判決ですが、今でも
判例変更されずに、生きています。イギリスのマグナカルタ（1215年）や権
利章典（1689年）、フランスの人権宣言（1789年）だって今でも生きている
のですから、まったく不思議なことではありませんね。

　まず、①砂川事件（最高裁1959［昭和34］年12月16日大法廷）ですが、昔
は東京の立川市には駐留米軍基地がありました（今では、昭和記念公園や陸上自

衛隊立川駐屯地などになっています）。その駐留米軍立川基地を拡張することが決定された際、基地拡張のための測量に反対するデモ隊員が立ち入り禁止の境界柵を壊して基地内に数メートルほど侵入し、刑事特別法2条違反で逮捕されるという事件がおこりました。この点、第一審の東京地裁は、駐留米軍の根拠となる旧安保条約が憲法9条の平和主義に違反するから、刑事特別法2条も憲法31条に反し無効であるとして無罪と判示しました（いわゆる伊達判決）。これに対して、最高裁は第一審判決を破棄差戻して、大要、以下のように判示しました。すなわち、安保条約は高度の政治性を持つものであり、内容の違憲判断は締結した内閣や承認した国会の高度の政治性・自由裁量と表裏である。「それ故、右違憲なりや否やの法的判断は、純司法的機能をその使命とする司法裁判所の審査には、原則としてなじまない性質のものであり、従って、一見極めて明白に違憲無効であると認められない限りは、裁判所の司法審査権の範囲外のものであって、それは第一次的には、右条約の締結権を有する内閣およびこれに対して承認権を有する国会の判断に従うべく、終局的には、主権を有する国民の政治的批判に委ねられるべきものであると解するを相当とする」。本判決は、統治行為論を採用しつつも、「一見極めて明白に違憲無効であると認められない限り」と限定を付している点に特徴があります。

　つぎに、②苫米地（とまべち）事件（最高裁1960［昭和35］年6月8日大法廷）ですが、第三次吉田茂内閣が憲法7条によるいわゆる"抜き打ち解散"をおこなったところ、当時衆議院議員であった苫米地義三が当該解散の違憲を主張して提訴しました。この点、最高裁は、上告を棄却したうえで、大要、以下のように判示しました。すなわち、「わが憲法の三権分立の制度の下においても、司法権の行使についておのずからある限度の制約は免れないのであって、あらゆる国家行為が無制限に司法審査の対象となるものと即断すべきでない。直接国家統治の基本に関する高度に政治性のある国家行為のごときはたとえそれが法律上の争訟となり、これに対する有効無効の判断が法律上可能である場合であっても、かかる国家行為は裁判所の審査権の外にあり、その判断は主権者たる国民に対して政治的責任を負うところの政府、国会等の政治部門の判断に委され、最終的には国民の政治判断に委ねられているものと解すべきである。この司法権に対する制約は、結局、三権分立の原理に由来し、当該国家行為の高度の政治性、裁判所の司法機関としての性

格、裁判に必然的に随伴する手続上の制約等にかんがみ、特定の明文による規定はないけれども、司法権の憲法上の本質に内在する制約と理解すべきものである」。本判決は、首相の解散行為を、その高度の政治性ゆえに、限定なしに司法審査の対象外としており、典型的な統治行為論を最高裁が採用した事例と考えられています。

　もし国民の大多数が日本に存在する米軍基地をいやだと思ったのなら、選挙で安保条約や米軍基地に反対を主張する政党に投票して政権を委ねればいいのです。そうすれば、当然、安保条約も米軍基地もやがてなくなります。だから、裁判官が口を出す必要はないわけです。また、首相が解散をおこなえば、必ず解散の日から40日以内に、衆議院議員の総選挙が実施されます（憲法54条1項）。そして、その選挙の日から30日以内に特別国会が召集されて、選挙で示された最新の民意にもとづき首相を選び直します。よって、首相がおこなった解散行為の妥当性は、裁判官が判断しなくても、国民が選挙で政治的意思を示せばいいのです。もし国民の大多数が吉田茂の抜き打ち解散は絶対に許せんと思ったのなら、国民は総選挙で吉田茂の所属する政党のメンバーに投票しなければいいだけです。そうすれば、特別国会における首相指名選挙で当然、吉田茂は選ばれないことになります。反対に、その程度の行為は政治的に許容範囲だと国民が思うのならば、吉田茂の所属する政党のメンバーに投票すれば、特別国会でまた吉田が首相に選ばれることになります。このように、国民が選挙を通じて意思表示をすれば、政治的事柄は国民みずからの手で是正できるのですから、裁判官の判断は必要ないし、裁判官は政治の素人であり、国民に政治的にコントロールされる存在ではないから、裁判官が政治的な判断をすべきでもないというのが統治行為論なのです。ただし、このような統治行為を広範囲に認めることは人権保障や憲法の規範力確保の観点から望ましいものではなく、厳格な要件を付すべきであると学説では強く主張されています。私もまったくその通りだと思います。この統治行為論という憲法理論もぜひよく覚えておいてくださいね。

第十三講

# 財　政

　今日のテーマは財政の話です。よろしいですか。日本国憲法では、第7章が財政で、条文でいうと83条から91条までになります。そもそも財政とはどういう勉強かといえば、“お金の流れから政治を考える”ということです。憲法では、政治制度としてモンテスキューが主張した三権分立がとられていることから、これまで国会、内閣、裁判所と三権分立における“三権”について具体的に条文にしたがって学んできました。しかし、いくら形式的に政治の制度をしっかり整えても、政治を動かすためにはお金が必要であり、お金がなければ政治は1ミリも動きません。例えば、社会的弱者を救うためにも、道路を舗装するためにも、あるいは小学校を建て直すためにもお金がかかります。政治はお金で動いているのであり、国民のためになる政治を行うためにはお金を集めなければなりません。そこで、行政は国民から税金としてお金を取り立てます。そして、それを予算にしたがって使うことにより、社会の中に様ざまな投資をします。例えば、道路や橋をよくしたり、生活保護や年金を支給したりします。そうすると、人びとの活動（特に経済活動）が活発になり、人びとが動けば収益が生まれます。そこからまた税金を取り立てて、行政はまたそれを社会に投資していく。その繰り返しです。まさにお金は政治を動かす燃料であり、あるいは体内を循環している血液みたいに政

治過程を循環しているのです。このようなお金の流れから政治を見るという学問が"財政学"です。具体的には、政治を行う財源を確保するためにはどうしたらいいのか、また、効果的な支出を行なうためにはどうすればよいのかなどを考えていきます。独立した1つの学問になっているのですが、もちろん憲法の規定を前提として考えていきます。財政は憲法の統治の分野を理解するうえでも、重要な分野です。

　財政のなかで一番重要な制度が"予算"です。予算とは、一会計年度における国の歳入・歳出の見積もりを内容とする財政行為の準則（ルール）です。この点、国会や内閣や裁判所は高校の政治経済でも一生懸命やりますが、財政は高校のレベルではとりたててじっくりやる機会はなかったと思います。ここは大学に来ないと詳しく勉強する機会がない部分と言えると思います。予算というのは要するに、来年度、国が何にいくら使うかという計画ですね。例えば、皆さんも小中学生の頃、お正月が近づくと、お年玉がいくら入ってくるかを予想したと思います。正月にあのおばさんが来たら、金持ちだから1万円もらえるだろうとか、あのおじさんはけちだから1000円しかくれないだろうとか、捕らぬ狸の皮算用ではないけれど、正月前にお年玉の総額はいくらぐらいだと予想をたてたはずです（これが「歳入」の見積もり）。そして、それを前提にして、お年玉を何にいくら使おうかいろいろ考えたと思います。本に1万円、デートに5000円、映画に1000円（これが「歳出」の見積もり）。そうやって計画を立てたはずです。まさにその計画が予算なのです。国も来年度はいくらお金が入り、何にいくら使うのか計画をたて、予算とするのです。

　毎年1月に招集されて、原則150日間開催される国会を通常国会（「常会」）といいますが（憲法52条）、そこで内閣が一番最初にやるべき仕事が来年度の予算を成立させることです。すなわち、3月末までに、来年度の4月からの予算を通すのです。まず、内閣が予算案を作成し、国会に提出します（憲法73条5号）。そして、予算は、国会の議決を経て成立します（憲法86条）。この点、予算案は国会がつくるのではなく、内閣がつくる点には注意が必要です。すなわち、国会議員は法律案を作成することはできますが、予算案を作成することはできないのです。例えば、どこの道路を直すべきか、生活保護

費はいくら引き上げたらいいのか、戦車は何台買うべきかなど、そういうことを一番よくわかっているのは、日々、国民と接して実際に政治をおこなっている内閣だから、内閣が予算案をつくり国会に提出することにしたのです。ただし、民主主義の観点からして、国権の最高機関であり、国民の代表機関である国会がOKと言わないのに認めるわけにはいかないので、国会が承認すれば予算案が予算として成立することにしたのです。

　また、予算には衆議院の先議権とともに、議決について衆議院の優越が認められています（憲法60条）。すなわち、内閣は、予算案をまず先に衆議院に提出しなければなりません（なお、法律案は先に参議院に提出できます）。これは、国民の生活に大きな影響を与える予算案の審議についてはより直接的に民意を反映することが期待される衆議院（参議院より任期が短く、しかも解散がある）の意思を尊重すべしとする思想にもとづくものです。そして、予算案の議決については、衆議院と参議院で意見が違ってしまった場合、最終的には衆議院の意見が通るようになっています。すなわち、衆議院が可決で参議院が否決でも、通常、予算は成立します。要するに、予算は普通の法律よりも成立しやすくなっているのです。前述したように、お金がないと政治は1ミリも動かないから、予算は迅速に成立させないといちじるしく国民の不利益になってしまいます。そこで、衆議院の優越を認め、迅速な予算成立を図ったのです。

　財政の分野における重要論点としては、①予算の法的性質と、②国会の予算修正権の有無があります。この二つの論点は、だいたいどの憲法のテキストにも言及されていますが、両者は密接に関連しています。まず、予算の法的性質とは、予算は法的に考えたらどのような性質を持っているのか（そもそも予算は法規範なのか、法規範だとしたら法律と同じなのか違うのか）という点に関する争いです。この点については、㋐予算は法律そのものであるという予算法律説、㋑予算は行政行為であるという予算行政説、㋒予算に法的性格を認めるが、法律とは異なる国法の特殊な一形式であるとする予算法形式説（通説・実務の立場）という三つの典型的な学説の対立があります。

　㋐予算法律説は、その名の通り予算を法律そのものと考えます。この説では、法律制定の権限は国会にあるのだから、国会は内閣が出してきた予算案

を無制限に修正できることになります。この考え方は、国民の代表機関である国会の意思を予算に最大限に反映できることから、民主主義や国民主権の観点からすると望ましいかもしれません。しかし、憲法は法律案の議決について定めた憲法59条とは別に、予算案の議決について憲法60条で特に定めており、どう考えても憲法は予算と法律を別のものと考えているとしか考えられません。その点、予算法律説には条文上、無理があります。また、憲法はあくまで内閣に予算作成権を認めているのであり（憲法73条5号）、国会が内閣の予算案を無制限に修正できるという結論は、むしろ内閣の予算作成権を侵害しているとも考えられます。それゆえ、この学説は多くの支持を得られず、少数説にとどまっています。

　これに対して、⑦予算行政説という学説があります。この学説は、予算を行政行為と考えますので、予算をつくる仕事はもっぱら内閣の権限になります。となると、国会は内閣が出してきた予算案に対して基本的に口を出せない（修正できない）ということになり、予算に対して国会の意思を十分に反映させることができません。これだと民主主義や国民主権に反しかねません。

　そこで、折衷説として中間をとって、予算に法的性格を認めるが、法律とは異なる国法の特殊な一形式であるとする⑨予算法形式説が主張され、通説・実務の立場となっています。法律とは違うものの、法規範である以上、唯一の立法機関である国会は、ある程度は予算案に口を出せるという結論を導き出すことができます。結論的にいうと、予算の同一性を損なうような大修正はできないが、国会は内閣の予算案を一定限度で修正することはできると考えられています。具体的には、予算案に新たな項目（費目）を作り出すことはできませんが、ここはちょっと削って、こっちに持ってこよう（例えば、軍事費を削って福祉に回す）とか、各項目の中を微調整することはできます。そういう柔軟で妥当な結論を導ける予算法形式説が支持を得ているのは、十分に理解できますね。ただし、予算の減額修正については、国会は予算案全体を否決できる以上、財政民主主義（憲法83条）の観点から無制限に認めてよいと考えられています。お金が余る分には国民に損はなく、けっこうな話ですから……（笑）。

　予算の反対が決算です。決算とは、一会計年度ごとになされる予算の執行

報告です。内閣によって作成され、会計検査院の検査を経て、国会に提出され審査されます（憲法90条）。会計検査院はいわば"国の会計士"であり、憲法に明記された独立行政委員会です。この場合、国会で承認・不承認の議決をしますが、決算の効力には無関係です。決算は、予算と異なり法規範性を有さず、単なる報告案件として扱われています。よって、決算が国会で否決（不承認）となっても内閣の予算執行に対する政治責任が生じるにとどまります。すなわち、内閣のお金の使い方がおかしいと国会が議決しても、もう使ってしまったのですから後の祭りなので、ただ政治責任が生じるにとどまるということです。この場合には、国会はそんなことをやっている内閣や首相の政治姿勢を徹底的に批判することになります。この場合、最悪なら、内閣が倒れることもあるでしょう。

　財政の分野をつらぬく根本原則が"財政立憲主義（財政民主主義）"です。この原則は、国の財政処理の権限を、国会による統制（民主的コントロール）の下に置くべきであるとするものです。憲法83条で財政立憲主義の一般原則を定め、84条〜91条の規定でそれを具体化しています。その財政立憲主義を根底から支えているのが、租税法律主義（憲法84条）です。この原則は、租税の賦課・徴収（課税要件・課税手続）は、国会が制定する法律によらなければならないとするものです。具体的には、①課税要件法定主義と②課税手続法定主義から成り立っています。財政立憲主義の歳入面での現れと言え、法治主義を租税についても適用することにより、国民の財産権（憲法29条）や適正手続の原則（憲法31条）を保障することが趣旨です。さらに、国民の予測可能性や社会の法的安定性を確保することもその趣旨と言えるでしょう。要するに、我われが選挙で選んだ国会議員が国会という公開の場所で話し合って法律で決めなければ、我われは原則として税金をとられることはないのです。勝手に税金を取られるのは、国民にとって一番迷惑な話ですね。だから、租税法律主義が規定されたのです。

　財政分野の重要条文の最後として、公金支出の制限について規定した憲法89条を検討します。まず、同条前段は、宗教団体等に対する公金支出を禁止することにより、政教分離原則を財政面から保障する規定です。要するに、宗教団体に税金を投入してはダメというまさに政教分離原則の一環を定めた

条文なのです。政教分離原則は、同条と憲法20条１項前段および３項から解釈上、導かれる憲法原則です。そして、財政の問題として重要なのは、むしろ同条後段の慈善・教育・博愛の事業に対する公金支出の禁止です。皆さんは、慈善・教育・博愛の事業はいいことをしているのに、なぜ税金を投入してはダメなのか、不思議に思わないですか？　むしろどんどん税金を使ってもらった方が世のため、人のためになるような気がします。それでは、なぜ公の支配に属しない慈善・教育・博愛の事業に税金を投入してはダメなのでしょうか？　ポイントは「公の支配に属しない」の文言で、この文言にすごく重要な意味があります。そもそも憲法89条後段の趣旨については、公権力の統制が及ばない事業に対する公金支出を認めると濫費（税金の無駄遣い）につながるということを根拠として、その事業を監督すべきことを要求した規定と解する説（公費濫用防止説）が通説・判例です。すなわち、慈善・教育・博愛の事業はいいことをやっているのだから税金をどんどん投入してもいいだろうと考えられがちですが、ちゃんとチェックしないと税金の無駄遣いになってしまいます。そこで、税金の無駄遣い防止のために、「公の支配に属しない」団体の場合には税金を投入してはならないとしたのです。よって、逆に、公の支配に属している団体であればいいことになります。この点、「公の支配」とは、税金の無駄遣い防止という趣旨からして、行政が法律にもとづき業務・会計報告を要求したり、予算変更を勧告したりすることができる等、税金の無駄遣いをチェックできる程度の監督が行われていれば「公の支配」にあたると解されています。

　今日の講義の最後に、財政分野の重要判例であるパチンコ球遊器通達課税事件（最判1958〔昭和33〕年３月28日）を見ていきましょう。この判例では、租税法律主義（憲法84条）が問題になっており、財政についてすごく勉強になります。皆さんは、"パチンコ球遊器"とは何だかわかりますか？　何だろうと思っている人もいるでしょうが、何のことはない単なる「パチンコ台」のことです。法律の世界では、簡単なことをわざと難しく言う傾向があります（どんな学問分野でも多かれ少なかれこのような傾向はありますが……）。例えば、判例にでてくる①"勝ち馬投票券"とは？　②"自動昇降機"とは？　はたまた③"架電する"とは何か？　皆さんも何となくわかるかと思いますが、

①は馬券、②はエレベーター、③は電話をかけることです。簡単なことをわざと難しく言って、"人を煙（けむ）に巻くのも芸のうち"だと……（笑）。医学の世界でも、簡単なことをわざと難しく言ったりするよね。医者は患者にわからないように、わざとカルテを日本語ではなくドイツ語とかで書いています。特に法律の世界は、簡単なことを難しく言う傾向が強いので、ひるまないようにしてください。最近はなくなってきているようですが、古い判例では難しい言葉が多いです。

　では、事案を見ていきましょう。旧物品税法には、課税対象物を製造販売した場合、物品税を取るよと書いてありました。そして、ある時、同法の課税対象物として、「遊戯具」が追加されましたが、"パチンコ球遊器"（パチンコ台）は、通常、パチンコ業者がパチンコ屋を営業するために購入するものであり（商売の道具）、「遊戯具」（遊ぶ道具）ではないとして、その後、約10年間、パチンコ台製造業者には物品税が賦課されてはきませんでした。確かに、いくらパチンコが好きな人でも、パチンコ台を買ってきて自宅で打っている人は少ないと思います（笑）。しかし、突如として、国税庁が、通達（上級行政機関が下級行政機関に対して命令する文書）で、パチンコ球遊器も「遊戯具」に含まれるとの解釈を示したため、税務署長はパチンコ台製造業者に対して、物品税を課すようになりました。そこで、怒った製造業者が課税処分の無効を主張して争ったのが本件です。

　それでは、なぜ製造業者は怒ったのだと思いますか？　もうわかると思いますが、憲法84条の租税法律主義です。すなわち、租税法律主義からして税金を課す場合には法律で定める必要があるはずなのに、今回は法律の文言は一言一句、変わってはいません。法解釈を変えて、パチンコ球遊器を「遊戯具」に含めることによって、課税対象にしてしまったのです。しかも、その解釈変更を行政の内部文書に過ぎない通達でやってしまった。これがいわゆる"通達課税"という問題です。よって、本件の論点は、①パチンコ球遊器は「遊戯具」に含まれるか。②法律ではなく通達にもとづいて課税する通達課税は、租税法律主義に反し違憲となるかという２点になります。

　この点、最高裁は、論点①について、「パチンコ球遊器が自家用消費財としての性格を持っていないとも言えない」ことを指摘し、パチンコ球遊器が

「遊戯具」に含まれるとの判断は正当であるとしました。パチンコ台を買っ
てきて自宅で打って遊んでいる人は少ないとは思いますが、そのような人が
いても決しておかしくはありませんので、この最高裁の判断は妥当だと思い
ます。また、論点②については、「本件の課税がたまたま所論通達を機縁と
して行われたものであっても、通達の内容が法の正しい解釈に合致するもの
である以上、本件課税処分は法の根拠に基づく処分と解するに妨げがなく、
所論違憲の主張は、通達の内容が法の定めに合致しないことを前提とするも
のであって、採用し得ない」と判示し、製造業者の請求を退けました。すな
わち、最高裁は、たまたま通達を機縁として課税処分がなされたとしても、
通達の内容が法律の正しい解釈に合致している以上、租税法律主義違反の問
題は生じないとしたのです。この点、「これからはパチンコ球遊器を遊戯具
に含めて課税せよ」という内容の通達課税は、パチンコ球遊器を遊戯具に含
める解釈が法律の正しい解釈と言える以上、租税法律主義に反せず、許され
ることになります。まあ憲法解釈を変えて集団的自衛権を認めても許される
のならば、法解釈を変えてパチンコ球遊器を「遊戯具」に含めても許される
のは当然でしょうね（笑）。

　この最高裁の論理は、例えばこういう事例で考えてもらうとわかりやすい
と思います。この日本国憲法の授業について、「遅刻したら1000円課税」と
いう法律を私がつくったとします（もちろん法律は国会しかつくれませんが
……）。すると、皆さんは、「遅刻」とはどういうことか、その解釈がわから
ないから、1分でも遅刻したら遅刻ですか、と私に聞くわけです。そうする
と、3分以内なら遅刻ではないと、私が皆さんに言うわけです。それでさ、
翌週、電車の遅れで、皆さんが授業開始時刻を2分59秒遅れで教室にかけこ
んできたとします。その時、もちろん皆さんは1000円税金を払うとは思わな
いでしょう。よかった3分遅れなくてと。そこで私がいやいや、今日から授
業開始時刻を2分以上遅れたら「遅刻」で課税だと言ったら、皆さんは当然
怒るはず。それならあらかじめ言っておけよ、あらかじめちゃんと条文に書
けよ、と言うと思います。それがまさに租税法律主義の帰結のはずです。

　しかし、最高裁は、そのような場合でも、法律の解釈には一定の枠がある
のであり、変えた後の解釈がその枠内におさまり、合理的な解釈といえれば

課税していいと言います。よって、「遅刻」の解釈を3分以上から2分以上
に変えた場合には、「2分以上遅れたら遅刻」という解釈が合理的かどうか
を判断することになります。それでは、普通、2分以上遅れたら「遅刻」で
しょうか？　これはまあ状況によると思います。例えば、愛する彼女と喫茶
店で待ち合わせているのなら、たとえ彼女が2時間遅れて来ようが、いいよ
遅刻じゃないよ、と許しちゃうかもしれません（笑）。だけどさ、気に入ら
ないおじさんとの待ち合わせならば、1分でも遅れて来たら、オマエ遅れて
来るな、と言いたくなるでしょう。だから、どれくらい遅れたら「遅刻」な
のかというのは、具体的状況をもとに判断しなければなりません。ですが、
普通、2分以上遅れて来たら「遅刻」と判断することは、合理的な解釈と言
えると思います。だから解釈を変えて課税してもいいということです。これ
に対して、いきなり1秒でも遅れたら遅刻だと解釈を変更し、今日から1秒
でも遅れたら1000円課税すると言われたらどうでしょう。まあ突然に1秒で
も遅れたら遅刻、しかも1000円も課税というのは、善良な道義観念や倫理観
からいったら、ちょっとおかしいなという気もしてきます。よって、そのよ
うな解釈変更は、合理的な解釈とはいえず、租税法律主義に反し許されない
可能性が高いということになります。

　租税法律主義は、財産権や適正手続の保障、国民の予測可能性や社会の法
的安定性の確保を趣旨としていることは前述した通りですが、その一方で、
税収確保による財政の安定という国側の利益も決して無視することはできま
せん。すなわち、法律はそう簡単には改正できないので、法律にある程度の
解釈の幅を持たせておいて、税務署が柔軟な法解釈で状況に臨機応変に対応
することにより、迅速・適正な課税ができなければなりません。それができ
ないならば、かえって国民全体にとって不利益になってしまいます。このよ
うな観点を考慮するならば、本件のような税務署の対応は認めざるをえない
と思います。この点、この程度の法解釈はやむをえないとして、最高裁判例
には批判は少ないです。では、今日の授業はここまで。しっかり復習して
ね。

## 13 三権分立

　日本国憲法は、立法権を国会（41条）、行政権を内閣（65条）、司法権を裁判所（76条）に分属させ、三権分立（権力分立）の原則を採用しています。憲法にはどこにも三権分立あるいは権力分立という言葉はありませんが、これらの三つの条文を読めば解釈上、憲法の基本原理として三権分立の原則が導かれるのです。そもそも三権分立の原則とは、国家の権力を立法権、行政権、司法権の三つに区別して、それらを異なった機関に担当させることにより、相互に牽制させて、国民の基本的権利を保障しようとする政治組織の原理をいいます。この点、明治憲法も一応、三権分立を認めていましたが、天皇主権を採用し、天皇が統治権を総覧していたので、それは極めて不徹底なものでした。1789年のフランス人権宣言16条は「権利の保障が確保されず、権力の分立が定められていない社会は、憲法をもつものではない」と規定し、"基本的人権の保障"と"権力分立"が近代憲法の二大構成要素であることを明確にしていました。ただし、「権力分立」は必ずしも三権分立とイコールではないことには注意が必要です。後述するように、イギリスのジョン・ロックは、二権分立を主張していましたし、現在の台湾は五権分立を採用しています。

　三権分立の原則の目的は、政治権力を一ヶ所に集中させず、立法権、行政権、司法権の三権に分け、それらを異なる機関に与えることによって、相互に抑制と均衡（チェック・アンド・バランス）を働かせ、権力の集中（権力集中制）によりもたらされる権力の濫用を防止し、国民の自由を確保することにあります。このように三権分立の原則は、きわめて自由主義的な統治組織原理であり、また、権力者に対する懐疑、不信任を前提とする原理であるとも言われています。そして、言うまでもなく、その原型をつくったのは、フランスの啓蒙思想家・法哲学者であるシャルル・ド・モンテスキューです（なお、モンテスキューは、本名をシャルル・レイ・ド・スコンダといい、領地の名を取って「モンテスキュー」と呼ばれています）。モンテスキューの三権分立論は、アメリカ独立宣言やフランス人権宣言に大きな影響を与えました。モンテスキューの時代は、王権神授説にもとづく絶対王政の時代であり、王様が法を制定し（立法権）、それを実行することにより政治をおこない（行政権）、かつ裁判もお

こなっていました（司法権）。まさに"陳（ちん）は国家なり"（俺さまが国だ！）の時代でした。そのため、人びとは、王様の一言で理由もなく重い税金を課されたり、あるいは、少しでも王様に抵抗すると牢獄に入れられて処刑されることが日常茶飯事でした。これに対し、モンテスキューは、市民の権利や自由を守るために王様の独裁政治を阻止しようとしたのです。その時、王様から立法権と司法権を取り上げるために主張された理論が、三権分立でした（行政権のみが王様の手元に残されました）。モンテスキューは、その著書『法の精神』の中で、「権力を持つ者がすべてそれを濫用しがちだということは、永遠の経験の示すところである」と指摘しています。このような権力者に対する懐疑、不信任が三権分立の原則の根底には横たわっているのです。このようなモンテスキューの理論は、その後、近代憲法の基本原理として各国に継承され、日本を含む多くの国で今なお生き続けています。これに対して、1688年のイギリスにおける名誉革命の理論的支柱となったジョン・ロックは、立法権と執行権という二権分立を主張しました。また、台湾では、孫文の三民主義（民族の独立、民権の伸張、民生の安定）の考えにしたがって、立法権、司法権、行政権、考試権、監察権の五権分立が採用されています。このように、権力分立は三権分立とはイコールではありませんが、権力分立の基本モデルが三権分立であると言えることは間違いないところだと思います。

　三権分立を詳しくみると、二つの類型があることがわかります。すなわち、①立法権優位型と②三権対等型がそれです。①立法権優位型とは、立法権が優位の構造を持つ三権分立制度です。例えば、フランスでは、絶対王政の下で、裁判官が王様とともに権利侵害の象徴的存在となり、司法権への不信が強まった一方、国民代表たる国会議員が市民の権利の擁護者となり、立法権への信頼が高まったことから、立法権優位の構造が形成されました。国会主権（議会主義）の国であるイギリスもこの類型に属します。これに対して、②三権対等型とは、三権が同格の構造を持つ三権分立制度です。例えば、アメリカでは、イギリス議会への抵抗から独立にいたった歴史、また、建国当初の指導者たちの、民衆や国会（立法権）への不信から、対等な三権が牽制し合う三権対等の構造が形成されました。アメリカ憲法を母法とする日本国憲法もこの類型に属します。

　日本においては、三権分立の原則はいちじるしく現代的変容をうけています。まず、㋐行政国家現象が生じています。すなわち、国家のあり方が、自

由国家・消極国家から福祉国家・積極国家へと推移するにつれて、行政権が肥大化し、国家機構の中で主導的な地位を占めるにいたっているのです。そして、それによって国会の地位は相対的に低下することになり、"議会主義の復権" が現代政治の重大な課題となっています。また、㋑政党国家現象が生じています。すなわち、政党政治の発達は、政治の主導権を政党とりわけ政権政党に与えるようになり、政党が立法のみならず国家活動のあらゆる領域を支配するようになっています。日本国憲法には政党に関する規定はありませんが、政党抜きには決して憲法の政治理念を実現することはできないでしょう。さらに、㋩司法国家現象が生じています。すなわち、裁判所が違憲審査権（憲法81条）を行使し、立法権や行政権に対して司法的コントロールを及ぼすことが要請される場面が多くなり、これによって司法の地位が相対的に高まっています。特に、憲法の番人であり、人権保障最後の砦である最高裁判所の積極的な活動が強く期待されています。

　最後に、三権分立の原則のもとで国会（参議院）と裁判所（最高裁）が激しく対立した事例である浦和事件を検討してみたいと思います。この点、浦和事件の概要はつぎの通りです。すなわち、夫が賭博にふけり生業を顧みないために、母親（浦和充子）は、前途を悲観して親子心中をはかり、３人の子供を殺しました。しかし、自分は死にきれず、やむをえず自首をしました。これに対し、地裁は、諸般の事情を考慮して、懲役３年・執行猶予３年の温情判決を下しました。これに対し、参議院法務委員会が、国政調査権（憲法62条）にもとづき調査をして、「量刑が軽すぎ不当である」という決議をおこないました。これに対して最高裁判所は、「司法権の独立（憲法76条）を侵害し、まさに憲法上、国会に許された国政調査権の範囲を逸脱する」として強く抗議をしました。これは国会と裁判所の、より具体的には参議院法務委員会と最高裁のケンカです。皆さんが行司役ならばどちらに軍配をあげますか？

　最高裁の抗議文のなかにもある通り、裁判所が下した判決の量刑に対して、参議院法務委員会がおこなった国政調査権にもとづく調査につき、司法権の独立を害しないかが憲法上の争点となります。本件は、国会と裁判所のみならず法曹界や学会を巻き込んで一大論争となりましたが、憲法研究者の大半は最高裁に軍配をあげました。その理由は以下の通りです。すなわち、①憲法62条の国政調査権のおよぶ範囲は、国会の立法権が広汎な事項にわ

たっているので、純粋に私的な事項を除き、国政のほぼ全般を含みますが、権力分立と人権の原理からの制約をこうむらざるをえず、調査はあくまで議院の本来的な権能である立法を補助するために必要な範囲に限定されると解されるからです（補助的権能説）。また、②憲法76条の司法権の独立からして、裁判官が裁判をなすにあたっては、他の国家機関から事実上、重大な影響を受けることが禁じられねばならず、国会が裁判の判決内容の当否を批判することは許されないと解されるからです。さらに、③国会が「国権の最高機関」（憲法41条）であることは基本的に単なる政治的美称（お世辞）に過ぎないと解されるからです。やはり私も、今回は最高裁に軍配をあげるのが妥当だと思います。皆さんも考えてみてください。

# 第十四講　地方自治

　今日は地方自治がテーマです。地方自治とは、一定の地域における行政を地方公共団体に委ね、地方住民の意思にもとづいて行うことです。地方自治については日本国憲法では第8章で4つの条文を規定しています。そもそも政治は、国の政治と地方の政治に分かれます。そして、地方の政治がまた都道府県と市町村の2つに分かれます。ということは、日本に住んでいる私たちは、3つの政治の影響を受けていることになります。例えば、群馬県前橋市に住んでいる人は、日本国、群馬県、前橋市という3つの政治団体から保護されたり義務づけられたり、権利を付与されたり制限されたりするのです。地方自治の主体は、地方公共団体（地方自治体）です。この点、地方公共団体とは、地方自治の主体として地方政治を行う団体で、国とは別の独立した法人であると解されており、都道府県と市町村に分かれます。地方自治に関する憲法の条文は、92条〜95条のわずか4か条であり、憲法には本当の大原則しか定められていません。そこで、憲法にもとづいて地方自治に関する様ざまな法律が規定されています。例えば、地方自治法や地方公務員法、地方税法などがありますが、一番基本になるのが地方自治法です。

　明治憲法には、地方自治に関する規定はなく、すべて法律で定められていました。すなわち、地方自治は、憲法上の制度ではなくて、法律上の制度

だったのです。また、その目的は、明治政府（すなわち天皇）の命令を全国津々浦々まで行き渡らせて、それに従わせるための手段でした。すなわち、天皇主権のもと、天皇に満足して喜んでもらうために、我われ臣民を天皇の命令に従わせるための制度としての地方自治だったのです。そして、明治政府から任命されて中央官庁（中心は当時の内務省）から派遣された人物が知事に就任していました。

　これに対して、日本国憲法ではまったく違います。まず、地方自治は、法律事項から憲法事項に格上げされ、憲法の原則として独立の章に規定されています。また、目的も全然違います。もちろん天皇に満足して喜んでもらうためではありません。そもそも日本国憲法で地方自治を規定した趣旨は、それぞれの地域や地方は個性や特性を持っていることから、国の政治とは別に地方の政治を認めることが個人の尊厳（憲法13条前段）、すなわち国民1人ひとりの幸福な一生の実現に資するという点にあります。日本の総面積は約37.8万平方キロメートルですが、日本列島は狭いようで広いのです。東京と北海道と沖縄と群馬、すべて同じ日本ですが、歴史、文化、気候、風土、住民の物の見方や考え方、生活習慣や気質、それぞれ相当に違うと思います。それゆえ、なるべく地方の政治は地方の自律的決定に任せ、地方に決めさせることにより、地域のニーズにあった個性的な政治が可能になります。そして、それが我われ住民の幸福につながるだろうということです。当然、地方公共団体における行政の長（都道府県知事と市町村長）は、公選でなければなりません（憲法93条2項）。

　そして、地方自治の大原則は憲法92条の“地方自治の本旨”です。先週までは国の政治を勉強してきました。そして、国の政治の大原則は、国民主権、基本的人権の尊重、平和主義でした。これに対して、地方の政治の大原則が地方自治の本旨なのです。まずは、このキーワードをしっかり頭に入れて下さい。それでは、地方自治の本旨とはどのようなものでしょうか？　そもそも地方自治には、①住民の意思を地方政治に反映させること（民主主義的意義）と、また、②権力を地方に分散することで権力の中央集権化を防ぐこと（自由主義的意義）とがあります。それらの意義が、①“住民自治の原則”と②“団体自治の原則”に発展し、地方自治の本旨（憲法92条）として

日本国憲法のもとにおける地方自治を根底から支えているのです。

　すなわち、地方自治の本旨には、①住民自治の原則と②団体自治の原則という２つの原則が含まれます。まず、①住民自治の原則とは、地方政治が住民の意思にもとづいて行われなければならないとする原則です。民主主義的原理にもとづきます。地方公共団体内部の関係であり、目的価値としての側面があります。また、②団体自治の原則とは、地方自治が国から独立した団体の意思と責任の下に行われなければならないとする原則です。自由主義的原理にもとづきます。国家と地方公共団体との関係であり、手段価値としての側面があります。すなわち、この２つの原則には、優劣関係があります。住民自治が目的、団体自治はその手段であり、住民自治を実現するために団体自治があるのであり、最大の目的は住民自治の実現ということになります。この点、住民が地方政治の主人公であることを、国の政治における国民主権になぞらえて、"住民主権"ということがあります。この住民主権という言葉も地方自治のキーワードとしてぜひ覚えておいてください。

　住民自治を表すキーワードとしては、ジェームズ・ブライスというイギリスの法学者・政治家が言った"地方自治は民主主義の学校"が有名です。これは皆さんも聞いたことがあると思います。私は中学校で習った記憶があります。私が中学生だったのは大昔ですが……（笑）。我われは地方自治から民主主義を学ぶのです。そもそも国の政治は、戦車を何台買うか、日米安保条約をどうするか、どのような景気対策をとるべきなのかとか、我われとは直接には係わりの薄い事柄が多いです。これに対して、地方自治というものは、例えば、ゴミ袋を有料にするかどうか、校舎を建て直すかどうか、火葬場をどこにつくるかとか、本当に我われの生活に直結する身近な事柄を決めます。だから、地方自治は、国の政治よりも我われの生の声をより反映するべきだし、反映しても問題は少ないのです。換言すれば、国の政治よりも地方自治の方が、直接民主主義が要求される度合いが高いのです。だから我われは民主主義を地方自治から学ぶことになるのです。

　これに対して、団体自治を表すキーワードは、"地方分権"です。国の政治とは別に地方の政治を認めることは、国の政治における三権分立と同様、権力を分散して異なる機関に担当させ、相互の抑制と均衡をはかることによ

り、権力の集中や濫用を防止しようとするものです。これはまさに自由主義
の要請であり、それによって国民の自由や権利の確保をはかろうとしていま
す。さらに、地方の政治が都道府県と市町村に分けられることにより、権力
の分立がより徹底され、権力の濫用を防いでいます。

　地方自治の分野における憲法上の論点として、従来から盛んに議論され、
典型的な憲法テキストにもよく書かれているのが「憲法による地方自治の保
障の性質」という問題です。これはどういうお話かというと、憲法が規定し
ている地方自治制度にはどのような法的性質があるのかという学説上の争い
です。この点、①固有権説、②承認説、③制度的保障説という 3 つの典型的
学説が主張されており、③制度的保障説が通説であり、判例でもあると考え
られています。

　まず固有権説ですが、これが地方自治をもっとも強化する学説といえま
す。すなわち、地方公共団体が持っている地方政治を行う権限は、国家や憲
法以前の、地方公共団体が生まれながらに持っている固有の権利と考えま
す。これは、我われ人間は生まれながらに自由で平等に生きる権利を持って
おり（天賦人権論）、それは国家や憲法以前の固有の自然権と考えたのと同様
の論理です。すなわち、人間が生まれながらに人権を持っているのと同じ
く、地方公共団体は生まれながらに地方政治を行う権限を持っていると考え
るのです。このように考えれば、国家は地方公共団体の地方自治権を最大限
に尊重しなければならず、たとえ憲法を改正しても制限できないことになり
ます。実に地方自治を尊重する見解ですね。

　しかし、この学説は、あまり支持されていません。なぜなら、"主権の単
一不可分性" という国際法上の大原則に反するからです。今、世界には約
200 の独立国家があり、すべての独立国家は主権を持っています（国家主権の
原則）。そして、その主権の中には、国の政治を行う権利と、地方の政治を
行う権利が不可分一体に含まれており、それは国が持っていると考えるのが
国際法上の大原則です。この考え方を前提にすれば、地方公共団体が地方政
治を行う権限を生まれながらに持っているという固有権説をとることはでき
ません。

　つぎに承認説ですが、これはもう結論がよくありません。承認説は、地方

自治権は地方公共団体の固有の権利ではなく、国家の統治権に由来すると考えますので、主権の単一不可分性には反しません。しかし、この説は、地方公共団体が持っている地方自治権は国が有する統治権の一部を付与されたものに過ぎず、国が承認した限りにおいて行使しうるだけであるとします。とするならば、国は地方自治権の範囲や内容を立法政策によってどのようにも定めることができ、憲法で地方自治を保障した意味がなくなってしまいます。

　そこで、折衷的見解として主張されている学説が制度的保障説です。制度的保障説とは、地方公共団体が持っている地方自治権は国家の統治権に由来するが、憲法で保障された地方自治制度の本質的内容や核心はたとえ法律によっても侵害されない最低限度の保障であると考える見解です。要するに、憲法で保障している地方自治権は最低ラインであり（いわばナショナルミニマム）、憲法改正をしない限り、国家がこれ以上、切り下げることはできないとします。この見解は、結論も妥当ですし、さっきの国際法上の大原則である主権の単一不可分性にも矛盾しないから、支持を集め、通説・判例といわれています。

　しかし、この見解に対しては、「憲法で保障された地方自治制度の本質的内容や核心」の具体的内容が不明であるという批判がくわえられています。すなわち、前述のごとく憲法には地方自治に関する条文はわずか4か条しかなく、この説がいう「憲法で保障された地方自治制度の本質的内容や核心」の具体的内容は一義的に明確ではなく、結局、解釈で決するしかありません。そして、解釈に委ねられる以上、その判断が解釈者によってばらばらになってしまうという批判です。とはいえ、それは法律実務家や法学者をはじめとした国民全体で十分な議論をして、理解と納得の下でその具体的内容を法解釈で明らかにしていけばいいのであり、それは十分に可能だと思います。よって、制度的保障説で問題はないでしょう。

　憲法94条は条例制定権を定めています。"条例"というのは、地方公共団体、すなわち都道府県と市町村（正確にはそれらの地方議会）がつくる決まり（自治権にもとづいて制定する自主立法）です。確認ですが、政府がつくる決まりは"政令"で、国家間の文書による合意が"条約"です。間違えないように

してください。そして、条例は条文上、「法律の範囲内」で制定しなければ
なりません。すなわち、条例は法律に反することはできないのです（もちろ
ん憲法に反することもできないし、政令に反することもできません）。この点が争われ
た重要判例が、徳島市公安条例事件最高裁大法廷判決（1975［昭和50］年9月
10日）です。事案は、当時の道路交通法における道路使用許可条件違反の罰
則は「3月以下の懲役又は3万円以下の罰金」であったのに対し、徳島市公
安条例（集団行進及び集団示威運動に関する条例）における同違反の罰則は「1年
以下の懲役若しくは禁錮又は5万円以下の罰金」であり、法律より重い罰則
が規定されていました。前述した通り、地方公共団体は「法律の範囲内」で
条例を制定しなければならないことから（憲法94条）、このような条例が「法
律の範囲内」と言えるかどうかが問題となったのです（本件はそれ以外にも争
点はありますが、ここではこの問題にしぼって考えてみましょう）。この点、「法令と
同一の目的で法令よりも厳しい規制基準を定める条例」を"上乗せ条例"
（例えば、法律が時速80キロメートル以上を規制しているところ、条例で時速60キロメー
トル以上を規制する）、また、「法令と条例が同一の目的で規制を行う場合で法
令が規制していない事項について規制する条例」を"横出し条例"（例えば、
法律がラーメンを規制しているところ、条例でラーメンと同様にソバを規制する）とい
いますが、その合憲性を判断する場合にも、本件と同様の問題が生じます
（いわゆる上乗せ条例・横出し条例の可否）。それでは、このような場合、条例が
法律に矛盾・抵触しているかどうかはどのような基準で判断するのでしょう
か？

　この問題につき、最高裁はつぎのように判示しました。すなわち、「地方
自治法14条1項は、普通地方公共団体は法令に違反しない限りにおいて同法
2条2項の事務に関し条例を制定することができる、と規定しているから、
普通地方公共団体の制定する条例が国の法令に違反する場合には効力を有し
ないことは明らかであるが、条例が国の法令に違反するかどうかは、両者の
対象事項と規定文言を対比するのみでなく、それぞれの趣旨、目的、内容及
び効果を比較し、両者の間に矛盾牴触があるかどうかによってこれを決しな
ければならない。例えば、ある事項について国の法令中にこれを規律する明
文の規定がない場合でも、当該法令全体からみて、右規定の欠如が特に当該

事項についていかなる規制をも施すことなく放置すべきものとする趣旨であ
ると解されるときは、これについて規律を設ける条例の規定は国の法令に違
反することとなりうるし、逆に、特定事項についてこれを規律する国の法令
と条例とが併存する場合でも、後者が前者とは別の目的に基づく規律を意図
するものであり、その適用によって前者の規定の意図する目的と効果をなん
ら阻害することがないときや、両者が同一の目的に出たものであっても、国
の法令が必ずしもその規定によって全国的に一律に同一内容の規制を施す趣
旨ではなく、それぞれの普通地方公共団体において、その地方の実情に応じ
て、別段の規制を施すことを容認する趣旨であると解されるときは、国の法
令と条例との間にはなんらの矛盾牴触はなく、条例が国の法令に違反する問
題は生じえないのである」と規範を定立したうえで、本件の条例について、
「両者の内容に矛盾牴触するところがなく、条例における重複規制がそれ自
体としての特別の意義と効果を有し、かつ、その合理性が肯定される場合」
であるから、「条例によって集団行進等について別個の規制を行うことを容
認しているものと解される道路交通法が、右条例においてその規制を実効あ
らしめるための合理的な特別の罰則を定めることを否定する趣旨を含んでい
るとは考えられない」として合憲としました。

　この判例については、学説の大半が支持しています。確かによく考えられ
た判決だと思います。以前は、国家主義的な立場にたち、法律がすでに規制
対象としている事柄については条例を制定することはできないという法律先
占論が支配的でした。しかし、社会が複雑になればなるほど、多種多様な法
規制が要請されるようになり、法律と条例とがそれぞれの役割を分担しつ
つ、一体となって規範力を発揮することが必要となります。その点で、法律
先占論は過去の遺物と言わざるをえません。前述の上乗せ条例も、横出し条
例も認めざるをえず、実際にそのような条例はたくさん制定されています。
今後は、判例の規範をふまえて、さらに要件を明確化、精緻化していくこと
が必要となります。地方自治の本旨たる住民自治と団体自治を実現し、住民
主権を達成するために地方公共団体の自治立法である条例が果たしうる役割
はきわめて大きいと思います。条例を単なる法律の下位規範と考えるのでは
なく、条例の実効性を強化する憲法解釈が今、求められています。

　条例制定権をめぐる重要論点として、条例によって①財産権の規制や、②罰則の制定や、③課税ができるのかという問題も従来から議論されています。すなわち、①憲法29条 2 項は財産権を制限する場合には法律でやることを、②憲法31条は罰則を定める場合にも法律でやることを（罪刑法定主義）、③憲法84条は税金を課す場合にも法律でやることを（租税法律主義）、それぞれ要求しています。このように、憲法は①財産権の規制も、②罰則の制定も、③課税も法律でやることを明示していますが、それでは条例でやることはできないのでしょうか？　この点、一応問題にはなるけれども、基本的にできると解されています。実際にもそれらの多くが条例で規定されています。そこで、その理由が問題になります。皆さんも考えてみて下さい。これはすぐに分かると思いますが、法律は選挙でえらんだ国会議員がつくりますが、条例も同じく選挙でえらんだ県会議員や市会議員がつくります。よって、条例は法律と同じく民主的な基盤があるので、法律と同様に扱ってもいいだろうということです。また、もう一つの理由は、地方の政治を円滑・適正に行うためには、条例で財産権を制限したり、罰則を設けたり、課税したりすることを認める必要性が高いのです。やはり地方公共団体に十分に地方自治を行わせるためには、これらの権限を地方公共団体に認めざるをえないでしょう。条例による財産権の規制については、奈良県ため池条例事件という有名な事例で最高裁判決がでていますので、ぜひ自習してください（最判1963［昭和38］年 6 月26日）。

　ただし、②罰則の制定だけは、その要件として“法律の委任”が必要とされています。すなわち、最高裁は大阪市条例違反事件（最判1962［昭和37］年 5 月30日）において「条例は、法律以下の法令といっても、……公選の議員をもって組織する地方公共団体の議会の議決を経て制定される自治立法であって、行政府の制定する命令等とは性質を異にし、むしろ国民の公選した議員をもって組織する国会の議決を経て制定される法律に類するものであるから、条例によって刑罰を定める場合には、法律の授権が相当な程度に具体的であり、限定されておれば足りると解するのが正当である」と判示しています。要するに、条例によって罰則を設ける場合には、個別具体的な委任までは不要ですが、白紙委任的なものであってはならず、相当程度に具体的な

法律による委任が必要ということです。この点、地方自治法14条3項で、条
例で罰則を設ける場合には、「2年以下の懲役」「100万円以下の罰金」など
と、その上限が規定されていることから「相当程度に具体的な法律による委
任」があるものと解され、実際、多くの条例で罰則が制定されています。ど
うして罰則だけ取り扱いが少し厳しくなっているのかというと、不当な刑罰
が制定されると我われの人権をいちじるしく侵害するから、罰則の制定には
国会の関与をより強く認めるべきだからです。また、地方議会は国会に比べ
て国民やマスメディアの監視が届きにくいので、不当な刑罰が制定されやす
いということもあるでしょう。

　地方自治についての条文の最後として、憲法95条を見ていきましょう。こ
れは地方特別法の条文です。地方特別法とは、特定の地方公共団体だけを対
象とする法律のことです。そもそも法律というものは、一般性、抽象性を有
することから、日本全国津々浦々に平等に適用されるのが原則です。しか
し、国会は、特定の地方公共団体だけを対象とする法律もつくることができ
ないわけではありません。ただし、その場合には、その地方公共団体の住民
投票で過半数の賛成が必要とされています。例えば、群馬県だけ消費税を
15％にする法律を国会がつくろうと思えばできるけれど、群馬県で住民投票
をして過半数の賛成を得なければなりません。その理由は、すぐに分かると
思いますが、このような法律を国会が勝手につくれるならば、「群馬県の知
事は国の言うことを全然きかないから、税金を上げる法律をつくっていじめ
てやろう」ということになりかねません。それでは地方自治が成り立たなく
なってしまいます。そういう法律を国会が勝手につくれないようにしようと
いうことですね。昭和20年代には広島平和記念都市建設法、旧軍港市転換法
など、いくつか制定されましたが、昭和30年以降はほとんど制定されていな
いといわれています。

　今日の講義の最後に、外国人地方選挙権訴訟（最判1995［平成7］年2月28
日）を見ていきたいと思います。これは選挙権に関する判例ですので、本
来、人権の分野で学ぶべきともいえますが、国の政治における国民主権と地
方の政治における住民主権との質的な違いが判決結果に大きく反映されてお
り、統治の観点からも非常に勉強になる判例です。本件の事案は、特別永住

資格を持つ在日韓国人が、「定住外国人は地方公共団体の選挙権を憲法上保障されているはずである」として、選挙人名簿への登録を求めたところ、選挙管理委員会が却下決定を行ったため、その取消を求めて争ったものです。そして、本件の争点は、「外国人には地方公共団体における選挙権が認められるか？」というところにあります。国の政治ではなく地方の政治であること、被選挙権（立候補の自由）ではなく選挙権（投票する権利）の問題であることがポイントです。さらに、原告が外国人とはいえ特殊な歴史的背景をもつ在日韓国人であることを考慮すべきか、考慮するとしてもどの程度、考慮すべきなのかという点も結論に影響を与えるポイントといえます。

　本件につき、最高裁は以下の通り判示し、原告の請求を棄却しました。すなわち、「憲法第三章の諸規定による基本的人権の保障は、権利の性質上日本国民のみをその対象としていると解されるものを除き、我が国に在留する外国人に対しても等しく及ぶものである。そこで、憲法15条１項にいう公務員を選定罷免する権利の保障が我が国に在留する外国人に対しても及ぶものと解すべきか否かについて考えると、憲法の右規定は、国民主権の原理に基づき、公務員の終局的任免権が国民に存することを表明したものにほかならないところ、主権が『日本国民』に存するものとする憲法前文及び１条の規定に照らせば、憲法の国民主権の原理における国民とは、日本国民すなわち我が国の国籍を有する者を意味することは明らかである。そうとすれば、公務員を選定罷免する権利を保障した憲法15条１項の規定は、権利の性質上日本国民のみをその対象とし、右規定による権利の保障は、我が国に在留する外国人には及ばないものと解するのが相当である。そして、……憲法93条２項にいう『住民』とは、地方公共団体の区域内に住所を有する日本国民を意味するものと解するのが相当であり、右規定は、我が国に在留する外国人に対して、地方公共団体の長、その議会の議員等の選挙の権利を保障したものということはできない。このように、憲法93条２項は、我が国に在留する外国人に対して地方公共団体における選挙の権利を保障したものとはいえないが、憲法第八章の地方自治に関する規定は、民主主義社会における地方自治の重要性に鑑み、住民の日常生活に密接な関連を有する公共的事務は、その地方の住民の意思に基づきその区域の地方公共団体が処理するという政治形

態を憲法上の制度として保障しようとする趣旨に出たものと解されるから、我が国に在留する外国人のうちでも永住者等であってその居住する区域の地方公共団体と特段に緊密な関係を持つに至ったと認められるものについて、その意思を日常生活に密接な関連を有する地方公共団体の公共的事務の処理に反映させるべく、法律をもって、地方公共団体の長、その議会の議員等に対する選挙権を付与する措置を講ずることは、憲法上禁止されているものではないと解するのが相当である。しかしながら、右のような措置を講ずるか否かは、専ら国の立法政策にかかわる事柄であって、このような措置を講じないからといって違憲の問題を生ずるものではない」。

　憲法15条1項の公務員選定罷免権を根拠にする選挙権は国民主権（憲法前文、1条）のもとでは日本国籍を有する日本人のみに保障されている。そして、地方自治の担い手たる「住民」（憲法93条2項）も同じく日本国籍を有する日本人と解されるので、地方選挙権（憲法同条同項）も日本国籍を有する日本人のみに保障され、外国人には保障されていない。しかし、憲法第八章の地方自治が前提とする民主主義社会における地方自治の重要性からして、地方公共団体と特段に緊密な関係を持つに至ったと認められる定住外国人に法律で地方選挙権を認めることは憲法上、禁止はされていない。ただし、それはあくまで立法政策の問題だから認めなくても違憲とはならない。以上が最高裁の論理ですが（読み取れましたか？）、一般的には妥当なものと考えられています。やはり「日本国の政治に参加する権利は日本国民のみに認めるべきである」というテーゼは、非常に説得力があります。ですが、これまでは最高裁の論理および結論が妥当であったとしても、人口減少社会が急激に進展している日本では今後、大量の外国人労働者を受け入れざるをえず、実際、外国人労働者は国の政策により急増しています。このような社会の変化にかんがみるならば、定住外国人には少なくとも地方選挙権を認めることが憲法上要請されると解することが必要となることは確実でしょう。

　また、本件でも問題になっている特別永住資格を持つ在日韓国朝鮮人やその子孫については、さらに特別な考慮が必要となります。①特別永住資格を持つ在日韓国朝鮮人1世のなかには意に反して日本へ徴用された人も少なからずいたこと、②特別永住資格を持つ在日韓国朝鮮人1世は、終戦までは日

本人として日本国籍を保有していたこと、③終戦時に日本に残留することを希望した在日韓国朝鮮人に対して日本政府が特別永住資格を付与したという事実があること、④在日韓国朝鮮人3世、4世のなかには日本国籍は持たないが、日本で生まれて、日本で育ち、日本語しか話せず、日本から出たこともないというような人もいること等からすれば、そのような人びとに参政権を認めても問題はないばかりか、むしろ認めないことの方が不当でしょう。少なくとも納税の義務（憲法30条）や勤労の義務（憲法27条1項）を果たしている特別永住資格を持つ在日韓国朝鮮人には、一定の要件のもとで、国政を含めたすべての参政権（選挙権、被選挙権、公務就任権）を認める方向で考えていくべきだと思います。そのことが日韓の友好関係の構築につながるでしょう。これはぜひ皆さんの世代で解決してほしい問題の一つですね。今日の授業はここまで。

## コラム 14 勉強と学問

　そもそも大学は"学問の場"で、学問とは"真理の探究"です。これから大学でやるのは"学問"で、高校までは"勉強"をしてきたのです。勉強は高校で卒業、大学では真理の探究活動に打ち込む。大学にきたら勉強ではなく学問という言葉を使ってほしいです。それでは、高校までの勉強と大学の学問は何が一番、違うと思いますか？　高校までの勉強は、あらゆる問題に答えがひとつで、それを暗記してテストで吐き出せば、評価され、"頭がいい"と言われるようなものでした。しかし、大学の学問はそうではありません。大学の学問は、答えがひとつではないのです。答えがいくつもあったり、時には答えがないことすらあります。また、人によって答えが違う場合もありますし、昨日の答えと今日の答えが違う場合もあります。そのなかで、自分の力で自分にとって一番ふさわしい答えを見つけ出さなければなりません。そのような学問には暗記では対処できません。結論よりも理由が、記憶力よりも思考力が大事なのです。確か昔、"甘いだけのコーヒーは卒業した"というテレビCMがありましたが、大学では"暗記だけの勉強は卒業"

してほしいと思います（笑）。

　答えがひとつではないとはどういうことかを理解するために、私がいつもだしている例があるので紹介します。例えば、腰に二丁拳銃をぶらさげて、あるいは、日本刀を抜き身で持って、原宿や渋谷を歩いたらどうなりますか？　わからなければ実際にやってみればいい（笑）。すぐに警察に通報され、あっという間に手錠をかけられて、留置場に直行、しばらくは帰ってこられないのは確実です。実験はしなくていいですが……（笑）。日本では、銃刀法によって正当な理由なく刃体の長さが 6 センチ以上のナイフを持ち歩けば警察に捕まり、処罰されます。もちろん拳銃もダメです。これを不思議に思う日本人はまずいません。これはなぜだか考えたことがありますか？　なんで日本では拳銃や日本刀を持ち歩いてはいけないのか？　この点、たいていの日本人はこう答えると思います。「一般の人びとが拳銃や日本刀を持ち歩いている社会は危険だから、社会から犯罪をなくし、平和で安全な社会をつくるために銃刀法で禁止しているのであり、それは当然のことである」。私たちはこの論理にまったく違和感を持ちません。

　しかし、アメリカでは善良な市民であれば、身元確認程度の簡単な手続きで銃を購入し、所持することができます。各家庭には銃が備えられ、外出時には銃を携帯する人も多いです。アメリカ人はそれを何ら不思議には思わないのです。むしろ権利とさえ考えます。まさに日本人とは真逆の考え方をします。その理由はなぜでしょうか？　アメリカは、西部劇の国であり、自分の身は自分で護るというガンマンの伝統があります。そのため、アメリカの憲法では現在でも武装の権利が保障されています。アメリカ人は、若い女性や高齢者等の力が弱い者には武装の権利を認めて、強い者に立ち向かわせた方がむしろ社会が平和で安全になると考えるのです。

　たとえば、皆さんが、雪の降るクリスマスの夜、刑務所から出てきたばかりで暗い夜道を一人ぼっちで歩いているとします。ポケットの中には100円しかなく、行く当てもないし、寒くて、おなかも空いています。周りを見ると、アベックや家族が楽しそうに話しながら歩いていく。これはたまらんぞという場面になったと想像してみてください。ふと見ると、向こうから若い女性が、ハンドバックを抱えて歩いてくる。先ほど銀行の ATM から200万円を下ろすところを見ていた。あんな弱そうな女性なら素手でも簡単に奪えるはず。そう考えて、日本だったら簡単に強盗を犯してしまうかもしれませ

ん。これに対して、アメリカではどうなるでしょうか？　あんな弱そうな女性ならハンドバックを簡単に奪えると思ったとしても、アメリカならば、ちょっと待てよ、もしかしたらあのハンドバックの中には拳銃があるかもしれない。アメリカでは、たとえ強盗に襲われた若い女性が犯人を撃ち殺したとしても、ほめられこそすれ非難されることなどないのです。もしかしたら撃ち殺されてしまうかもしれないと考えたら、簡単に強盗ができますか？多くの人は躊躇すると思います。そうしたら、アメリカの考え方のほうがむしろ犯罪が減るかもしれません。そういう気がしてきませんか？

　日本の考えも、アメリカの考えも、いずれも間違っているわけではありません。ともに論理的には成り立ちうる考え方です。アメリカの考えも正しいし、日本の考えも正しい。だから答えは一つではないのです。さらに、答えは人により、時代により、場所により変わってもいいのです。日本がアメリカの考えを取り入れて今度は拳銃の所持を認めるかもしれませんし、逆に、アメリカが日本の考えを取り入れて今度は銃規制をするかもしれません。また、アメリカの考えを支持する日本人がいてもいいし、日本の考えを支持するアメリカ人がいてもいいのです。さらに、昨日はアメリカの考えを支持していた人が、今日は日本の考えを支持してもいいでしょう。要するに、結論はどちらでもいいのです。すなわち、どの結論をとるのかが重要なのではなくて、なぜ自分がその結論をとるのか、その理由や根拠をいかに説得的に論じられるかが勝負なのです。

　たとえば、自分が日本派で友達がアメリカ派だとします。その時に、皆さんが「私は日本の方が犯罪は減り、社会が平和で安全になると思うよ。それはこういう理由からです」と言ったら、その友達が「おまえは本当にいいことを言うなあ。確かにその通りだ。俺もその考えに従うよ」。そのように、自分と考えを異にする人の意見を変えられるような説得的な論理を組み立てたり、あるいは、これまで誰も考えたことがないような独創的な論理を考えついたりして、その存在すら不確かな "永遠不変の真理" に少しずつ近づく努力を継続することこそが "学問" なのです。それは結論を丸暗記する高校までの "勉強" では決してなしえないことなのです。そして、そのような "学問" を継続すると、脳みそにしわが増えて、頭がよくなります。脳みそは、使えば使うほどしわが増えるのです。どんどん学問をして脳みそにしわを増やしましょう。何かをたくさん暗記したとしても、脳みそのしわは増えませ

ん。憶えることは最小限にして、脳みその機動力や瞬発力、反射神経を高め、"論理的思考力"を養ってください。その論理的思考力は、人生の様ざまな場面で皆さんを助けてくれます。まさに、それが学問の効用なのです。

　人生は選択の連続です。皆さんがさしあたって直面する人生を左右する選択は、どこに就職するか（医者になるとか、エンジニアになるとか、決まっている人は別にして）と、結婚相手を誰にするかということだと思います。若い人ほど恋に落ちると舞い上がってまわりが見えなくなり、「運命の人に出会った」なんて言って、知り合って1ヶ月くらいで「僕たち結婚します」なんて宣言して結婚、若い人によくありがちですが、絶対にやめたほうがいいです（笑）。変なヤツと結婚すると人生がとんでもないことになってしまいます。安易に選ぶと絶対に後悔しますので、厳選すべきです。フランスのことわざに「急いで結婚してゆっくり後悔する」というのがありますから……（笑）。

　例えば、結婚相手の候補がA子さん、B子さん、C子さんと三人いたとします。イケメンなら選択肢がたくさんあるでしょうし、一つしか選択肢がない人もいるだろうし、なかには一つも選択肢がなくこれからつくろうという人もいるかもしれません。三人の候補にはそれぞれプラスとマイナスがあります。「A子さんは、ルックスはいいけど性格がちょっと。B子さんは、お金持ちだけどあの親が最悪。C子さんは、頭はいいけどあのツメをかむ癖がヤダな……」。この場合、A子さんと結婚した方が幸せになれる人もいれば、B子さんと結婚した方が幸せになれる人もいるし、C子さんと結婚した方が幸せになれる人もいれば、あるいは一生独身の方が幸せになれる人もいるのです。正解は人によって違うのですから、人にきいてもダメなのです。結婚相手を誰にするのかを人にきくヤツはいないだろうけれど、自分で考えて決めるしかありません。それぞれの選択肢にはプラスとマイナスがあって、それを総合的に考慮して、誰と結婚した方が自分の人生がもっとも幸福で充実したものになるのか、自分で判断するしかないのです。その時に学問をしっかりやった人間の方が正しい決断ができるのです。

　さっき言ったように、日本のやり方とアメリカのやり方、銃を認めた方がいいのか規制した方がいいのか、どちらが平和で安全な社会ができるのかなって一生懸命に考えると脳みそにしわが増えます。まさに考える訓練です。そのようにして、脳みそに機動力や瞬力、反射神経をつければ、結婚相手や就職先を選ぶときにも間違いません。同じ脳みそを使うんですから。

運動する前に十分にストレッチをやって、筋肉を温めて柔らかくしておけば
運動を始めても怪我をしません。それと同様、社会に出る前に大学で脳みそ
のストレッチをやって、脳みそを柔らかくして脳みその機動力や瞬発力、反
射神経を高めておけば、決断や選択に間違いがなくなり、社会に出てから怪
我をしなくてすむのです。

　こういう話をすると、「結婚相手を選ぶことと、憲法の勉強をすることとに
何の関係があるんだ。バカじゃねえか」って言う人がいますが、大いに関係
があるんです。憲法を素材にして、答えのない問題、あるいは、答えがいく
つもある問題に対して、脳みそから血が吹き出るくらい考える訓練をして、
人を説得できるだけの論理をたてる知的トレーニングを積み重ねれば、結婚
相手を選ぶ時にも、就職先を選ぶ時にも、正しい判断や選択ができるように
なるのです。くれぐれも気をつけて欲しいのは、何かをいっぱい覚えても、
いくら知識を増やしても、正しい判断や選択ができるわけではありません。
頭にあまり知識を入れ過ぎるとパソコンと同様、脳の働きが重く遅くなって
しまいます。すると、脳みその機動力や瞬発力、反射神経が損なわれます。
知識は必要最低限だけにして、脳みその機動力や瞬発力、反射神経で勝負す
るんです。それが問われます。ぜひ切れ味の鋭いシャープで、クールで、ス
マートな人間をめざしてください。繰り返しますが、人生は選択の連続です
ので、正しい判断や選択ができるように大学ではぜひ学問にいそしんでくだ
さい。

　ある有名一流企業の採用試験の最終の社長面接で、「あなたは自分を動物に
たとえたら何だと思いますか？　理由とともに答えなさい」という問題が出
たそうです。皆さんは何と答えますか？　面接では黙ってはダメだから、瞬
時に何か言わないとなりません。そのときに、「なんで試験官はこんな質問を
するんだろうか、試験官はどんな答えを望んでいるんだろうか」を瞬時に判
断して適切な返答をするためには、記憶力ではなくて、まさに論理的思考力
の深さ、鋭さが問われます。たくさん何かを暗記していたとしても、決して
適切な答えを返すことはできません。この場合、その企業が、IT 産業なの
か、マスメディアなのか、メーカーなのか、旅行会社なのか、何の企業なの
かによって要求される正しい答えは違うと思います。また、面接官が高齢者
なのか、中年が、若手か、男か、女かによっても正しい答えは違うと思いま
す。さらに、質問をされている就活学生の方も、男なのか女なのか、国立大

学出身なのか私立大学出身なのか、地方出身なのか都会出身なのか、そうい
うもろもろの事情が反映された答えの方が評価されるはずです。まさに正し
い答えは人や状況によって違うのです。瞬時に判断して正しい答えを返すに
は、考える訓練が必要です。よろしいですか。論理トレーニングをして、記
憶力ではなくて脳みそのしわをふやす。そして、脳みその機動力や瞬発力、
反射神経を高め、論理的思考力をつける。そういう観点をいつも頭に入れて
学問に取り組んでください。ぜひ頑張って！

第十五講

憲法改正

　今日でこの教養・日本国憲法の講義も終了です。全15回の講義はどうでしたか？　ためになりましたか？　皆さんとお別れするのは本当に悲しいですが……。ぜひこの授業で学んだことを皆さんの将来に役立てて下さい。将来に役立つという点では、本日の憲法改正の講義は非常に意義があると思います。もしかしたら数年後に憲法改正の国民投票が実施されるかもしれませんので……。憲法改正の国民投票が実施された場合に賛否どちらに投票したらいいかを判断するための判断材料を今日の講義で少しでも得てくれたら私としては非常にうれしいです。

　日本国憲法における改正手続は第九章の96条に規定されています。今日の授業のテーマはまさにこの１条のみです。ですので、これはもう私がグダグダ説明する前に条文を読みましょう。まず、１項前段は「この憲法の改正は、各議院の総議員の三分の二以上の賛成で、国会が、これを発議し、国民に提案してその承認を経なければならない」として、"国会の発議"について規定しています。また、後段は「この承認には、特別の国民投票又は国会の定める選挙の際行はれる投票において、その過半数の賛成を必要とする」として、"国民投票"について規定しています。さらに、２項は「憲法改正について前項の承認を経たときは、天皇は、国民の名で、この憲法と一体を

成すものとして、直ちにこれを公布する」として、"天皇の公布"について
規定しています。憲法は、このように①国会の発議、②国民投票、③天皇の
公布という３つの手続きを憲法改正に要求しています。まずはこのことを
しっかりと頭に入れてください。それが憲法改正論議のスタートです。

　それではつぎに、それぞれの手続きのポイントを指摘していきます。ま
ず、①国会の発議ですが、条文に明記されている通り「各議院の総議員の三
分の二以上の賛成」によります。この「総議員」の意味については、出席議
員数ではなく、法定議員総数と解する見解が多数説です。やはり憲法改正と
いう国家や国民の命運を左右する重大問題については、できうる限り厳格解
釈を旨とすべきですから、法定議員総数と解するべきでしょう。もちろん衆
参両議院の一致した議決が必要であり、衆議院の優越はありません。また、
参議院の緊急集会（憲法54条2項・3項）で行うことはできないと解されてい
ます。憲法改正には国会の英知を結集し、十分に時間をかけた議論が必要な
ので当然でしょう。

　つぎに、②国民投票ですが、憲法改正の是非だけを問う特別の国民投票を
開催してもいいし、衆議院議員の総選挙または参議院議員の通常選挙が行わ
れる際に同時に国民投票を実施してもかまいません。この点、最高裁裁判官
の国民審査が「衆議院議員総選挙」のときにのみ実施されるのと対照的です
（憲法79条2項）。国会議員の選挙と同時に実施した方がコストはかかりません
が、特別の国民投票を開催した方が国民は憲法改正の議論に集中でき、考え
るゆとりも生じうることから、国民にとってはありがたいでしょう。どちら
の場合にも、条文上、国民の「過半数の賛成」が必要とされています。この
場合の「過半数」については、いわゆる憲法改正国民投票法において、有効
投票総数（賛成票の数と反対票の数を合計した数）の過半数とされています（同法
98条2項）。しかし、最低投票率の定めがないことともあいまって、これでは
ごくわずかな国民の賛成のみで憲法改正が成立してしまいかねず、再考の余
地があるでしょう（憲法改正国民投票法の問題点は最後に概観します）。

　さらに、③天皇の公布ですが、条文上、天皇は「国民の名で」公布するこ
とが要求されています。これは日本国憲法が民定憲法であることの現れとい
えます。もちろん天皇はこの公布をみずからの意思で拒否することはでき

ず、この要件はあくまで形式的・儀礼的なものです。よって、憲法改正で要求される実質的要件は、①国会の発議と②国民投票の２つと考えて差し支えないでしょう。

　それでは、この手続きをとればどんな憲法改正でもできるのでしょうか？これは従来から"憲法改正の限界"として議論されてきた問題です。この点、限界説と無限界説との対立があります。無限界説をとれば、日本国憲法を改正して明治憲法を復活させることさえできることになりえます。思うに、日本国憲法を根拠にして認められた憲法改正権が日本国憲法を全面的に改正できると解することは法論理的に背理であり、いわば憲法の自殺行為を認めるに等しいものですから、できないと解するべきでしょう。やはり国民主権、基本的人権の尊重、平和主義、三権分立、法の支配といった憲法の根本原理は改正できないとして、憲法改正には限界を認めるべきです。学説でも限界説が多数説といえます。

　憲法改正を支持する人びとはその理由として例えばつぎのような点をあげています。「世界の国々は、時代の要請に即した形で憲法を改正しています。主要国を見ても、戦後の改正回数は、アメリカが６回、フランスが27回、ドイツに至っては58回も憲法改正を行なっています。しかし、日本は戦後一度として改正していません」。そう言われると、我われは「憲法が70年近く改正されていないのはおかしい」とか、「憲法は時代に対応していないのでは」と思ってしまいがちです。

　しかし、フランス人権宣言にもある通り、憲法は人権の保障と統治の機構を定めるものであり、その眼目は、専断的な権力を制限して、国民の権利・自由を保障することを目的に、憲法にもとづいて政治を行わせることにあります（これを近代立憲主義と言いましたね）。すなわち、憲法は、国民の権利・自由を保障するために、政治権力を縛るためのものなのです。この近代立憲主義が、専断的な政治権力と血を流して闘いながら100年以上の時間をかけて市民が勝ち取った人類普遍の共通原理であることは疑うべくもない歴史的事実です。よって、憲法で国民に保障された人権保障を切り下げる方向で、また、憲法により権力に課せられた縛りを緩める方向で憲法改正をすることは原則的に許されるべきではありませんし、少なくとも先進国でそのような憲

法改正がなされたことはほとんどないのです。憲法改正はその回数よりも、その方向性に注意が払われなければならないことは忘れてはなりません。

　イギリスでは1215年のマグナ・カルタ（大憲章）、1628年の権利請願、1689年の権利章典が、フランスでは1789年の人権宣言が、いずれも憲法を構成する重要な基本法として今でもその効力を保っていますし、さらにアメリカでは1776年の独立宣言の理念が、そのまま合衆国憲法に継承されて今でも生き続けています。このように、100年たっても200年たっても変わってはならない普遍的価値を書き込むのが、国家の根本法で最高法規たる憲法なのです。実際、日本国憲法には、前述の近代立憲主義を始め、個人の尊厳、国民主権、民主主義、自由主義、三権分立、法治主義、法の支配、現代立憲主義等、西欧の様々な歴史的宣言文書や憲法から学び、継承した多くの普遍的価値が書き込まれています。そして、それらの価値はもちろん西欧において今でも普遍性を失ってはいません。とするならば、日本国憲法が70年以上、一文字一句、改正されなかったとしても少しもおかしくはないのです。なかには、「押しつけ憲法だから」とか、「法律の素人が 8 日間でつくったから」とかを憲法改正の理由にあげる人びともおりますが、これは狂気の沙汰です。憲法の価値は人間の価値と同様、出自ではなく中身で判断されるべきです。それらの理由には、日本国民が70年以上、一貫して日本国憲法を日本の憲法と認め、一文字一句を改正することなく、大事に護ってきたという重い事実を打ち消す力はとうていないことは言うまでもありません。

　もちろん私も憲法改正が絶対に許されないものと考えているわけではありません。日本国憲法も不磨の大典ではないのですから、必要に応じた憲法改正はあって然るべきです。だからこそ日本国憲法には改憲規定があるのです。例えば、知る権利やプライバシー権、環境権等の新しい人権については、ゆくゆくは憲法に明記するべきだと私も考えています。しかし、それをいつ、誰に、どのような政治状況でやらせるかは別個、慎重な判断が必要です。私は、戦後の日本の経済成長、技術立国・文化立国としての成功は、今の日本国憲法のおかげだと考えています。私は、日本国憲法が大好きですし、世界一素晴らしい憲法だと思っています。少なくとも、「今の憲法は、アメリカに押しつけられたみっともない憲法だから、さっさと変えなければ

だめだ」と主張する人びとに憲法改正を任せるわけにはいきません。今の憲法の価値や有用性を十分に理解している人に改正を任せなければ、良い憲法になるはずがなく、憲法の改悪にしかならないからです。それは間違いありません。

　憲法の条文のなかでもっとも批判され危機的状況にあるのが憲法 9 条の平和主義です。「中国が尖閣を狙い、北朝鮮が日本海にミサイルを撃ち込む現在、戦争しない、武器を持たない、闘わないでは国を護ることはできない」という意見が非常に強くなっています。「平和主義は、理想論できれいごと」と主張する人も多いです。しかし、それでは、武力や軍事力があれば必ず国を護れ、平和になれるのでしょうか？

　戦争の反対が平和なのですから、平和とは、少なくとも戦争のない状態を言います。戦争をする国、戦争をしている国は平和な国ではありません。この点、アメリカは戦後、一貫して世界最強の軍事力を誇り、世界の核兵器のほぼ半分を保有する国家でした。軍事力で平和になれるならアメリカが世界一平和な国になっているはずですが、残念ながら、アメリカの戦後は、戦争と武力行使の連続でした。朝鮮戦争、ベトナム戦争、湾岸戦争、イラク戦争、アフガン戦争、シリア空爆、枚挙にいとまがありません。今ではアメリカは、世界でもっとも敵が多い国と言われ、アメリカの敵は世界中に散在し、武力行使される危険、テロの危険、人質になる危険、それらがもっとも高い国がアメリカなのです。また、アメリカは、世界最強の軍事力や多数の核兵器にもかかわらず、ベトナム戦争には負け、ツインタワーも護れませんでした。もし日本が世界最強の軍事力を持ち、多数の核兵器を保有したとしても、中国との戦争には負け、尖閣も護れないということは十分にありえます。

　私は、東日本大震災の直後に韓国人の潘基文・国連事務総長が述べたつぎの言葉を決して忘れることができません。「日本は世界中の困っている人びとを最も援助してきた国です。今度は国連が日本を支援する番です」。この言葉は、平和主義の有効性を端的に物語るものとして、深く心に明記される必要があります。やはり日本は、世界で唯一の被爆国であるからこそ、率先して反核・軍縮の立場に立ち、非軍事の面から世界の平和に貢献するべきな

のです。例えば、アメリカとイスラムが対立した場合、アメリカの側に立ちアメリカと一緒にイスラムと戦うのではなく、あくまで中立の立場で両国の間に立ち、平和外交に尽くすべきです。その際、武器を持たないからこそ、丸腰で行くからこそ信用されるのです。血と汗は、このような平和外交や、世界中で災害救援や難民救助、停戦監視活動等の非軍事的平和活動を積極的に行うことにより流せばよいのです。確かに、アドルフ・ヒトラーのように世界を混乱に陥れる "ならず者" を世界平和のために武力制圧する国も "現時点では" 必要ですが、中立的立場で和平交渉する国も絶対に必要です。その役割にもっともふさわしいのは、二度も原子爆弾を落とされ、焼け野原のなかから、平和憲法を掲げて世界有数の経済大国になった、世界で唯一の被爆国・日本なのです。まさに "役割分担" と言えましょう。

　そもそも相手が本当に素晴らしくて、学ぶべき点がたくさんあるのであれば、喧嘩をするよりも、仲良くして多くを学んだ方が得なのはもちろんです。「日本を攻めたら世界中を敵に回すことになる、日本とは仲良くした方が得だ」、「日本の技術や文化は実に素晴らしい。ぜひ取り入れたい」、そう世界中の国々から思われる日本や日本人になるために最大限の努力をするべきです。戦争に命をかけるのではなく、平和主義に命をかけるべきなのです。それこそがまさに憲法 9 条の立場です。このような立場に徹するならば、日本は世界中の国々から感謝と尊敬を集め、決してどこの国からも侵略されることはないはずです。もし日本が他国から攻められれば、ほとんどの国は日本を助けてくれるはずです。そのことは、前述の潘・国連事務総長の言葉が如実に物語っています。このように、武器ではなく人間の尊厳によって国を護るのが平和主義なのです。このような活動を地道に積み重ねることにより培われる国際社会における発言力・説得力こそが、領土紛争や拉致事件等の日本が抱える国際問題を解決する力となります。この憲法 9 条の平和主義を改正、放棄する必要性は 1 ミリもありません。

　つぎに、現在（2019［令和元］年）の与党がもっとも力を入れている改憲項目の一つである「自衛隊の憲法明記」について一言しておきたいと思います。与党は、具体的には「自衛隊は違憲である」との疑義や論争が行なわれる余地をなくすために、憲法に「必要最小限度の実力組織である自衛隊の保

持を妨げない」との文言を書き込むべき旨を主張しています。しかし、与党の言うように自衛隊を憲法に書き込んでも、与党の言う通りにはならず、決して疑義論争は終結しないのです。なぜなら、単に憲法に自衛隊を書き込んでも、「自衛隊の権限と限界」はすべて解釈に委ねられてしまいます。与党であっても、自衛隊が侵略戦争までやっていいとは考えないのでしょうから、どの程度の規模や行為までが合憲なのかの解釈（例えば、自衛隊は集団的自衛権を行使しうるか）については、依然として疑義論争が続いてしまうのです。また、一般論として自衛隊の存在を合憲と見なしても、現実に存在する自衛隊が合憲かどうかは、まったく別問題です。私も、専守防衛に徹する自衛隊であれば、日本国憲法上、合憲という立場ですが、現実に存在する自衛隊はあまりに規模が大き過ぎ、専守防衛の範囲を超え、違憲と考えています。自衛隊を憲法に明記しても、そのような疑義論争が生じうる点は何ら今と変わらないのです。

　また、与党は、「自衛隊を憲法に書き込んでも、現実の自衛隊には何の変化もない」とも述べていますが、これも違うと思います。自衛隊を憲法に書き込んだなら、確実に状況は変わります。ますます自衛隊に武力行使をさせやすくなり、自衛隊員に対する危険は格段に増します。というのも、与党は、憲法に自衛隊の規定がない現在でさえ、どんどん憲法を拡大解釈して、集団的自衛権の行使や駆けつけ警護等、自衛隊に武力行使をさせるような方向に突き進んでいるのですから、憲法に自衛隊を明記すれば、「憲法に書いたのだから使ってもいいだろう」と、ますます憲法の平和主義がなし崩し的に破壊されていく方向にむかうのは火を見るより明らかです。むしろ与党の真の意図は、それをやりたいからこそ憲法に自衛隊を書き込もうとしているようにさえ思われます。与党の憲法改正草案にかんがみるならば、与党が目指しているのは、自衛隊を将来、国連軍にも参加できるようなフルスペックの軍隊にすることであるのは間違いありません。ですが、これは絶対に許してはなりません。それを許すことはまさに日本国憲法の死を意味するに他なりません。

　そもそも自衛隊には、約25万人もの隊員がいて、相当の国家予算を使っていますが、その頑張りには大変に頭が下がります。例えば、2011（平成23）

年の東日本大震災による原発事故の時にも自衛隊の方々が本当に頑張ってくれました。自衛隊のヘリで、爆発した原発に水をまいてくれたシーンは忘れられません。あれはまさに命がけでした。あるいは、PKO（国連平和維持活動）にも命をかけてくれています。国民のなかにも自衛隊に反対している人は少なく、ほとんどの国民が自衛隊を認めています。また、このような自衛隊の活動に国民の多くは深く感謝しています。だから、与党は、自衛隊をちゃんと憲法に書いてあげて、自衛隊の方々が誇りを持って仕事ができるようにすべきだと主張しています。また、最高法規たる憲法で自衛隊を認めることを自衛隊の方々の多くも希望しているという意見もあります。このように、ほとんどの国民が自衛隊の存在を認め、その活動を評価している現状では、私も自衛隊の存在自体には反対していないし、ただちに自衛隊を廃止しようとも思っていません。前述したように、私も専守防衛に徹する自衛隊であれば、日本国憲法上、合憲という立場です。そのため、自衛隊の存在および権限をしっかり憲法に明記した方がいいという見解にも一理あるとは思います（いわゆる立憲的改憲論）。

　しかし、憲法9条の平和主義は、核兵器はもちろん、戦闘機や戦車、軍艦等の通常兵器は言うまでもなく、鉄砲1丁ない、兵士1人いない、理想的な世界を目指すものです。それはまさに人類の見果てぬ夢です。この平和主義の究極の理想を変える必要はまったくありません。そして、この理想からすれば、たとえ専守防衛の範囲にとどまる自衛隊であっても憲法に明記することは矛盾となります。憲法は専守防衛に徹する自衛隊すら不要となる平和な理想世界を目指しているのです。また、憲法に書いてしまえば、自衛隊を解消する場合にあらためて憲法改正が必要となってしまいます。やはり自衛隊は憲法に明記せず、いわば“必要悪”として当面の間、解釈上合憲の存在と認めるというのが妥当だと思います。もちろん災害救援や難民支援、PKO等の国際協力のみを任務とし、個別的自衛権を含めて武力行使は一切せず、それゆえ武器を持たない非武装の自衛隊であれば、なんら平和主義とは矛盾しませんから、憲法に明記することを考えてもいいでしょう。

　憲法改正国民投票法もすでに成立し、かつてないほど憲法改正が現実味を帯びてきている昨今、憲法改正の意義や必要性、問題点について、もう一

度、再検討することが必要となっています。現在の与党が憲法改正にきわめて前のめりになり、国民が賛成しそうなテーマ（例えば、教育の無償化）を見つけて、とにかく憲法改正をやりたがっているのは、何か裏の意図を感じざるをえません。すなわち、一回憲法を改正すれば、国民の憲法改正に対するアレルギーは相当なくなります。そうなると、改憲のハードルはかなり下がります。まさに"蟻の一穴"です。そうしたら、ここぞとばかりに、フルスペックの集団的自衛権を認める、自衛隊を軍隊にする、緊急事態条項を創設する、国民の義務をどんどん追加するとか……。日本国憲法を換骨奪胎し、憲法を全面的にリニューアル！与党の憲法改正草案を見るにつけ、それを疑わざるをえません。前述したように、憲法も"不磨の大典"ではないのですから、国民の意識の変化や変わりゆく時代の要請にあわせて改正していくべきは当然のことです。だからこそ日本国憲法にも改正手続をさだめた96条がしっかりと規定されているのです。しかし、憲法は国家の根本法で最高法規（憲法98条）であり、いわば国家の骨格、法体系の背骨、政治の根本原則なのです。それゆえ、むしろ簡単には変わらなくて当然で、変わらない憲法の方がよい憲法といえます。もちろん時代の変化に対応する必要はありますが、憲法には抽象的な条文が多く解釈の幅が広いので、かなり柔軟な法解釈が可能です。よって、安易に改正してはなりませんし、改正する場合には十分に時間をかけた国民的な議論とコンセンサスが必要不可欠です。国会はもちろん、家庭、学校、職場、地域社会、マスメディア、さらにはサイバー空間においても、改憲の必要性について議論の積み重ねがなければなりませんし、大半の国民が改憲を理解し、支持するような社会環境も整備しなければなりません。憲法改正の国民投票を国家分断、社会的混乱の始まりにしては絶対にいけないのです。そのことは、イギリスの EU 離脱についての国民投票の実例を見るにつけ、痛感します。これまで日本においては、憲法改正について、成熟した国民的議論はまったく行われていませんし、国民的なコンセンサスも形成されていません。実際、近時の各種世論調査によれば、ほとんどの場合で反対が賛成よりも多く、国民が望んでいるのは、年金・医療・介護などの社会保障の充実や景気・雇用対策なのです。少なくとも現在、早急に改憲に突き進むことは、まったく国民が望むところではありません。性急で

安易な憲法改正は絶対にやってはならず、国は十分に時間をかけた国民的な議論とコンセンサス形成に努めることから始めるべきでしょう。

　最後に、憲法改正国民投票法の問題点について概観して、今日の講義を終わりたいと思います。近い将来、憲法改正の国民投票が行われることが予想されますが、その際には同法にのっとって実施されることになります。よって、そこで定められた諸ルールは国民投票の結果にまで大きな影響を与えかねませんが、同法の内容には様ざまな問題があることが指摘されています。この点、国会での法改正も議論されていますが、私たちも注目していかなければならないところだと思います。

　まず、①国民投票運動に使える費用に制限がなく、財力で結果が左右されかねない点が指摘されています。公職選挙法にもとづく公職者の選挙では、財力の多寡で選挙結果が左右されないように選挙運動に使えるお金は厳しく制限されています。しかし、憲法改正における国民投票運動にはこのような制約がありません。

　つぎに、②発議から国民投票までの期間が短すぎる点も指摘されています。同法 2 条では、国会で憲法改正の発議がされた日から60日〜180日までの間に憲法改正国民投票が実施されることになっています（発議から投票日までの間を「国民投票運動期間」といいます）。よって、最短では60日で投票日を迎えてしまうことになりますが、そのような短期間で国民の間の憲法論議が成熟するとはとても思えません。この点、私は 1 年以上の時間をかけ、国民を巻き込み十分な議論をした後に開催されるアメリカ大統領選を参考にするべきだと思います。

　また、③最低投票率の定めがない点も指摘されています。前にも少し述べましたが、同法98条 2 項では、「国民の過半数」や「有権者の過半数」の賛成ではなく、「有効投票総数（賛成票の数と反対票の数を合計した数）の過半数」の賛成で憲法改正が成立することになっており、改憲に必要な最低投票率の定めがないのです。よって、どんなに投票率が低くても改憲は成立してしまいます。例えば、有効投票総数が有権者の数パーセントでも、その過半数の賛成で改憲されてしまう危険性があるのです。この点は、大問題でしょう。

　そして、④賛否を呼びかける放送メディアのコマーシャル（CM）の取り
扱いの問題も指摘されています。同法105条では、罰則はないものの、投票
の14日前からは、賛成・反対の投票を勧誘するテレビやラジオの CM 放送
は禁止されています。これは、投票結果に不当な影響を与えないようにする
ことと、主権者が冷静に考える時間を確保するためのものです。しかし、そ
れ以外に CM 放送の総量や回数に関しては、何の制限もありません。よっ
て、一方の立場の主張のみが大量に CM 放送される危険性があります。CM
放送の影響力の大きさからして、賛成派と反対派の CM がバランス良く放
送されることが望ましいのは言うまでもありません。この点、国会でも議論
すべきとする意見が非常に大きくなっています。

　さらに、⑤インターネットによる国民投票運動の問題も指摘されていま
す。すなわち、憲法改正の国民投票運動では、公職選挙法の選挙運動とは違
い、ポスターやビラの枚数制限はありませんし、戸別訪問や連呼行為はもち
ろん、インターネットによる運動（ホームページやブログの開設、メールマガジン
の配信等）も原則として自由に行うことができます。これは、国民が規制に
萎縮せずに、自由に意見を戦わせて投票できるようにするためです。しか
し、とりわけインターネットによる運動では、フェイクニュースやスパム
メール等、不正行為や濫用行為がおこなわれやすく、その事後的是正も困難
ですので、やはり一定の制限は必要であると思います。この点は、今後の大
きな課題でしょう。

　これで、教養・日本国憲法の全講義を終了します。ご清聴ありがとうござ
いました。

# コラム 15 憲法 9 条を改正してはならない本当の理由

　私は憲法 9 条の平和主義を基本的に変える必要はないという立場ですが、できれば現在の憲法 9 条の条文は今後とも一文字一句、改正しない方がいいと考えています。もちろん平和主義を堅持するためにはその方がいいという理由もありますが、裏にもっと政治的・実践的な本当の理由が存在しています。皆さんは、その理由が何だか分かりますか？　それは日本国憲法の成り立ちに関係があります。

　考えてみれば、日本の憲法 9 条の平和主義はもともとアメリカがつくらせたものです。すなわち、第二次世界大戦が終わった後、日本がまた他国の侵略を始めると困るから、GHQ、実質的にはアメリカが、明治憲法の存続を熱望していた日本国政府が二度と軍国主義に立てないように強制したのが平和主義です。しかし、アメリカは、今となっては、「しまった」と思っているはずです。「あれをつくらせなかったならば日本を戦争に巻き込むことができたのに。朝鮮戦争にも、ベトナム戦争にも、湾岸戦争にも、イラク戦争にも、自衛隊をかりだすことができたのに。あんなのつくらせたばかりに……」と後悔しているでしょう。曲がりなりにも、アメリカだって民主国家なのですから、憲法を無視してまで自衛隊を出せとは言わないのです。また、自分がつくらせた平和主義なのですから、それを無視しろなんて、いくらアメリカでもそんなことは恥ずかしくて言えないでしょう。

　もともと日本に無理矢理つくらせた平和憲法ですが、日本人のほとんどはそれを支持しており、日本人の生活に根づいています。日本人は 70 年間以上もそれを大事に守りぬき、誇りに思っています（最近、その支持にかげりが生じているように思われるのが、非常に気がかりではありますが……）。そのことをアメリカ人だって知っているのです。知っているから、日本が「憲法 9 条の平和主義があるから自衛隊は出せません」と言えば、アメリカも「しょうがねえな」と言うしかないのです。それ以上、何も言えません。そのように、憲法 9 条は、日本がアメリカの軍事的な派兵要求を拒み、アメリカの戦争に巻き込まれないための最大の根拠、格好の口実になってきたのです。実際、そうやって日本はアメリカの軍事的な派兵要求を拒んできたのであり、そのことは、戦後における歴代の自民党の総理もインタビュー等で明確に語ってい

ます（例えば、池田勇人、宮沢喜一）。だからこそ、憲法改正を党是とする自民党であっても、憲法9条の改正には躊躇せざるをえなかったのです。

　ただし、それは日本が、アメリカがつくらせたままの憲法9条を保持しているからこそ威力を発揮する言い草であって、日本人が自ら少しでも9条をいじって、アメリカがつくらせた生来の姿を変えてしまうならば、アメリカはもうお構いなしに言ってくるでしょう。すなわち、「自分がつくらせた」という負い目やためらいによる制約がなくなり、「憲法を変えられるなら、どんどん変えて兵を出せ」と強硬に言ってくるに違いありません。それでなくともアメリカの言いなりの日本なのですから、このようなアメリカの軍事的な派兵要求を今度こそは拒めるはずがありません。憲法9条の条文を一文一句、改正してはならない本当の理由はそこにあるのです。そのことは決して忘れてはなりません。

　戦後における日本の平和、すなわち日本が一度も戦争に巻き込まれなかったのは、アメリカの核で守ってもらったからであり、日米安保条約のおかげであると言う人は多いですが、決してそうではありません。考えてみてください。言うまでもなく、韓国は日本と同様、アメリカの同盟国です。そのため、韓国はアメリカと軍事同盟の条約を締結していますが、日米安保条約とは違い、そこでは集団的自衛権が認められています。この点、ベトナム戦争では集団的自衛権の名のもとに30万人以上の韓国軍の兵士が参戦を強いられ、5千人くらいの戦死者を出しています。これに対して、日本は、憲法9条の平和主義を根拠にアメリカの軍事的な派兵要求を拒み、その結果、ベトナム戦争に巻き込まれることなく、一人の戦死者さえも出さずに済んだのです。日本に憲法9条がなく、日米安保条約で集団的自衛権が認められていたら、韓国と同じ運命になっていたことは火を見るより明らかなことです。日本がベトナム戦争に巻き込まれなかったのは、日米安保条約のおかげでも、アメリカの核兵器のおかげでもなく、間違いなく憲法9条の平和主義のおかげなのです。それを否定することは絶対に不可能です。

　最後に、先ほど、憲法9条の平和主義はアメリカから押しつけられたと言いましたが、だからと言ってそのことが平和主義の意義を損なうことはまったくないということを確認しておきたいと思います。確かに、当時、占領下にあった日本はいわゆるマッカーサー・ノートにもとづく憲法制定を強制され、そのなかに平和主義の要求があったのは事実です。しかし、日本国憲法

は帝国議会で十分に審議され、いくつもの修正を経た上で可決されています。この点、9条には、いわゆる芦田修正がなされており、また、当時の首相であった幣原喜重郎の思想も色濃く反映されているとさえ言われています。もちろん平和主義は、当時の日本国民からも大歓迎されました。さらに、日本人は70年間以上も平和主義を大事に守り続け、その精神は日本に定着しています。それらの事実は、制定時にあった強制性という瑕疵を補って余りあるものと言えます。すなわち、瑕疵はすでに治癒されたのです。「現憲法は占領軍に"押しつけられた憲法"であり、正当性を有しない。独立国家である以上、自分たちの手で憲法を書くべきだ」といういわゆる押しつけ憲法論を支持する人びとも少なくありません。しかし、この主張は、戦後の日本人が日本国憲法とともに歩んできた歴史をまったく無視するものであり、絶対に支持することはできないのです。そのことを決して忘れてはいけません。

# 日本国憲法

$$\begin{pmatrix} 1946 ［昭和21］年11月 3 日公布 \\ 1947 ［昭和22］年 5 月 3 日施行 \end{pmatrix}$$

　日本国民は、正当に選挙された国会における代表者を通じて行動し、われらとわれらの子孫のために、諸国民との協和による成果と、わが国全土にわたつて自由のもたらす恵沢を確保し、政府の行為によつて再び戦争の惨禍が起ることのないやうにすることを決意し、ここに主権が国民に存することを宣言し、この憲法を確定する。そもそも国政は、国民の厳粛な信託によるものであつて、その権威は国民に由来し、その権力は国民の代表者がこれを行使し、その福利は国民がこれを享受する。これは人類普遍の原理であり、この憲法は、かかる原理に基くものである。われらは、これに反する一切の憲法、法令及び詔勅を排除する。

　日本国民は、恒久の平和を念願し、人間相互の関係を支配する崇高な理想を深く自覚するのであつて、平和を愛する諸国民の公正と信義に信頼して、われらの安全と生存を保持しようと決意した。われらは、平和を維持し、専制と隷従、圧迫と偏狭を地上から永遠に除去しようと努めてゐる国際社会において、名誉ある地位を占めたいと思ふ。われらは、全世界の国民が、ひとしく恐怖と欠乏から免かれ、平和のうちに生存する権利を有することを確認する。

　われらは、いづれの国家も、自国のことのみに専念して他国を無視してはならないのであつて、政治道徳の法則は、普遍的なものであり、この法則に従ふことは、自国

の主権を維持し、他国と対等関係に立たうとする各国の責務であると信ずる。

　日本国民は、国家の名誉にかけ、全力をあげてこの崇高な理想と目的を達成することを誓ふ。

## 第 1 章　天　皇

**第 1 条　【天皇の象徴的地位と国民主権】**

　天皇は、日本国の象徴であり日本国民統合の象徴であつて、この地位は、主権の存する日本国民の総意に基く。

**第 2 条　【皇位の世襲制と継承】**

　皇位は、世襲のものであつて、国会の議決した皇室典範の定めるところにより、これを継承する。

**第 3 条　【内閣の助言と承認、内閣の責任】**

　天皇の国事に関するすべての行為には、内閣の助言と承認を必要とし、内閣が、その責任を負ふ。

**第 4 条　【天皇の権能と国事行為の委任】**

　①天皇は、この憲法の定める国事に関する行為のみを行ひ、国政に関する権能を有しない。

　②天皇は、法律の定めるところにより、その国事に関する行為を委任することができる。

**第 5 条　【摂政】**

　皇室典範の定めるところにより摂政を置

くときは、摂政は、天皇の名でその国事に
関する行為を行ふ。この場合には、前条第
一項の規定を準用する。

### 第6条 【天皇の任命行為】

①天皇は、国会の指名に基いて、内閣総
　理大臣を任命する。

②天皇は、内閣の指名に基いて、最高裁
　判所の長たる裁判官を任命する。

### 第7条 【天皇の国事行為】

天皇は、内閣の助言と承認により、国民
のために、左の国事に関する行為を行ふ。

一　憲法改正、法律、政令及び条約を公
　布すること。

二　国会を召集すること。

三　衆議院を解散すること。

四　国会議員の総選挙の施行を公示する
　こと。

五　国務大臣及び法律の定めるその他の
　官吏の任免並びに全権委任状及び大使
　及び公使の信任状を認証すること。

六　大赦、特赦、減刑、刑の執行の免除
　及び復権を認証すること。

七　栄典を授与すること。

八　批准書及び法律の定めるその他の外
　交文書を認証すること。

九　外国の大使及び公使を接受すること。

十　儀式を行ふこと。

### 第8条 【皇室の財産授受の制限】

皇室に財産を譲り渡し、又は皇室が、財
産を譲り受け、若しくは賜与することは、
国会の議決に基かなければならない。

## 第2章　戦争の放棄

### 第9条 【戦争放棄、戦力の不保持、交戦
権の否認】

①日本国民は、正義と秩序を基調とする
　国際平和を誠実に希求し、国権の発動
　たる戦争と、武力による威嚇又は武力
　の行使は、国際紛争を解決する手段と
　しては、永久にこれを放棄する。

②前項の目的を達するため、陸海空軍そ
　の他の戦力は、これを保持しない。国
　の交戦権は、これを認めない。

## 第3章　国民の権利及び義務

### 第10条 【国民の要件】

日本国民たる要件は、法律でこれを定め
る。

### 第11条 【基本的人権の享有と不可侵性】

国民は、すべての基本的人権の享有を妨
げられない。この憲法が国民に保障する基
本的人権は、侵すことのできない永久の権
利として、現在及び将来の国民に与へられ
る。

### 第12条 【自由・権利の保持義務、濫用の
禁止、利用の責任】

この憲法が国民に保障する自由及び権利
は、国民の不断の努力によつて、これを保
持しなければならない。又、国民は、これ
を濫用してはならないのであつて、常に公
共の福祉のためにこれを利用する責任を負
ふ。

### 第13条 【個人の尊重、幸福追求権、公共
の福祉】

すべて国民は、個人として尊重される。
生命、自由及び幸福追求に対する国民の権
利については、公共の福祉に反しない限
り、立法その他の国政の上で、最大の尊重
を必要とする。

### 第14条 【法の下の平等、貴族制度の禁

止、栄典授与の制限】

①すべて国民は、法の下に平等であつて、人種、信条、性別、社会的身分又は門地により、政治的、経済的又は社会的関係において、差別されない。

②華族その他の貴族の制度は、これを認めない。

③栄誉、勲章その他の栄典の授与は、いかなる特権も伴はない。栄典の授与は、現にこれを有し、又は将来これを受ける者の一代に限り、その効力を有する。

**第15条　【公務員の選定罷免権、公務員の本質、普通選挙・秘密選挙の保障】**

①公務員を選定し、及びこれを罷免することは、国民固有の権利である。

②すべて公務員は、全体の奉仕者であつて、一部の奉仕者ではない。

③公務員の選挙については、成年者による普通選挙を保障する。

④すべて選挙における投票の秘密は、これを侵してはならない。選挙人は、その選択に関し公的にも私的にも責任を問はれない。

**第16条　【請願権】**

何人も、損害の救済、公務員の罷免、法律、命令又は規則の制定、廃止又は改正その他の事項に関し、平穏に請願する権利を有し、何人も、かかる請願をしたためにいかなる差別待遇も受けない。

**第17条　【国家賠償請求権】**

何人も、公務員の不法行為により、損害を受けたときは、法律の定めるところにより、国又は公共団体に、その賠償を求めることができる。

**第18条　【奴隷的拘束・苦役からの自由】**

何人も、いかなる奴隷的拘束も受けない。又、犯罪に因る処罰の場合を除いては、その意に反する苦役に服させられない。

**第19条　【思想及び良心の自由】**

思想及び良心の自由は、これを侵してはならない。

**第20条　【信教の自由、政教分離原則】**

①信教の自由は、何人に対してもこれを保障する。いかなる宗教団体も、国から特権を受け、又は政治上の権力を行使してはならない。

②何人も、宗教上の行為、祝典、儀式又は行事に参加することを強制されない。

③国及びその機関は、宗教教育その他いかなる宗教的活動もしてはならない。

**第21条　【表現の自由、検閲の禁止、通信の秘密の保障〕**

①集会、結社及び言論、出版その他一切の表現の自由は、これを保障する。

②検閲は、これをしてはならない。通信の秘密は、これを侵してはならない。

**第22条　【居住・移転・職業選択の自由、外国移住・国籍離脱の自由】**

①何人も、公共の福祉に反しない限り、居住、移転及び職業選択の自由を有する。

②何人も、外国に移住し、又は国籍を離脱する自由を侵されない。

**第23条　【学問の自由】**

学問の自由は、これを保障する。

**第24条　【家族生活における個人の尊厳と両性の本質的平等】**

①婚姻は、両性の合意のみに基いて成立し、夫婦が同等の権利を有することを

基本として、相互の協力により、維持されなければならない。

②配偶者の選択、財産権、相続、住居の選定、離婚並びに婚姻及び家族に関するその他の事項に関しては、法律は、個人の尊厳と両性の本質的平等に立脚して、制定されなければならない。

第25条　【生存権、国の生存権保障の義務】

①すべて国民は、健康で文化的な最低限度の生活を営む権利を有する。

②国は、すべての生活部面について、社会福祉、社会保障及び公衆衛生の向上及び増進に努めなければならない。

第26条　【教育を受ける権利、教育を受けさせる義務、義務教育の無償】

①すべて国民は、法律の定めるところにより、その能力に応じて、ひとしく教育を受ける権利を有する。

②すべて国民は、法律の定めるところにより、その保護する子女に普通教育を受けさせる義務を負ふ。義務教育は、これを無償とする。

第27条　【勤労の権利・義務、勤労条件法定主義、児童酷使の禁止】

①すべて国民は、勤労の権利を有し、義務を負ふ。

②賃金、就業時間、休息その他の勤労条件に関する基準は、法律でこれを定める。

③児童は、これを酷使してはならない。

第28条　【勤労者の団結権、団体交渉権、団体行動権】

勤労者の団結する権利及び団体交渉その他の団体行動をする権利は、これを保障する。

第29条　【財産権とその制限、私有財産の公用】

①財産権は、これを侵してはならない。

②財産権の内容は、公共の福祉に適合するやうに、法律でこれを定める。

③私有財産は、正当な補償の下に、これを公共のために用ひることができる。

第30条　【納税の義務】

国民は、法律の定めるところにより、納税の義務を負ふ。

第31条　【法定手続の保障】

何人も、法律の定める手続によらなければ、その生命若しくは自由を奪はれ、又はその他の刑罰を科せられない。

第32条　【裁判を受ける権利】

何人も、裁判所において裁判を受ける権利を奪はれない。

第33条　【逮捕についての令状主義】

何人も、現行犯として逮捕される場合を除いては、権限を有する司法官憲が発し、且つ理由となつてゐる犯罪を明示する令状によらなければ、逮捕されない。

第34条　【抑留・拘禁に対する保障】

何人も、理由を直ちに告げられ、且つ、直ちに弁護人に依頼する権利を与へられなければ、抑留又は拘禁されない。又、何人も、正当な理由がなければ、拘禁されず、要求があれば、その理由は、直ちに本人及びその弁護人の出席する公開の法廷で示されなければならない。

第35条　【住居侵入・捜索・押収についての令状主義】

①何人も、その住居、書類及び所持品について、侵入、捜索及び押収を受けることのない権利は、第三十三条の場合を除いては、正当な理由に基いて発せ

られ、且つ捜索する場所及び押収する物を明示する令状がなければ、侵されない。

②捜索又は押収は、権限を有する司法官憲が発する各別の令状により、これを行ふ。

#### 第36条　【拷問・残虐な刑罰の禁止】

公務員による拷問及び残虐な刑罰は、絶対にこれを禁ずる。

#### 第37条　【迅速な公開裁判、証人尋問権、弁護人依頼権】

①すべて刑事事件においては、被告人は、公平な裁判所の迅速な公開裁判を受ける権利を有する。

②刑事被告人は、すべての証人に対して審問する機会を充分に与へられ、又、公費で自己のために強制的手続により証人を求める権利を有する。

③刑事被告人は、いかなる場合にも、資格を有する弁護人を依頼することができる。被告人が自らこれを依頼することができないときは、国でこれを附する。

#### 第38条　【自白の強要禁止、自白の証拠能力・証明力の制限】

①何人も、自己に不利益な供述を強要されない。

②強制、拷問若しくは脅迫による自白又は不当に長く抑留若しくは拘禁された後の自白は、これを証拠とすることができない。

③何人も、自己に不利益な唯一の証拠が本人の自白である場合には、有罪とされ、又は刑罰を科せられない。

#### 第39条　【遡及処罰の禁止、一事不再理、二重処罰の禁止】

何人も、実行の時に適法であつた行為又は既に無罪とされた行為については、刑事上の責任を問はれない。又、同一の犯罪について、重ねて刑事上の責任を問はれない。

#### 第40条　【刑事補償請求権】

何人も、抑留又は拘禁された後、無罪の裁判を受けたときは、法律の定めるところにより、国にその補償を求めることができる。

## 第4章　国　会

#### 第41条　【国会の地位と立法権】

国会は、国権の最高機関であつて、国の唯一の立法機関である。

#### 第42条　【二院制】

国会は、衆議院及び参議院の両議院でこれを構成する。

#### 第43条　【両議院の組織、議員定数の法定】

①両議院は、全国民を代表する選挙された議員でこれを組織する。

②両議院の議員の定数は、法律でこれを定める。

#### 第44条　【議員・選挙人の資格の法定と差別禁止】

両議院の議員及びその選挙人の資格は、法律でこれを定める。但し、人種、信条、性別、社会的身分、門地、教育、財産又は収入によつて差別してはならない。

#### 第45条　【衆議院議員の任期】

衆議院議員の任期は、四年とする。但し、衆議院解散の場合には、その期間満了前に終了する。

#### 第46条　【参議院議員の任期】

参議院議員の任期は、六年とし、三年ごとに議員の半数を改選する。

**第47条　【選挙事項法定主義】**

選挙区、投票の方法その他両議院の議員の選挙に関する事項は、法律でこれを定める。

**第48条　【両議院議員の兼職禁止】**

何人も、同時に両議院の議員たることはできない。

**第49条　【議員の歳費受領権】**

両議院の議員は、法律の定めるところにより、国庫から相当額の歳費を受ける。

**第50条　【議員の不逮捕特権】**

両議院の議員は、法律の定める場合を除いては、国会の会期中逮捕されず、会期前に逮捕された議員は、その院の要求があれば、会期中これを釈放しなければならない。

**第51条　【議員の免責特権】**

両議院の議員は、議院で行つた演説、討論又は表決について、院外で責任を問はれない。

**第52条　【通常国会】**

国会の常会は、毎年一回これを召集する。

**第53条　【臨時国会】**

内閣は、国会の臨時会の召集を決定することができる。いづれかの議院の総議員の四分の一以上の要求があれば、内閣は、その召集を決定しなければならない。

**第54条　【衆議院の解散と総選挙、特別国会、参議院の緊急集会】**

①衆議院が解散されたときは、解散の日から四十日以内に、衆議院議員の総選挙を行ひ、その選挙の日から三十日以内に、国会を召集しなければならない。

②衆議院が解散されたときは、参議院は、同時に閉会となる。但し、内閣は、国に緊急の必要があるときは、参議院の緊急集会を求めることができる。

③前項但書の緊急集会において採られた措置は、臨時のものであつて、次の国会開会の後十日以内に、衆議院の同意がない場合には、その効力を失ふ。

**第55条　【議員の資格争訟裁判】**

両議院は、各々その議員の資格に関する争訟を裁判する。但し、議員の議席を失はせるには、出席議員の三分の二以上の多数による議決を必要とする。

**第56条　【議事の定足数と議決方法】**

①両議院は、各々その総議員の三分の一以上の出席がなければ、議事を開き議決することができない。

②両議院の議事は、この憲法に特別の定のある場合を除いては、出席議員の過半数でこれを決し、可否同数のときは、議長の決するところによる。

**第57条　【会議公開の原則、秘密会、会議録】**

①両議院の会議は、公開とする。但し、出席議員の三分の二以上の多数で議決したときは、秘密会を開くことができる。

②両議院は、各々その会議の記録を保存し、秘密会の記録の中で特に秘密を要すると認められるもの以外は、これを公表し、且つ一般に頒布しなければならない。

③出席議員の五分の一以上の要求があれば、各議員の表決は、これを会議録に

記載しなければならない。

**第58条　【議院の役員選任権、規則制定権、議員懲罰権】**

①両議院は、各々その議長その他の役員を選任する。

②両議院は、各々その会議その他の手続及び内部の規律に関する規則を定め、又、院内の秩序をみだした議員を懲罰することができる。但し、議員を除名するには、出席議員の三分の二以上の多数による議決を必要とする。

**第59条　【法律案の議決、衆議院の優越】**

①法律案は、この憲法に特別の定のある場合を除いては、両議院で可決したとき法律となる。

②衆議院で可決し、参議院でこれと異なつた議決をした法律案は、衆議院で出席議員の三分の二以上の多数で再び可決したときは、法律となる。

③前項の規定は、法律の定めるところにより、衆議院が、両議院の協議会を開くことを求めることを妨げない。

④参議院が、衆議院の可決した法律案を受け取つた後、国会休会中の期間を除いて六十日以内に、議決しないときは、衆議院は、参議院がその法律案を否決したものとみなすことができる。

**第60条　【衆議院の予算先議権、予算の議決と衆議院の優越】**

①予算は、さきに衆議院に提出しなければならない。

②予算について、参議院で衆議院と異なつた議決をした場合に、法律の定めるところにより、両議院の協議会を開いても意見が一致しないとき、又は参議院が、衆議院の可決した予算を受け取

つた後、国会休会中の期間を除いて三十日以内に、議決しないときは、衆議院の議決を国会の議決とする。

**第61条　【条約締結の承認と衆議院の優越】**

条約の締結に必要な国会の承認については、前条第二項の規定を準用する。

**第62条　【議院の国政調査権】**

両議院は、各々国政に関する調査を行ひ、これに関して、証人の出頭及び証言並びに記録の提出を要求することができる。

**第63条　【国務大臣の議院出席権と出席義務】**

内閣総理大臣その他の国務大臣は、両議院の一に議席を有すると有しないとにかかはらず、何時でも議案について発言するため議院に出席することができる。又、答弁又は説明のため出席を求められたときは、出席しなければならない。

**第64条　【弾劾裁判所】**

①国会は、罷免の訴追を受けた裁判官を裁判するため、両議院の議員で組織する弾劾裁判所を設ける。

②弾劾に関する事項は、法律でこれを定める。

# 第5章　内　閣

**第65条　【内閣の行政権】**

行政権は、内閣に属する。

**第66条　【内閣の組織、文民条項、国会に対する連帯責任】**

①内閣は、法律の定めるところにより、その首長たる内閣総理大臣及びその他の国務大臣でこれを組織する。

②内閣総理大臣その他の国務大臣は、文

民でなければならない。

③内閣は、行政権の行使について、国会に対し連帯して責任を負ふ。

**第67条　【内閣総理大臣の指名、衆議院の優越】**

①内閣総理大臣は、国会議員の中から国会の議決で、これを指名する。この指名は、他のすべての案件に先だつて、これを行ふ。

②衆議院と参議院とが異なつた指名の議決をした場合に、法律の定めるところにより、両議院の協議会を開いても意見が一致しないとき、又は衆議院が指名の議決をした後、国会休会中の期間を除いて十日以内に、参議院が、指名の議決をしないときは、衆議院の議決を国会の議決とする。

**第68条　【国務大臣の任命権と罷免権】**

①内閣総理大臣は、国務大臣を任命する。但し、その過半数は、国会議員の中から選ばれなければならない。

②内閣総理大臣は、任意に国務大臣を罷免することができる。

**第69条　【衆議院の内閣不信任決議と解散・総辞職】**

内閣は、衆議院で不信任の決議案を可決し、又は信任の決議案を否決したときは、十日以内に衆議院が解散されない限り、総辞職をしなければならない。

**第70条　【内閣総理大臣の欠缺・総選挙後の内閣総辞職】**

内閣総理大臣が欠けたとき、又は衆議院議員総選挙の後に初めて国会の召集があつたときは、内閣は、総辞職をしなければならない。

**第71条　【総辞職後の内閣の職務続行】**

前二条の場合には、内閣は、あらたに内閣総理大臣が任命されるまで引き続きその職務を行ふ。

**第72条　【内閣総理大臣の職務権限】**

内閣総理大臣は、内閣を代表して議案を国会に提出し、一般国務及び外交関係について国会に報告し、並びに行政各部を指揮監督する。

**第73条　【内閣の職務権限】**

内閣は、他の一般行政事務の外、左の事務を行ふ。

一　法律を誠実に執行し、国務を総理すること。

二　外交関係を処理すること。

三　条約を締結すること。但し、事前に、時宜によつては事後に、国会の承認を経ることを必要とする。

四　法律の定める基準に従ひ、官吏に関する事務を掌理すること。

五　予算を作成して国会に提出すること。

六　この憲法及び法律の規定を実施するために、政令を制定すること。但し、政令には、特にその法律の委任がある場合を除いては、罰則を設けることができない。

七　大赦、特赦、減刑、刑の執行の免除及び復権を決定すること。

**第74条　【法律・政令への署名・連署】**

法律及び政令には、すべて主任の国務大臣が署名し、内閣総理大臣が連署することを必要とする。

**第75条　【国務大臣の訴追同意権】**

国務大臣は、その在任中、内閣総理大臣の同意がなければ、訴追されない。但し、これがため、訴追の権利は、害されない。

## 第6章　司　法

**第76条　【裁判所の司法権、特別裁判所の禁止、裁判官の独立】**
①すべて司法権は、最高裁判所及び法律の定めるところにより設置する下級裁判所に属する。
②特別裁判所は、これを設置することができない。行政機関は、終審として裁判を行ふことができない。
③すべて裁判官は、その良心に従ひ独立してその職権を行ひ、この憲法及び法律にのみ拘束される。

**第77条　【最高裁判所の規則制定権】**
①最高裁判所は、訴訟に関する手続、弁護士、裁判所の内部規律及び司法事務処理に関する事項について、規則を定める権限を有する。
②検察官は、最高裁判所の定める規則に従はなければならない。
③最高裁判所は、下級裁判所に関する規則を定める権限を、下級裁判所に委任することができる。

**第78条　【裁判官の身分保障】**
裁判官は、裁判により、心身の故障のために職務を執ることができないと決定された場合を除いては、公の弾劾によらなければ罷免されない。裁判官の懲戒処分は、行政機関がこれを行ふことはできない。

**第79条　【最高裁判所の構成、裁判官任命と国民審査、定年、報酬】**
①最高裁判所は、その長たる裁判官及び法律の定める員数のその他の裁判官でこれを構成し、その長たる裁判官以外の裁判官は、内閣でこれを任命する。
②最高裁判所の裁判官の任命は、その任命後初めて行はれる衆議院議員総選挙の際国民の審査に付し、その後十年を経過した後初めて行はれる衆議院議員総選挙の際更に審査に付し、その後も同様とする。
③前項の場合において、投票者の多数が裁判官の罷免を可とするときは、その裁判官は、罷免される。
④審査に関する事項は、法律でこれを定める。
⑤最高裁判所の裁判官は、法律の定める年齢に達した時に退官する。
⑥最高裁判所の裁判官は、すべて定期に相当額の報酬を受ける。この報酬は、在任中、これを減額することができない。

**第80条　【下級裁判所の裁判官の任命、任期、定年、報酬】**
①下級裁判所の裁判官は、最高裁判所の指名した者の名簿によつて、内閣でこれを任命する。その裁判官は、任期を十年とし、再任されることができる。但し、法律の定める年齢に達した時には退官する。
②下級裁判所の裁判官は、すべて定期に相当額の報酬を受ける。この報酬は、在任中、これを減額することができない。

**第81条　【裁判所の違憲審査権と最高裁判所】**
最高裁判所は、一切の法律、命令、規則又は処分が憲法に適合するかしないかを決定する権限を有する終審裁判所である。

**第82条　【公開裁判の原則】**
①裁判の対審及び判決は、公開法廷でこ

れを行ふ。

②裁判所が、裁判官の全員一致で、公の秩序又は善良の風俗を害する虞があると決した場合には、対審は、公開しないでこれを行ふことができる。但し、政治犯罪、出版に関する犯罪又はこの憲法第三章で保障する国民の権利が問題となつてゐる事件の対審は、常にこれを公開しなければならない。

## 第7章　財　政

### 第83条　【財政民主主義】

　国の財政を処理する権限は、国会の議決に基いて、これを行使しなければならない。

### 第84条　【租税法律主義】

　あらたに租税を課し、又は現行の租税を変更するには、法律又は法律の定める条件によることを必要とする。

### 第85条　【国費の支出と国の債務負担】

　国費を支出し、又は国が債務を負担するには、国会の議決に基くことを必要とする。

### 第86条　【内閣の予算作成権と国会の議決権】

　内閣は、毎会計年度の予算を作成し、国会に提出して、その審議を受け議決を経なければならない。

### 第87条　【予備費】

①予見し難い予算の不足に充てるため、国会の議決に基いて予備費を設け、内閣の責任でこれを支出することができる。

②すべて予備費の支出については、内閣は、事後に国会の承諾を得なければな

らない。

### 第88条　【皇室財産と皇室費用】

　すべて皇室財産は、国に属する。すべて皇室の費用は、予算に計上して国会の議決を経なければならない。

### 第89条　【公の財産の支出・利用の制限】

　公金その他の公の財産は、宗教上の組織若しくは団体の使用、便益若しくは維持のため、又は公の支配に属しない慈善、教育若しくは博愛の事業に対し、これを支出し、又はその利用に供してはならない。

### 第90条　【決算と会計検査院】

①国の収入支出の決算は、すべて毎年会計検査院がこれを検査し、内閣は、次の年度に、その検査報告とともに、これを国会に提出しなければならない。

②会計検査院の組織及び権限は、法律でこれを定める。

### 第91条　【内閣の財政状況の報告】

　内閣は、国会及び国民に対し、定期に、少くとも毎年一回、国の財政状況について報告しなければならない。

## 第8章　地方自治

### 第92条　【地方自治の本旨】

　地方公共団体の組織及び運営に関する事項は、地方自治の本旨に基いて、法律でこれを定める。

### 第93条　【地方公共団体の議会、首長・議員の直接選挙】

①地方公共団体には、法律の定めるところにより、その議事機関として議会を設置する。

②地方公共団体の長、その議会の議員及び法律の定めるその他の吏員は、その

地方公共団体の住民が、直接これを選挙する。

**第94条　【地方公共団体の権能と条例制定権】**

　地方公共団体は、その財産を管理し、事務を処理し、及び行政を執行する権能を有し、法律の範囲内で条例を制定することができる。

**第95条　【地方自治特別法の住民投票】**

　一の地方公共団体のみに適用される特別法は、法律の定めるところにより、その地方公共団体の住民の投票においてその過半数の同意を得なければ、国会は、これを制定することができない。

## 第9章　改　正

**第96条　【憲法改正の発議、国民投票、天皇の公布】**

　①この憲法の改正は、各議院の総議員の三分の二以上の賛成で、国会が、これを発議し、国民に提案してその承認を経なければならない。この承認には、特別の国民投票又は国会の定める選挙の際行はれる投票において、その過半数の賛成を必要とする。

　②憲法改正について前項の承認を経たときは、天皇は、国民の名で、この憲法と一体を成すものとして、直ちにこれを公布する。

## 第10章　最高法規

**第97条　【基本的人権の本質】**

　この憲法が日本国民に保障する基本的人権は、人類の多年にわたる自由獲得の努力の成果であつて、これらの権利は、過去幾多の試錬に堪へ、現在及び将来の国民に対し、侵すことのできない永久の権利として信託されたものである。

**第98条　【憲法の最高法規性、条約・国際法の誠実遵守の義務】**

　①この憲法は、国の最高法規であつて、その条規に反する法律、命令、詔勅及び国務に関するその他の行為の全部又は一部は、その効力を有しない。

　②日本国が締結した条約及び確立された国際法規は、これを誠実に遵守することを必要とする。

**第99条　【憲法尊重擁護義務】**

　天皇又は摂政及び国務大臣、国会議員、裁判官その他の公務員は、この憲法を尊重し擁護する義務を負ふ。

## 第11章　補　則

**第100条　【施行期日、施行前の準備手続】**

　①この憲法は、公布の日から起算して六箇月を経過した日〔昭二二・五・三〕から、これを施行する。

　②この憲法を施行するために必要な法律の制定、参議院議員の選挙及び国会召集の手続並びにこの憲法を施行するために必要な準備手続は、前項の期日よりも前に、これを行ふことができる。

**第101条　【参議院成立前の国会に関する経過規定】**

　この憲法施行の際、参議院がまだ成立してゐないときは、その成立するまでの間、衆議院は、国会としての権限を行ふ。

**第102条　【参議院議員の任期に関する経過規定】**

この憲法による第一期の参議院議員のうち、その半数の者の任期は、これを三年とする。その議員は、法律の定めるところにより、これを定める。

**第103条　【公務員の地位に関する経過規定】**

この憲法施行の際現に在職する国務大臣、衆議院議員及び裁判官並びにその他の公務員で、その地位に相応する地位がこの憲法で認められてゐる者は、法律で特別の定をした場合を除いては、この憲法施行のため、当然にはその地位を失ふことはない。但し、この憲法によつて、後任者が選挙又は任命されたときは、当然その地位を失ふ。

**著者紹介**
藤 井 正 希（ふじい まさき）
1991年　早稲田大学社会科学部卒業
1996年　早稲田大学大学院法学研究科修士課程修了
2008年　早稲田大学大学院社会科学研究科博士後期課程満期退学
2011年　博士（学術）（早稲田大学）
同　年　群馬大学社会情報学部専任講師
現　在　群馬大学社会情報学部准教授（憲法学）

憲 法 口 話

2020年 5 月20日　初版第 1 刷発行

著　者　　藤　井　正　希
発 行 者　　阿　部　成　一

162-0041　東京都新宿区早稲田鶴巻町514
発 行 所　　株式会社　成　文　堂
電話 03(3203)9201(代)　FAX 03(3203)9206
http://www.seibundoh.co.jp

製版・印刷・製本　藤原印刷　　　　　　　　　検印省略
©2020　M.Fujii　　Printed in Japan
☆乱丁本・落丁本はお取り替えいたします☆
ISBN978-4-7923-0670-0　　C3032
定価(本体2500円＋税)